◎ 戴 波 著

Sustainable Development Evaluation Practice
of Yunnan

中国区域可持续发展文库

云南可持续发展评价实践

科学出版社

北 京

图书在版编目(CIP)数据

云南可持续发展评价实践/戴波著 . —北京:科学出版社,2011
(中国区域可持续发展文库)
ISBN 978-7-03-032285-2

Ⅰ.①云… Ⅱ.①戴… Ⅲ.①区域经济发展-可持续性发展-研究-云南省 Ⅳ.①F127.74

中国版本图书馆 CIP 数据核字(2011)第 182919 号

责任编辑:石 卉 侯俊琳 程 凤/责任校对:赵桂芬
责任印制:赵德静 / 封面设计:无极书装
编辑部电话:010-64035853
E-mail:houjunlin@mail. sciencep. com

科学出版社 出版
北京东黄城根北街16号
邮政编码:100717
http://www. sciencep. com

铭浩彩色印装有限公司 印刷
科学出版社发行 各地新华书店经销

*

2012年3月第 一 版 开本:B5(720×1000)
2012年3月第一次印刷 印张:15 1/2
字数:315 000
定价:58.00元
(如有印装质量问题,我社负责调换)

目　　录

第一章

绪　论

第一节　研究基础

可持续发展是全人类面临的涉及人口、资源、经济、社会、环境等方面的一个重大理论与实践问题。尽管政治家、哲学家、经济学家、生态学家和环境学家等还没有一个公认的理论模式，但是以 1992 年联合国环境与发展大会通过的《二十一世纪议程》为标志，人们已经跨出理论探讨的范畴把"可持续发展"作为人类共同追求的目标，推向实践。

近几十年来，我国学者对可持续发展理论和实践的研究和探讨十分活跃，以制定与实施《中国二十一世纪议程》为一个重要里程碑，研究成果众多。然而，国内外一直都没有形成衡量可持续发展的统一的指标体系和公认的评价方法。国际上，以联合国可持续发展委员会、英国、美国等分别提出的指标体系最具影响力；国内以国家统计局统计科学研究所和中国二十一世纪议程管理中心联合成立的"中国可持续发展指标体系研究"课题组的工作成果最具代表性。然而，这些在不同背景、不同时期提出的指标体系虽各具特色，但因可操作性较差，大都没有在实践中得到成功应用和推广。

本书的理论意义在于丰富区域可持续发展评价理论和实证分析方法，建立体现我国区域特征的可持续发展的评价指标体系，为在全国建立和完善可持续发展制度作好理论与方法的准备；现实意义在于通过对云南可持续发展的评价与比较分析，直接为地方实施可持续发展战略提供对策，架起区域可持续发展理论与实践的桥梁。

一、可持续发展战略

作为全世界的共识，可持续发展已是全世界 21 世纪的最强音，各个层面均制定出了行动纲领及发展战略。

1. 《二十一世纪议程》（*Agenda* 21）

1992 年 6 月在巴西里约热内卢召开的联合国环境与发展大会通过的《二十一世纪议程》是指导全球各国制定和实施可持续发展战略的纲领性文件。《二十一世纪议程》全文分为四部分，即社会和经济方面、保存和管理资源以促进发展、加强各主要群组的作用和实施手段。其主要特征可概括为四个方面：①将经济、社会、资源与环境作为一个大系统；②提出要建立"新的全球伙伴关系"，以保证人类拥有一个更为安全和美好的未来；③把消除贫困作为实现可持续发展的前提和优先解决的问题；④重视公众参与对可持续发展的重要作用。虽然不具有法律约束力，但此文件代表了所有参加国最高级别的政治承诺。联合国也采取措施将可持续发展的思想运用到所有相关的政策和计划中。执行《二十一世纪议程》将是在全球范围内加强国际合作、促进经济发展和保护全球环境的一个新契机。

2. 《中国二十一世纪议程》（*China Agenda* 21）

中国政府和高层领导高度重视联合国环境与发展大会，在会上表明了认真承担中国政府应尽的国际义务的决心，会后即着手编制并于 1994 年 3 月经国务院常务会议正式批准了《中国二十一世纪议程》，即《中国二十一世纪人口、环境与发展白皮书》。

《中国二十一世纪议程》是制订我国国民经济和社会发展中长期计划的指导性文件，同时也是中国政府认真履行联合国环境与发展大会文件的原则立场和实际行动。其主要内容和基本精神有以下六方面。

（1）核心是发展。中国是发展中国家，"发展是硬道理"，经济发展中出现的人口、资源、环境问题必须在发展中解决，用停滞、限制发展的消极观点来谋求可持续发展不符合我国国情。我国各项工作都要做到：以经济建设为中心，力求结合中国国情，有计划、有重点、分阶段摆脱传统发展模式，逐步由资源型经济发展过渡到技术型经济发展，体现新的发展观。

(2) 目标是社会整体发展。实现社会发展系统的可持续性，实现当前发展、未来发展，以及当代人利益、后代人利益的均衡协调发展。中国实现可持续发展战略的实质，是要开创一种新的发展模式以代替传统落后的发展模式，使国民经济和社会发展逐步走向良性循环的道路。

(3) 重要标志是资源的永续利用和生态环境的改善。可持续发展战略的实施将会引起一系列社会行为、形态的变化，保护好人类赖以生存与发展的生命支持系统要素（大气、淡水、海洋、土地、森林、矿产等自然资源与环境），防治资源污染和生态恶化，要建立资源节约型经济体系，将自然资源管理纳入国民经济和社会发展计划；建立自然资源与经济综合核算体系，运用市场机制和政府宏观调控相结合的手段，促进资源合理配置；实行资源保护、利用与增值并重的政策。针对环境污染与生态失衡现实，强调由环境的外部化转向环境的内在化。要由环境与经济、环境与社会、环境与资源等相分割的战略、政策和管理模式，转向环境与发展紧密结合为一体的可持续发展管理模式。重视产业政策与资源环境政策的协调、科学的管理与恰当的技术选择相结合。

(4) 关键是处理好经济建设与人口、资源、环境的关系，即在经济增长的同时，有效控制人口增长，减少资源消耗，提高资源利用率，减轻环境污染。在控制人口数量增长的同时，通过大力发展教育事业，健全城乡医疗卫生妇幼保健系统，完善社会保障制度等举措，提高人口素质，改善人口结构；大力发展第三产业，扩大就业容量，充分发挥中国人力资源的优势。

(5) 必须转变思想观念和行动规范，正确认识和处理人与自然的关系，用可持续发展的新思想、新观点、新知识、新技术，根本变革人们传统的不可持续的生产方式、消费方式、思维方式，建立经济、社会、环境协调统一的价值观和行为规范。

(6) 基本保证是能力建设。我国从机制、立法、教育、科技和公众参与等诸方面提出了能力建设的重大举措，并为中国可持续发展的国际合作创造适宜契机与良好环境。

二、区域可持续发展理论

区域是陆地系统的空间单元，并且具有综合性，不同类型、不同发展阶段的区域有着不同的可持续发展问题。"着眼于全球，着手于区域"已成为国内外可持续发展理论与实践的普适性原则，从宏观上指明了可持续发展目标实现的可操作性途径。地球表层是各级各类区域的空间镶嵌体，其持续性理应以这些组成部分的持续性为基础。由于地球表面存在着明显的区域差异，不同的地域，其资源和环境特点不同，社会历史发展和文化背景各异，相互之间的联系也不一样，客观上存在巨大差异，可持续发展要求在不同尺度的区域内，社会经济发展与人口、资源、环境保持和谐、协调的关系。如何在对可持续发展的基本理论系统把握的基础上，根据区域发展的实际，对其进行科学评价，继而制定区域可持续发展战略和政策已成为区域可持续发展的迫切需要。

目前，国内外对区域可持续发展的研究还处于起步阶段，对区域可持续发展诸多问题，如区域可持续发展的理论框架、系统结构功能、相互作用机理及可持续空间结构、不同尺度区域的可持续发展指标体系及区域可持续发展研究的方法论等问题尚在进一步探索之中。特别是对研究与探索区域人口、资源、环境和发展的矛盾与冲突的根本原因及其解决对策还缺乏足够的重视。当然，解决因区域人口、资源、环境和发展的矛盾与冲突所造成的环境问题、发展问题，仅仅靠人们探索相应的理论与方法去衡量与评价是远远不够的，更重要的是我们应该积极探索并寻找区域人口、资源、环境和发展的矛盾与冲突的根本原因，探析区域资源环境保护与经济社会发展相协调的动力因素、制度因素和激励因素等问题。只有以科学的观念指导，以正确的制度约束，并依靠科学技术强大的推动作用，才能化解区域系统运行中所引发的人与自然的矛盾，才能化冲突为协调，才能使区域政府、企业、公众及个人利益集团在竞争中寻求合作，在整合中得到发展，在发展中不断创新，在创新中获得更大程度的发展，形成区域可持续发展的良性循环，这才是区域可持续发展的正确路径。

1. 区域可持续发展理论的系统学方向研究

区域可持续发展研究对象是区域可持续发展系统，对区域可持续发展的评价和调控管理是建立在对区域可持续发展系统综合辨识基础上的。区域可持续发展系统是人地关系、区际关系、代际关系协调统一的区域人口-自然-经济-社会复合系统。中国学者对区域可持续发展理论的研究主要集中在对区域可持续发展系统的分析上，着重研究该系统中各要素功能、结构、时空变化及其相互作用关系等。系统学方向的研究特色是以综合协同的观念，去探索可持续发展的本源和演化规律，将其"发展度、协调度、持续度的逻辑自治"作为中心，有序地演绎了可持续发展的时空耦合与三者互相制约、互相作用的关系，建立人与自然、人与人关系的统一解释基础和定量评判规则。

2. 区域可持续发展评价指标体系研究

建立区域可持续发展评价指标体系是区域可持续发展研究从定性向定量迈进过程中必不可少的重要环节。在联合国的推动，以及我国政府及有关部委的大力倡导及组织下，近年来，国内学者关于区域可持续发展指标体系的研究相当活跃，研究成果颇丰，但仍然处于探索阶段。比较有代表意义的研究如下。①牛文元（1994）等提出的"中国可持续发展指标体系"，该指标体系分为总体层、系统层、状态层、变量层和要素层。总体层综合表达可持续发展的总体能力，系统层将可持续发展系统解析为内部具有逻辑关系的五大子系统（生存支持系统、发展支持系统、环境支持系统、社会支持系统和智力支持系统）。在每一个支持系统内都有能够表征系统行为的变量和要素。②国家统计局统计科学研究所和中国二十一世纪议程管理中心联合提出了"中国可持续发展统计指标体系"，该体系设计的基本框架包括经济、社会、人口、资源、环境、科教六大部分。③毛汉英（1996）提出的"省级可持续发展指标体系"，该体系分为经济增长、社会进步、资源环境支持、可持续发展能力四部分。④叶正波（2002）提出的"基于多维的区域可持续发展指标体系"，从时间维、领域维、影响维三方面构建区域可持续发展指标体系。⑤朱启贵（1999）提出的"中国可持续发展评估指标体系"，包括经济、资源、环境、社会、人口、科教、制度七个方面。综观各类可持续发展指标体系，其构建方法大致分两大类：一是环境经济学方法，试图将人类活动所造成的自然资源损耗和环境损失等进行货币化计量，并纳入可持续发展评价体系中，但由于资源与环境的经济计量难题目前尚未圆满解决，所以这类方法很难为多数人所认可并投入使用；二是社会经济统计学方法，按照可持续发展原则对相关统计信息和统计指标进行整理、分析和筛选，并适当构造一些新的指标，力图客观反映可持续发展的程度，现有的指标体系设计大多采用了这种方法。

3. 区域可持续发展规划与可持续发展能力建设研究

我国从 20 世纪 80 年代开始先后开展了不同地域范围的区域规划，通过这些工作，基本摸清了"家底"，为各级政府编制国民经济和社会发展中长期规划，以及其他计划提供了依据。但随着规划编制和实施的深入，存在的问题也不断暴露，特别是规划带有强烈的计划经济色彩，已越来越不适应社会主义市场经济要求。因此，重新审视原有规划，对现代市场经济体制下的区域发展规划进行重新定位，并用可持续发展理论进行指导，编制区域可持续发展规划，已成为众多专家学者研究的热点之一。区域可持续发展规划在区域发展中具有战略性和指导性地位，已经成为规划的核心。

实施可持续发展战略需要建立以能力建设为核心的执行体系、保障体系和支撑体系。中国在可持续发展能力建设上已经付出了巨大的努力，取得了丰硕的成果。关于可持续发展能力建设研究，最有代表性的研究成果是《2002 中国可持续发展战略报告》，该报告"系统说明了可持续发展能力建设的定义、内涵、分类、监测和统计；总结了中国的可持续发展能力建设成就和展望；提出了'可持续发展能力建设方程'，并据此设计出了具有中国特点的'可持续发展能力建设的指标体系'；定量地计算了中国各地区的可持续发展能力建设水平、比较了各地区在可持续发展能力建设上的优势和不足，提出了对于中国未来可持续发展能力建设的政策建议"。

4. 区域可持续发展的实质与内涵

第一，区域可持续发展核心内涵是人的发展，要以人的发展为本位，是以人的全面发展为中心的区域自然-经济-社会复合系统的健康发展。

新的区域可持续发展的中心是人类自身的发展，谋求社会公正和人人康乐，《中国二十一世纪议程》提出了"可持续发展以人的发展为本位"的重要观点，《中国社会发展报告》也提出"以人为核心"的社会发展的重要思想。坚持"以人的发展为本位"，是因为区域发展中亟待解决的一切问题实质上最终都可以归结为人的问题。从区域经济的发展看，要求作为区域经济活力的主体应当有较高的素质；从政治上看，要使中国公民的民主意识和政治参与意识得到提升；从文化上来看，很多人对改革出现的困难和面临的阻力缺乏心理准备，应当解决这种由人的文化失衡而造成的心理矛盾。归根到底，发展生产力是为了满足人民的物质、文化生活需要，并创造使人的个性得到自由而全面发展的条件；区域可持续发展实际上是区域的主体——人自身的可持续发展，是以人的全面发展为中心的区域自然—经济—社会复合系统的健康发展。

第二，区域可持续发展的优先事项是发展，发展是人类永恒的主题，是生命本性的需求，是经济和社会循序渐进的变革。如果没有发展，持续就无从谈起。

发展包括三个方面，即经济发展、社会发展、环境发展（或进化）。就区域经济发展而言，不仅要重视区域经济增长数量，更要追求区域经济发展质量。要力求使区域资源得到优化配置，将环境成本作为重要的经济成本来考虑，并且能取得经济效益、社会效益和生态效益的统一。就区域环境发展而言，资源的供给和环境的响应应该在其保持良性循环的承载能力和合理容量之内。环境问题不是孤立的，需要把环境保护同经济增长与发展的要求结合起来，在发展的过程中加以解决。环境的进化只有在由传统的粗放式经济增长方式向集约式经济增长方式转变过程中才能逐步实现。就社会发展而言，发展的本质就是消除贫困，改善人类生活质量，提高人类健康水平，创造一个保障人们平等、自由、教育、人权和免受暴力的社会环境。

第三，区域可持续发展的关键是协调，协调是物质运动的基本属性，即在物质运动和组成一个统一整体时，内部各种质的差异部分、因素或要素相互协调一致而表现出的相互关系和属性。区域是一个空间概念，是以人为主体，以一定的自然、经济、政治、文化辐射所及的社会和地域空间为客体的地域结构形式。区域又是一个具有自然、经济和社会的维度的多元空间，具有多级性和层次性体系结构形式，由人、社会、经济、自然等子系统构成的复合生态系统。各子系统之间应当是良性互动的生态耦合关系，其中任何一个子系统的发展不能以牺牲其他子系统发展的能力为代价。在这个复合系统内，人类活动占有主导地位，对自然、社会和经济系统起到多种形式的调节作用，但这种作用不能摆脱自然生态过程的制约。在这个系统内，人类活动往往占据主导地位，对自然界表现为多种形式的调节作用，但这种作用不能摆脱自然生态过程的制约。

区域发展过程中的协调，要处理好以下关系。一是区域主体与客体之间的关系，即人和自然的协调统一，表现为需求的可支持性与人的活动对自然进化的可引导性的同步。二是区域主体与主体之间的关系，即人与人的协调，要求人类不断地自觉地调整自身的需求和价值观，不断改造自身，规范自身的行为。这样，才能避免各种阶级、民族、宗教等矛盾的发生。三是区域经济社会的关系，谋求区域经济社会的协调，有利于保证国民经济的持续、稳定、协调发展，有利于实现区域社会经济发展战略结构的优化。四是人与区域经济的关系。在人与经济的发展关系中，经济发展作为物质基础是人的发展的一种手段，人的发展本身才是目的，经济为人服务，而不是相反。五是区域经济与自然的关系。经济和自然是相互关联的，两者协调发展的最终目标都指向人，人的实践和人的发展的本质要求把经济和自然有机地结合起来。六是区域人口、资源、环境与社会、技术和经济发展之间的关系，它们相互作用、相互影响、相互制约。区域的协调发展是区域未来发展的必然选择。

协调对于区域可持续发展的意义在于：在特定的阶段内使区域各组成要素处于良性互动、能量互补的和谐状态；使区域各组成要素形成稳定的时间空间结构，按照一种新的有序状态运转；使区域整体不断向着更高层次的有序状态运转。

第四，区域可持续发展的标志是可持续性。区域可持续性可定义为，在对人类有意义的时间尺度内，在支配人类生存空间的生物、物理、化学定律所规定的限度内，其环境资源对满足人类需求的可承载能力；还可解释为，区域作为一个复合生态系统，其维持取决于物质与能量输入输出的流量等级与节律。区域的可持续发展应当建立在区域资源条件和环境容量允许的范围内；应当坚持当前利益与长远利益相结合。

第二节　可持续发展观

人类的未来要靠我们的智慧和共同努力来决定。可持续发展是可持续性对发展的负效应从空间尺度和时间尺度作出的限定，其内涵是规范实践主体人的行为，即公平性、协同性和高效性。人类如果选择并实现这样的规范，就必须放弃传统发展模式，确立人类发展和自然发展动态平衡的新的世界观和价值观。

一、可持续发展的世界观

人类实践活动产生的生态环境危机是传统发展模式的危机，同时也是以传统发展模式为基础的世界观和价值观的危机。在近代科学和工业化的进程中，人类巩固了自己在自然界的中心地位，也确立了以征服自然、奴役自然、无限度地牺牲自然来满足人类需要的传统观念。可持续发展的世界观把世界看成一个有机联系的整体，在这一整体中，每一种事物都是相互联系、相互作用的。世界是一个整体，是由能量转换、物质循环、信息流动的多样性运动网状缠结、相互作用而形成的有机统一体，其中每一个元素的存在都离不开与其他元素的联系以及对整个系统的依赖。世界的多样性统一的本质淋漓尽致地表现在具有生命的地球生物圈。生物圈是宇宙通过几十亿年进化而来的有机系统，它把地球外物质环境、地球上的无机物和生物种群协调为一个维持自我平衡的和谐整体。这个整体在其组织的每一个层次上都有其独特性和协同性，每一物种所具有的特性都是对生物圈中某一特殊环节适应的结果，每一种生命形式的进化都对其他生命形式的进化及生物圈系统功能的完善做出了自己的贡献。没有任何一个物种可以单独生存和发展，它们只能在大的合作背景下相互竞争和相互利用，在共同维护生命、维持系统存在、促进生物圈稳定的前提下来实现自己的生存发展。

作为自然进化的产物之一，人也存在于自然界、定位于生物圈内。尽管人类具有思想意识，具有改造自然的巨大能力，但是人的身心组织也是在适应自然生态环境的过程中得到进化的，其对自然的改造也不能违反生态规律，超越对生命网络的普遍联系、协同一体的依赖。人类中心论将人与自然截然对立起来，认为人是万物之灵，是自然的主宰和中心，把人与自然看作是既定的、外在的、单向的联系，人可以改造自然、任意利用自然、随意破坏自然。人类社会进入工业化和现代化时期后，一方面人类改造自然的能力大大提高，另一方面却造成了对自然的巨大破坏（有很多是对自然不可逆的破坏），于是人们开始反思自工业文明以来的人与自然的关系。在人与人（地区与地区）之间的关系中，不仅有局部对局部的矛盾，还有行为主体的局部利益与人类整体利益、地区局部利益与维持整个地区生态系统平衡的矛盾。这种人与人（地区与地区）之间的不协调，使人类赖以生存的地球大气圈、水圈、生物圈、土壤圈、可再生资源与不可再生资源遭到严重的破坏，整个人类的生存受到威胁，不只当代，还会殃及子孙后代。

人类中心论那种不惜以破坏生态环境为代价来谋求人类福利的价值观是完全错误的。现代人类中心论以人类的需要来衡量改造自然的合理性，主张完全从人类利益的角度来保护生态环境的价值观也是片面的。因为现代人类中心论只是单向地承认自然对人类的价值，人类利用自然、改造自然的利益和权利，不承认自然的存在价值，把对生态环境的保护全然归结为只涉及人类利益的自我保护，无视生物圈稳定的客观需要，否定人类相对于自然的价值客体地位和作用。仅仅着眼于人类自身的利益来保护生态环境，常常会忽视生态系统良性循环的客观需要，特别是当人类的当前利益和长远利益发生冲突时，这种价值观就会主张为了前者而放弃后者，其结果便会因环境衰退而牺牲人类的长远利益。

显然，单纯从人类的利益出发不会有真正的环境保护。可持续发展模式所依据的世界观，把包括人在内的整个世界看成高度相关的有机统一体，它抛弃那种把人当做至高无上的生命形式，永远依靠征服自然、统治自然来实现自己的生存和发展的价值观。它肯定人的自然属性，人既是自然之子，又是自然之友，人和自然有着共同的利益和命运；倡导人类应该在促进生物圈的稳定和繁荣的基础上改造和利用自然，在谋求人类的利益时要尊重和保护自然，认为尊重和保护自然就是尊重和保护人类自己。这种新的价值观并不否定人的智慧因素和主观能动性对改善生态环境的巨大作用；相反，它同时还强调，在现今地球上已经没有不受人类活动影响的"净土"，自然界的生态平衡也不可能自动实现。这就非常需要人类的智慧和创造力对整个地球的进化施加定向的影响。人类作为地球生命物种利益的代表者，作为生态环境的管理者，作为进化的引导者，具有维护、发展、繁荣、更新、美化地球的责任。保护生态环境的原则和智慧，引导生物圈进化的原则应该是能够协调统一的。在人类社会和自然界已经开始全球相互作用的时代，人和生物圈存在着全面的相互依赖关系：一方面，人类的一切发展都依赖生物圈的健康和繁荣；另一方面，生物圈的继续进化又依赖人类的调控和管理。人和自然同等重要，人和自然相互的全面依赖产生了全面合作、一体化发展、协同进化的客观趋势，彻底放弃传统发展模式，代之以可持续发展模式去指导现代人类的发展实践，人类社会才会有光明的前途。

人类必须寻求人与自然协调发展的道路，这就要求人类从历史上那种与自然的对立转变为尊重自然、与自然和谐相处，从一味向自然索取转变为考虑可持续发展，并以未来发展目标规划现在。可持续发展观要求人类在考虑和安排自身的行动时，能考虑到这一行动对他人（包括对后代人）及生态环境的影响，按照"共同性"原则、"公平性"原则处理好人与人（地区与地区）的关系，只有摒弃对抗，实行真正的合作与团结，建立起新的全球伙伴关系，才能解决人类面临的共同问题，促进人类社会的共同繁荣与发展。

二、可持续发展理论的价值观

1. 环境价值观

对环境价值的全面认识是可持续发展的理论基础之一。环境价值包含环境的使用价值、潜在价值和存在价值。使用价值不仅包括环境直接地为人类提供食物、药物和原料的功能，还包括间接地支持和保护人类活动和财产的调节功能。潜在价值是环境为后代人提供选择机会的价值。存在价值则是环境独立于人的需要的生存权利。如果环境没有这些价值，人类就没理由去合理利用与保护环境。目前人类该做的是通过恰当的产权分配、合理的制度安排来约束和规范人类的行为，从而实现人类与自然关系的协调。

2. "时空公平"的区域层次性可持续发展观

可持续发展层次论是在全球范围内不同发展水平的国家层面上实现层次性可持续发展的有益尝试——空间分布与可持续发展的结合。针对不同国家的不同发展水平，可有不同的可持续发展标准。由于各个国家在可持续发展中所处的层次不同，对自然持续圈的贡献也不同，按照发达国家、中等水平国家、发展中国家的划分，相应地有可扩展发展、可持续发展、恶化减缓型发展三种可持续发展标准。生态公平和环境公平问题的研究则提供了一个新的研究视角和价值追求时空公平的价值观，并且体现在国际、地区和群体三个层面上，既在可持续发展的价值追求方面体现了多元公平，又向时空耦合和时空公平方向上迈进。

3. 可持续利用的资源观

地球上的自然资源有亿万种，从可持续发展的利用观来看，可以分为土地资源、水资源、森林资源、草原资源、矿产资源、能源、海洋资源、物种资源、气候资源和旅游资源十大类。可持续发展的思想来源于可更新资源的持续利用，资源是人类可能利用的自然界的物质；环境则是资源的状态；而生态就是自然界中各种资源之间的相互关系。可持续发展的资源观就是资源的持续利用，通过资源的合理开发、节约使用，污染的防治，环境的保护，来维护生态系统的动态平衡，实现可持续发展。

可持续的资源观需要认真分析研究资源系统的特点，才能搞好资源的开发、利用、管理、保护。系统观是资源观中最核心的观点，必须根据资源可供利用的广度和深度，实行综合开发、综合利用和综合管理。自然资源的系统性，使整个自然资源连成一个整体，牵一发而动全身。对自然资源的开发、利用、保护和管理只有综合进行，才能收到良好的经济效益、生态效益、社会效益。进行资源开发利用首先要衡量资源开发利用的经济效益。经济效益的目标是实现固定投入下的资源产出最大化和相同资源产出的投入最小化；生态效益要考虑到资源开发勘探过程中地形、地貌景观破坏等一系列的生态负效应。社会效益要求完善社会保障体系，建立合理的利益共享机制，加强对社会各类成员利益的保障，建设和谐社会，避免资源引发的社会问题。合理的资源配置观，要在发挥市场调节的基础作用的同时加强政府宏观调控。资源作为经济社会发展的基础物质原料，其稀缺性决定了需要通过市场主导和政府调控这种具有普适性的方式来实现资源在各种竞争性用途、不同区域、不同代际的配置。

科学的资源价值观就是资源实现最大价值原则。地区对资源的使用使其能够尽可能大地实现资源本身的价值，避免资源的闲置与浪费，因此资源应该流向资源利用效率最高的地区。要建立健全资源有偿使用制度和生态环境补偿机制，要把所有者权益和环境影响考虑到各类资源价格中来，使资源得到可持续利用。

第三节 可持续发展实践的层次体系

作为人类社会一种新的发展模式,按照它所涉及的具体内容来划分,可持续发展可分经济可持续发展、生态可持续发展和社会可持续发展三个方面。按照人类社会生产活动的内容来划分,可持续发展可分为工业可持续发展、农业可持续发展、林业可持续发展、牧业可持续发展等。按照人类社会生产活动地域空间范围的尺度,可持续发展又可分为全球可持续发展(global sustainable development)、国家可持续发展(state sustainable development)、区域(比国家小的地域单元,如经济区、省)可持续发展(regional sustainable development)等不同的等级。

区域是由自然要素与人文要素组合而成的时空系统在地球表面占据的一定地域空间。区域内的人口、资源、环境、经济、社会之间是相互联系、发展变化的,而区域本身则具有相对稳定性。区域具有层次性,任何一个区域的规模和空间尺度可大可小,可以根据具体的空间或规模划分出若干不同层次区域。一般来说,在地理学中,我国通常把区域划分为国际尺度、国家尺度、地带尺度、省区尺度、市县尺度等五个层次。

我国的经济改革是要建立省(自治区、直辖市)一级宏观计划调控和县级及县级以下市场调控的社会经济运行机制,县和县级以下行政建制不再是生产活动的主体,只有企业和具体的生产单位才是生产活动的主体,并接受市场的调节。据此,将县级以下的行政建制作为可持续发展的基本组织单元是不合适的。根据国家关于"要以经济比较发达的城市为中心,带动周围农村,统一组织生产和流通,逐步形成以城市为依托的各种规模和各种类型的经济区"的政策,应根据中心城市和周围区县的数量,将市、县作为实践可持续发展的基本组织单元。

我国地域广阔,自然资源空间分布不均,社会经济发展又很不平衡,要实现全国的可持续发展就必须从国家整体的高度上组织、协调各部门、各地区的行动。考虑到可持续发展是一个长期的过程,我国各省(自治区、直辖市)之间的社会、经济、自然资源条件差距又比较大的现实,我国的可持续发展要因地制宜、合理安排、循序渐进。各省（自治区、直辖市）应根据自己的实际情况，制定相应的可持续发展战略，在条件好的省（自治区、直辖市）率先实现可持续发展。为此，各省（自治区、直辖市）应对其所属地市县的发展进行总体协调，以谋求全省（自治区、直辖市）的可持续发展。

综上所述，可建立适合中国国情的实践可持续发展的三级体系，即国家、省（自治区、直辖市）和市、县。为谋求全国的可持续发展，可在省（自治区、直辖市）和国家两个层次上对市、县的发展战略进行调控。按行政功能区划确定区域，区域边界清晰且相对稳定，并有相应级别的政府组织。

市、县作为实践可持续发展的基本组织单元。在实践可持续发展的过程中，要正确处理系统内部各子系统之间的关系，以及子系统与系统之间的关系。人类的利益具有层次性，从一个国家内部来讲，在个人、家庭和社会集团以上的其他层次，往往以行政体制为象征，在中国这种利益的象征就是省（自治区、直辖市）、市、县、乡、村。在实现城市持续发展的过程中，下级子系统要以共同利益为重，在自身发展的同时，帮助、扶持其他子系统，起码不应妨碍其他子系统的发展，应充分发挥城市各职能部门的管理协调作用，通过协商、对话解决问题；子系统的发展要保证系统的可持续发展，服从系统的需要，必要时为谋求整个系统的可持续发展，子系统应做出必要的牺牲。当然，这种牺牲应通过其他渠道得到适当的补偿。

区域内部的调控，只能保证可持续发展，但不能保证这种发展的速度是一个地区和一个国家的社会、经济、资源条件所允许的最大速度，要想达到或接近这个速度，就需要在更高的层次上进行资源的整体优化配置，特别要依据资源的空间分布、科学技术水平的空间格局和人力资源素质等，在更高层次上通过国家和省（自治区、直辖市）的规划，依据比较优势原则来合理布局产业，尤其是工业、交通运输业的布局，使资源得到充分有效的利用，形成规模效益。（曹利军等，1996b）

区域具有一定的层次性和不同的空间尺度。区域的规模和空间尺度可大可小，可根据具体的空间或规模划分出若干不同层次的区域。从区域层次的划分可以看出任何一个区域都是全球或全国的重要组成部分，也是比区域更小的若干系统的综合，具有承上启下的作用。所以区域可持续发展既是国家乃至全球可持续发展的基础，又是比区域更小的地域生产系统可持续发展的综合（王利等，2010）。区域发展是实现《中国二十一世纪议程》的关键环节，人类可持续发展的战略思想和新模式最终需要通过在不同区域的推行来体现。可持续发展的研究要在全球宏观背景上把握全局，在区域尺度上开展基础研究，认真扎实做好工作。

任何区域都是一个完整和独立的自然-社会-经济复合系统，自然、社会、经济是复合系统的三要素，因而区域可持续发展基本组织单元的确定应三方面兼顾。

行政功能区划是确定基本组织单元的基础。可持续发展是区域政府理性行为追求的目标。因而，可持续发展的基本组织单元首先应该是行政功能区，在中国就是省、市、县等行政区。

人类历史是一部不断追求发展的历史，经历了前发展阶段、低发展阶段、高发展阶段，进入可持续发展阶段。无论哪一个阶段的发展都建立在人类集团利益的区域基础之上。区域间资源、政治、经济发展的不平衡，导致发展的区域差异，呈现出丰富多彩的发展模式（汪宇明，1994）。既然发展是建立在体现人类集团利益的功能区域基础之上，那么可持续发展实践的对象首先应该是体现人类集团利益的行政功能区。

可持续发展研究中所有的信息系列，如自然信息系列、人文信息系列、生态环境信息系列、社会经济信息系列、历史过程信息系列，都是与特定的行政功能区域相联系的，也只有与行政功能区相联系才能建立起有效的信息库。而区域可持续发展战略目标的制定、可持续发展评价指标的确定、可持续发展潜力的评估、各类利益集团之间的协调与互补、重大工程项目的评估、可持续发展综合效益的估算，以及区域内部结构的规划与管理、监测都必须与行政功能区结合才能有满意的研究结果，才会得到社会的认可和运用。事实上，只有立足于行政功能区的区域管理行为，探讨"人口、资源、环境、管理"四位一体的可持续发展道路，才能显示可持续发展协调机制的实践生命力。人类在发展问题上的种种行为都是行政功能区域有效政策及其协调、管理的结果。（汪宇明，1994）

第四节　研究区域概况

云南地处中国西南边陲，位于北纬 $21°8'32''\sim29°15'8''$、东经 $97°31'39''\sim106°11'47''$，北回归线横贯本省南部。全境东西最大横距为 864.9 千米，南北最大纵距为 900 千米，总面积为 39.4 万千米²。东邻贵州和广西，北接四川和西藏，西部和西南部与缅甸毗连，南部与越南、老挝两国接壤。云南与邻国的边界线总长为 4060 千米，其中，中缅段 1997 千米，中老段 710 千米，中越段 1353 千米。云南自古就是中国连接东南亚各国的陆路通道，有出境公路 20 多条，15 个民族与境外相同民族在国境线两侧居住，与泰国、柬埔寨、孟加拉国、印度等国相距不远。[①]

云南地势北高南低，海拔落差大，地貌类型多样，地域组合复杂。在气候方面，从整个位置看，云南北依广袤的亚洲大陆，南连位于辽阔的太平洋和印度洋的东南亚半岛，处在东南季风和西南季风控制之下，又受西藏高原区的影响，从而形成了复杂多样的自然地理环境。云南常年受印度洋和太平洋季风的影响，形成了具有鲜明特色的立体气候：年温差一般为 $10\sim12℃$，而日温差可达 20℃。该区域大部分地区降水量均在 1000 毫米以上，降水相对集中的 $5\sim10$ 月的降水量约占全年总量的 85%。云南的太阳辐射十分强，每年每平方厘米接受的太阳辐射为 $90\sim150$ 千卡[②]，仅次于西藏、青海和内蒙古（新编云南省情编委会，1996）。

一、云南人口现状分析[③]

云南人口自 1949 年以 1595 万人的基数开始持续增长，到 2005 年，全省人口出生率为 14.72‰，死亡率为 6.75‰，自然增长率为 7.97‰，比上年下降 1.03 个千分点。年末全省总人口为 4450.4 万人，比上年年末增加 35.2

---

①　参见云南省人民政府门户网站相关资料。

②　1 千卡≈4186 焦。

③　本部分人口数据均来源于 1950～2009 年的《云南统计年鉴》和历年云南人口普查资料，或根据基础数据计算所得。

万人，其中城镇人口为 1312.9 万人，乡村人口为 3137.5 万人，城市化率为 29.5%。到 2008 年，人口数量规模达 4543 万人，59 年人口增加了 1.85 倍。2008 年死亡率为 6.31‰，自然增长率为 6.32‰，年平均增长率为 1.77%，人口倍增速度为 39.46 年。

云南人口的增长率从增速下降转变为减速下降。1953～1964 年人口年平均增长率为 1.64%，1964～1982 年人口年平均增长率增加为 2.57%，后 18 年的人口增长率比前 11 年的人口增长率高出 56.7%。由于人口控制因素的作用，云南人口的年平均增长率在 1982～1990 年下降为 1.59%，1990～2000 年降为 1.36%，2000～2005 年再降为 0.93%。显然，由人口高增长构成的发展压力，已经在不断减缓，但是人口增长的压力仍然较高，从根本上消除人口增长的压力，仍然是一个难题。近年，云南人口从 2000 年的 4235.9 万人增加到 2008 年的 4543 万人，人口自然增长率从 11.11‰降到 6.32‰，但是，年均仍然增加 41.3 万人。如此大的人口基数，使得云南未来经济社会及资源环境等方面的诸多关系都必须为此做好充分的准备。

1. 性别结构

云南 40 余年来人口性别比（男性：女性）变化的轨迹如表 1-1 所示。1960 年人口性别比为 98.02，男性人口比女性人口少 1.98 个百分点；到 1980 年，人口性别比突破 100，为 100.42，男女人口总数相当；截至 2004 年，人口性别比达到 107.18，男性人口比女性人口高出 7.18 个百分点。性别比迅速增加的一个重要原因就是新出生人口性别比失调。

表 1-1 云南 1960～2008 年人口性别比变化情况

年份	男性 人数/万人	女性 人数/万人	性别比
1960	937.8	956.7	98.02
1965	1075.3	1085.1	99.10
1970	1246.4	1256.9	99.16
1975	1441.8	1442.5	99.95
1980	1590	1583.4	100.42
1985	1733.7	1684.4	102.93
1990	1910.8	1819.8	105.00
1995	2055.2	1934.4	106.24
2000	2192	2048.8	106.99
2004	2284.1	2131.1	107.18

续表

年份	男性 人数/万人	女性 人数/万人	性别比
2005	2302.2	2148.2	107.17
2008	2350.1	2193.3	107.15

资料来源：根据云南省统计局，1961～2009 年《云南统计年鉴》相关数据整理得出。

2. 年龄结构

我国自 20 世纪 70 年代在城乡全面执行计划生育政策以来，取得了控制人口数量的良好成果。然而，在出生水平下降的同时，人口的年龄结构相应地发生了变化。1980～2000 年，云南人口的年龄结构变化较为明显，人口金字塔较宽的部分明显上移，25 岁以下的人口比重明显下降，2000 年云南人口金字塔见图 1-1。2000 年 0～14 岁人口比重为 25.95%，65 岁以上人口比重为 6.14%，老少比为 23.66%，已达到了成年型标准。云南人口未富先老，对经济造成的压力很大。劳动力人口的老龄化会给技术更新和行业、产业结构的调整带来困难，也会使劳动力的成本提高，增加社会的负担。

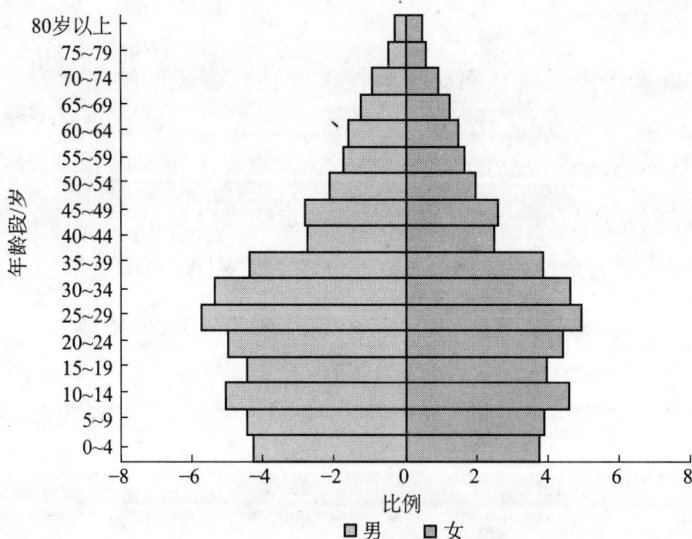

图 1-1 2000 年云南人口金字塔
资料来源：根据云南省人口普查办公室 2002 年的相关资料得出。

3. 人口文化素质状况

云南各级文化程度的人口数量都在增加（图 1-2），表明在目前的社会条件下，云南人口对各级教育的需求仍然具有数量扩张的趋势。2000～2005 年初中以上人口增长迅猛，显示出：第一，人口年龄结构显著实现了转型，小学学龄人口增长呈减缓趋势，而中学学龄人口增长加快；第二，教育资源更多地向中学教育转移，云南人口在接受中学教育上获得了更多的机会。假设教育资源的供给与需求是均衡的，我们可以用人口接受教育的总年数来衡量学校教育发展的总水平。1964～2000 年，云南人口的教育年数总量增加了 2.11 倍，年平均增长速度为 3.15%。各普查年间增长率如下：1964～1982 年为 2.86%，1982～1990 年为 3.74%，1990～2000 年为 3.22%。各普查年间教育年数总量的增长率，以 1990～2000 年为最快。

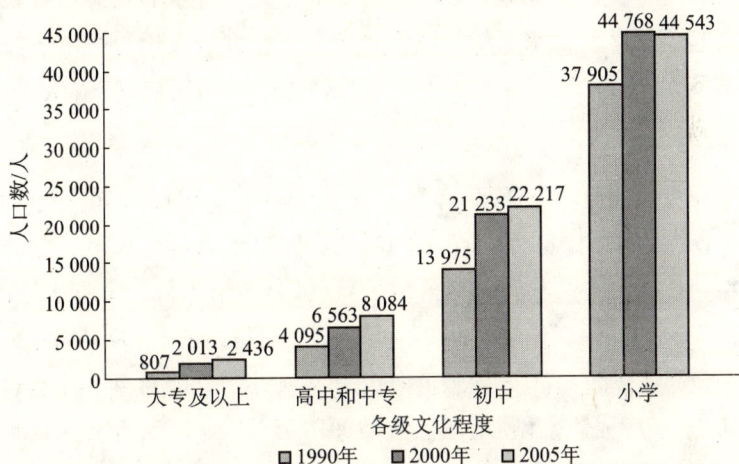

图 1-2　云南每 10 万人口中各级文化程度人口人数的比较

资料来源：根据云南省统计局、云南省人口普查办公室 1991 年、2001 年、2006 年相关数据得出。

　　人均受教育年数，在 36 年间（1964～2000 年，从云南第一次人口普查到第五次人口普查）共增加了 5.24 年，年平均增长速度为 3.15%，云南教育得到了巨大发展。由人口普查资料进行的计算表明，人均受教育年数增长速度最快的时期是 1982～1990 年，年平均增长率为 3.74%，而 1964～1982 年和 1990～2000 年两个时期的年平均增长率分别为 2.86% 和 3.22%，低于 1982～1990 年的水平，这种结果与我们的一般判断具有较大的差距。如果把教育年数总量作为经济增长的关键性生产要素，即人力资本，并认为可以带来巨大的投资收益，那么与云南生产投资的增长及对人力资本的需求相比较，云南的教育发展显著滞后于经济发展。

二、云南自然资源现状

从国土的自然环境条件看，云南大致可以分成东部地区、西部地区和南部地区三个国土区域。东部地区是云贵高原的西南端，其范围是楚雄以东、玉溪以北的区域，包括楚雄、玉溪、昆明、曲靖、昭通等行政区的大部分地区，区域范围内地势落差不大，资源环境组合相对较好，是云南社会经济发展较好、人口密度较大、开发历史较早的地区。西部地区包括楚雄以西的大理、保山、丽江、迪庆、怒江等行政区域，区内地势起伏大、交通条件差、开发历史较晚，经济发展差异较大。南部地区是云南水热资源条件较好的区域，主要包括思茅、西双版纳、临沧、德宏、红河、文山等行政区域，是云南省水热资源和矿产资源条件较好、开发潜力较大的区域（车志敏，1998）。

1. 土地资源

云南属青藏高原的南延部分，据《云南统计年鉴2009》，全省土地面积为39.40万千米^2，占全国土地面积的4.1%，仅次于新疆、西藏、青海、黑龙江、四川、甘肃、内蒙古等省（自治区），居全国第八位。全省土地面积中，山地约占84%，高原、丘陵约占10%，盆地、河谷约占6%，平均海拔为2000米左右，最高海拔为6740米，最低海拔为76.4米。2005年年末全省耕地总资源为609.44万公顷，常用耕地面积为419.18万公顷；2008年年末耕地总资源为607.78万公顷，常用耕地面积为418.55万公顷。全省荒山荒地面积为1290.40万公顷，宜农荒地为286.70万公顷。按地形分，山地约3310万公顷，占84%；高原约390万公顷，占10%；盆地约240万公顷，占6%。按特征分，常用耕地面积为420.02万公顷，占10.6%；森林为1501.50万公顷，占38%；疏林地、灌木林为660万公顷，占16.8%；荒山草坡地为565.11万公顷，占9.7%；水面面积为28万公顷，占0.7%；其他953万公顷，占24.2%。

全省坡度小于8°、相对平坦的土地约有340万公顷，仅占全省土地总面积的8.87%；坡度为8～15°的土地为526万公顷，占13.71%；坡度为15～25°的土地为1434万公顷，占37.41%；坡度为25～35°的土地为1102万公顷，占28.74%；坡度大于35°的陡峭土地为404万公顷，占10.53%。全省坡度大于25°的陡坡地占土地总面积的比重高达39.27%。复杂多变的自然地理环境，导致土地资源类型的多样化。地域组合千差万别，垂直变化十分突出，形成山中有坝、原中有谷，组合各异、分布较散的土地资源特点。

2. 森林资源

云南享有"植物王国"之美誉，在全国 3 万余种高等植物中，云南约有 1.8 万种，具有很高的科研价值和经济价值。根据《云南统计年鉴 2009》，全省森林面积为 1560.03 万公顷，森林覆盖率为 38.0%，疏林地、灌木林 660 万公顷，占全省总土地面积的 16.8%，全省活立木总蓄积量 15.48 亿 米^3，居全国第三位。据《云南资源大全》（《云南资源大全》编委会，2006）统计，云南拥有从寒温带到热带的主要乔木类型 120 种，但森林资源分布不均，有"西多东少"之势。西部横断山区，森林面积占全省林地面积的 61%，而东部高原只有 3.9%。西部的森林覆盖率为 29.8%，东部为 19.8%，因为大面积的高山针叶林和阔叶林分布在西部，且为原生林，单位面积上的蓄积量高，所以，西部的森林蓄积量占全省森林蓄积量的 77.4%，东部仅 22.6%（胡桐元，2004）。云南拥有生长速度快、材质好的团花、直干桉、云南石梓、八宝树等速生树种，拥有核桃、油茶、油桐、肉桂、八角、板栗、柿子、橡胶、咖啡、芒果等具有经济价值的树种。云南松脂资源十分丰富，拥有云南松、思茅松等松脂含量高、质量好的树种。云南还拥有许多珍稀濒危树种，其中已列为国家一级保护植物的有望天树、珙桐、秃杉、桫椤 4 种；二级保护的有铁刀木、华盖木、云南石梓、四树木等 53 种；三级保护的有云南苏铁、黄杉、红椿等 80 多种。全省林木品种超过 1 万种。其中，乔木树种就有 87 科 2700 种以上。

3. 水力资源

得天独厚的地理位置，优越的气候条件孕育了云南类型齐全、水量丰富、水能巨大的陆地水资源。根据《云南统计年鉴 2009》，全省水面面积为 27.90 万公顷，全省水力资源蕴藏量为 1.04 亿千瓦。全省境内平均年降水量为 4820.8 亿米^3，正常年径流总量达 2222 亿米^3（含地下水 742 亿米^3），约占全国水资源总量的 8.4%。云南水力资源蕴藏量高于全国水平 4 倍多，云南人均水力资源蕴藏量为 2.3768 千瓦，全国人均水力资源蕴藏量为 0.523 千瓦。加之过境水量 1943 亿米^3，使全省总水量达到 4165 亿米^3。此外，尚有湖泊静储水量 290 亿米^3，冰川雪山静储水量约 10 亿米^3，总体上属于水资源丰富的省份。云南地形错综复杂，河网发达，江河众多，地下水类型齐全，又有中国第五大湖区，还拥有全国最低纬度的现代山岳冰川及山地、苔原、沼泽。云南主要河流与湖泊情况如表 1-2 和表 1-3 所示。

表 1-2　云南主要河流列表

河流名称	境内河长/千米	集水面积/千米²
大盈江	196	5 859
瑞丽江	370	9 743
怒江	618	33 366
澜沧江	1 227	88 574
金沙江	1 560	105 614
元江	680	37 455
南盘江	677	43 342

资料来源：根据云南统计局《云南统计年鉴 2009》相关数据整理得出。

表 1-3　云南主要湖泊列表

名称	所属水系	湖面面积/千米²	最大水深/米	平均水深/米	平均水位/米	总容水量/亿米³
滇池	金沙江	306.3	8	5	1885	15.7
洱海	澜沧江	250	23	10.5	1974	30
抚仙湖	南盘江	212	151.5	87	1720	185
阳宗海	南盘江	31	30	20	1770	6.02
星云湖	南盘江	39	12	9	1723	2.3
程海	金沙江	78.8	36.9	15	1503	27
泸沽湖	金沙江	51.8	73.2	40	2685	20.72
异龙湖	泸江	31	6.6	2.8	1413	1.27
杞麓湖	南盘江	37.3	6.8	4	1792	1.68

资料来源：根据云南统计局《云南统计年鉴 2009》相关资料整理得出。

4. 矿产资源

云南矿产资源丰富、种类多、分布广，相对资源丰度值较高，共发现各类矿产 154 种，其中探明储量者 92 种，有矿产地 1274 处。根据《云南统计年鉴 2009》，云南的铁矿保有资源储量为 35.67 亿吨，煤炭保有资源储量为 271.07 亿吨，磷矿石保有资源储量为 40.28 亿吨。到 2005 年年底，有 54 种矿产的保有储量居全国前十位，其中铅、锌、锡、磷、铜、银等 25 种矿产储量居前三位。储量居全国第一位的有锡、铅、锌、镉、铟、铊、蓝石棉七种；居全国第二位的有磷、钾盐、砷、天青石、硅藻土、钛铁矿砂、铂族金属矿产等八种；

居全国第三位的有银、镍、钴、铜等。矿产资源具有种类多、品种齐全、富矿比重大、共生伴生组分多等特点。云南矿产资源包含了按矿产的主要用途和工业部门划分的所有类型，即黑色金属矿产，有色金属及贵金属矿产，稀有金属、稀土及分散元素矿产，冶金辅助原料非金属矿产，化工原料非金属矿产，特种非金属矿产，建材原料及其他非金属矿产，宝石、玉石、彩石等。

三、云南社会经济现状①

从本区域纵向比较的角度来看，自改革开放以来云南经济保持了较快的增长速度，各项社会事业得到长足发展，人民生活水平明显提高，经济发展的总量有了很大的提高，国内生产总值（GDP）从 1978 年的 69.05 亿元增加到 2005 年的 3472.89 亿元（占全国 GDP 的 1.9%，列第十九位），增长了近 50 倍；2008 年云南 GDP 为 5700 亿元，30 年增长了 82 倍多。人均 GDP 由 1978 年的 233.40 元增加到 2005 年的 7833 元，增长了 33 倍多；2008 年人均 GDP 为 12 587 元，比 1978 年增长了近 53 倍。

近年来，云南国民经济持续快速增长。2005 年云南 GDP 为 3472.89 亿元，占同期全国总量的 1.9%。在整个"十五"期间，云南 GDP 年平均增长 9.1%，比"九五"期间的年平均增速快 0.4 个百分点。

2006 年云南 GDP 突破 4000 亿元大关，达到 4006.72 亿元，比上年增长 15.4%，增速创 1995 年以来的最高纪录，比 2001 年增长 61.1%，5 年平均增长 10.0%。全省人均 GDP 2001 年达到 5015 元（606 美元）；2004 年达到 7012 元（848 美元）；2006 年达到 8970 元（1149 美元），跃上人均 1000 美元的新台阶；2001~2006 年全省人均 GDP 年平均增长 8.4%。

2007 年云南 GDP 为 4741 亿元，比 2006 年约增长 12%，创 13 年来最高水平；全社会固定资产投资增长 26.1%；地方财政一般预算收入增长 28%，增幅创 10 年来最高水平；社会消费品零售总额增长 17.3%；外贸进出口总额增长 41%；城镇居民人均可支配收入和农民人均纯收入分别实际增长 7.8%和 10%；城镇登记失业率为 4.18%；人口自然增长率为 6.86‰；金融

---

① 本书在以往研究成果的基础上，数据尽量更新，但受资料所限下文有些数据无法一一更新。特此说明。

机构人民币存款余额为 7171 亿元，新增 1041 亿元。

2008 年云南 GDP 为 5700.10 亿元，比上年增长 11.0%，高于全国平均水平 2 个百分点。其中，第一产业实现增加值 1020.94 亿元，增长 7.6%，高于全国平均水平 2.1 个百分点；第二产业实现增加值 2451.09 亿元，增长 11.4%，高于全国平均水平 2.1 个百分点，其中工业完成增加值 2056.95 亿元，增长 12.5%，建筑业完成增加值 394.14 亿元，增长 5.5%；第三产业实现增加值 2228.07 亿元，增长 12.1%，高于全国平均水平 2.6 个百分点。人均 GDP 达到 12 587 元，比上年增长 10.3%。非公有制经济蓬勃发展，经济规模不断扩大、活力增强，创造增加值 2194.5 亿元，比上年增长 12.6%，占全省 GDP 的比重达 38.5%，比上年提高 1.1 个百分点。

云南经济结构逐年调整（图 1-3），不断取得新进展，第一、第二、第三产业比重到 2008 年调整为 17.91：43：39.08，各方面都有长足发展。

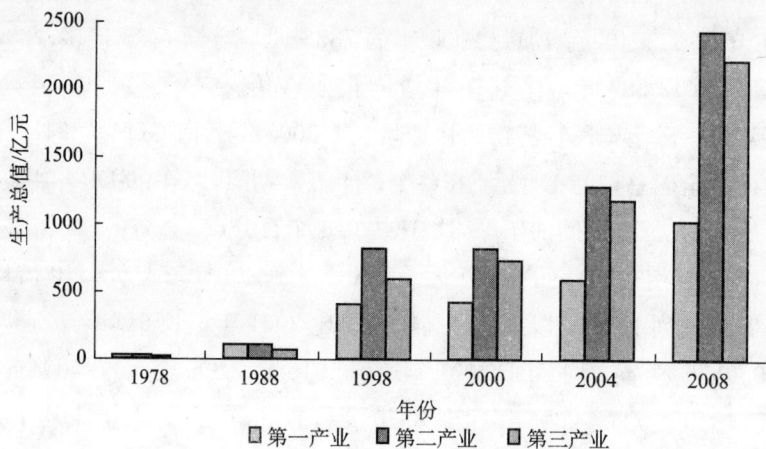

图 1-3 云南多年 GDP 三产分布情况

云南作为西部省份，在社会、经济和环境方面都具有自身的特色，其发展轨迹也与全国其他省份不同，因此，从理论到现实对云南的可持续发展进行评价都具有重要意义。

第二章

可持续发展评价模式

　　走可持续发展之路，是我国未来发展的自身需要和必然选择，这一点已明确体现在《中国二十一世纪议程》中，而可持续发展战略的实施，必然要落实到一个个具体的空间内，即实现具体区域的可持续发展。区域可持续发展是国家可持续发展的基础。中国地域广阔，自然条件差异大，区域发展不平衡，区域间二元结构严重，因此要实现国家的可持续发展，必须因地制宜，制定出有针对性的区域可持续发展战略。为此，必须进行区域可持续发展评价，将可持续发展研究从时空大尺度转向时空小尺度（从全球到区域，从代与代之间到年与年之间），从定性转向定量，从规范性转向实证性，从抽象转向具体，提出简单易行、科学合理、反映趋势的定量法则。

　　当前，我国经济处于平稳较快发展阶段，城市化和工业化进程加快。我国正在大力调整经济结构，夯实长远发展基础；坚持深化改革开放，不断完善有利于科学发展的体制机制；着力改善民生，加快发展社会事业。在国际金融危机严重冲击、世界经济负增长的背景下，我国取得的成绩极为不易。为了给可持续发展决策提供坚实的理论基础，我们对经济活动给环境带来的影响必须清楚地加以认识并予以定量表示，这样才能保证不因当前利益而牺牲长远利益。可持续发展的价值观、世界观与行为准则的转变与建立也迫切需要类似于表征经济活动的能够表征环境与社会发展状态的可靠手段。但是，由于可持续发展问题本身的复杂性，可持续发展评价研究还处于"百家争鸣"阶段。关于如何度量和评价可持续发展，国际、国内有多种方法和体系，并未达成共识，我国已有的研究成果与世界上其他国家一样都不完整、不完善，大部分是分散的单项研究而未能整体地加以系统化。在中国走向可持续发展之路的过程中，建立衡量进步与发展，为可持续发展决策提供有效的理论支持的指标体系与判别方法是极其重要的。

可持续发展评价是指根据某区域或某国的人口、社会、经济、资源和环境发展现状，采用一系列与该区域或该国可持续发展相关的指标，建立适当的模型对其发展的可持续性进行定性或定量评估。通过可持续发展评价，我们可以对该区域或该国的发展现状有一个总体全面的认识，了解其发展中存在的问题，为其规划、发展提供咨询。

第一节　货币和市场价值评价模式

作为可持续发展研究的一个热点，可持续发展评价研究目前已经存在很多指标和指标体系，但得到公认或较好应用或广泛实践的却不统一。纵观现有的各种可持续发展评价指标（体系），可归纳为两种模式：货币评价模式和非货币评价模式。下面两种模式介绍都是参考曹利军（1999）的论述。货币评价模式是通过模仿市场，把市场价值延伸到非市场范围，促使人们以"支付意愿"的方式来显示他们对非市场产品的偏爱，将可比产品和劳务的市场价值赋予诸如安逸、环境和安全这些非市场成果，从而对不同领域里的发展活动加以比较，即用共同的货币单位对它们加以衡量，并将这些成果聚集为一个全面的发展指标；与货币评价模式相反，非货币评价模式不是通过价值聚集发展的成果，而是认为可持续发展是满足人们多方面需要的多维发展，试图建立一套多维多层次的指标体系，对发展的多个截面进行评价。

一、货币评价模式

1972 年，美国经济学家诺德豪斯（Nordhaus）和托宾（Tobin）首先提出用"经济福利"修改国民生产总值（GNP），他们认为，以 GNP 表示的生产成果不能反映生活质量和环境效益，当 GNP 是通过牺牲环境质量和花费很大的社会代价获得的时候，控制污染、恢复损失的部门反而成为国民经济增长的新部门，但这并不意味着人类福利的增长，反而意味着生活质量的下降。据此，他们认为必须改变传统的以 GNP 衡量发展的做法。

1. 持续收入

与可持续发展相对应的国民收入的正确计量应能反映在不减少产生社会福利的各项要素总储量的情况下有多少收入可用于消费，这样计量的国民收入可定义为"持续收入"。可以将持续收入水平是否增长或至少持平来衡量一个社会是否可持续发展。

修正后的持续收入公式为

$$SI = GNP - D_k - D_R - R - A - N$$

式中，SI 为持续收入；D_k 为固定资产等生产资料的消耗；D_R 为环境资源的减少或损失部分；R 为恢复环境损失的开支；A 为防止环境损失的开支；N 为过量开采资源的价值。

2. 经济福利

戴利（Daly）和科布（Cobb）于 1990 年提出了持续发展的经济福利指标，它是较全面的福利指标，它不仅考虑了平均消费，也考虑了分配和环境退化的因素，还考虑了今球变暖和臭氧层破坏可能带来的大规模和长期性的后果。应用该指标进行衡量的最大缺陷是仅适用于少数几个国家，其中的一些指标在发展中国家几乎没有任何统计资料，因而适用性不大。

3. 调节的国民生产总值

克里斯蒂安（Christain）和莱佩特（Leipert）认为由 GNP 向调节的国民生产总值（ANP）的转移，是度量可持续发展的先决条件，用 ANP 来衡量发展的成果更有利于可持续发展。[①]

ANP 是由 GNP 减去所有部门的"外部成本"，诸如环保支出，污染损失补偿支出，空间聚集、生产集中和城市化的外部成本（即由不健康的消费和行为模式，以及生活和工作条件而引起的成本），日益增加的风险敏感性和安全敏感性的成本，生产过程中间环节的额外成本等。该指标对 GNP 的修正类似前面的持续收入，但它更多地涉及社会效果，由于某些社会效果的货币化非常困难，所以该指标的计算难度很大。

4. 持续性指数

英国东安格利亚大学全球环境社会与经济研究中心（CSERGE）提出的

---

① 转引自曹利军. 1999. 可持续发展评价理论与方法. 北京：科学出版社.

持续性指数，基于四种尺度：社会资本（财政储蓄与国民收入的比值）、人造资本（机器、道路等）、人力资本（知识与技能的储备）和自然资本（资源和自然服务的储备）。在此基础上，CSERGE 的皮尔斯（Pearce）和阿特金森（Alkinson）于 1992 年提出了两个各具特色的持续性尺度。"弱"持续性定义为国家的储蓄减去人造资本和自然资本的折旧，再除以国民收入。假设知识性技能不能折旧时，可将人力资本排除在外。可持续性指数是基于各项资本之间的可替代性这一假设，即假设生态退化可以用储蓄和人造资本储备的增长来平衡。但是，这种假设是值得怀疑的，为此他们又提出另一种"强"持续性的评价尺度。强持续性否定非环境增长代替环境退化的可能性，认为如果自然资本储备减少，则持续性减少，而不管弱持续性的其他成分如何变化。该指标最大的困难在于如何计算自然资本的储备。

5. 绿色（或综合）核算

不论是 1993 年皮尔斯等提出的绿色核算，还是巴特尔梅斯提出的综合核算，本质上都和利用持续收入对 GNP 的修正相似。

皮尔斯等认为，传统的国民生产净值（NNP）只反映了人造资本的折旧，而没有考虑自然资本的消耗和退化，因而必须对其加以修正，用绿色 NNP（GNNP）来代表持续收入

$$GNNP = C + S - K_m - K_{n1} - K_{n2}$$

式中，C 为国内消费总额；S 为国民储蓄总额；K_m 为人造资本的折旧；K_{n1} 为自然资本的消耗；K_{n2} 为自然资本的退化。

巴特尔梅斯的综合核算定义了一个净国内生产总值（ENP）的概念，这个概念是在考虑了环境因素后由 GNP 演绎来的，它将自然资源枯竭、环境质量退化及改进成本和效益考虑了进去，将持续性经济增长定义为 ENP 的长期增长。

6. 生态经济复合价值

胡涛和陈同斌（1995）把一个生态经济系统内商品与负商品的价值之和称为生态经济复合价值，并给出了生态经济复合价值的计算公式。

绝对复合价值：

$$E_a = V_g - C_p - C_e$$

相对复合价值：

$$E_r = V_g / (C_p + C_e)$$

复合价值：

$$E = (E_a, E_r)$$

式中，V_g 为总产值；C_p 为生产成本；C_e 为生态成本。

当考虑到人口因素时，可使用人均复合价值 $E_p = E/N$，其中 N 为人口数量。他们认为可持续发展就是复合价值为正的递增的发展。

二、非货币评价模式

非货币评价模式认为可持续发展是满足人们多方面需要的多维（元）发展，而不单是个人货币收入的增加，因而它寻求建立一套多维多层次的指标体系，对发展的多个截面进行评价。

1. 联合国人类发展指数

联合国开发计划署（UNDP）的人类发展指数（HDI）是对可持续发展的一种量度。1990 年首次提出的 HDI，把人类福利的三个指标综合成一个单一的国家人类发展尺度。HDI 的三个组成部分是知识（由成人识字率和平均上学年限组成）、寿命（定义为出生时的期望寿命）和收入（定义为按实际购买力折算的人均 GNP）。

人类发展的许多其他尺度可能已包括在 HDI 中。例如，知识代表着发展的基础能力、科技进步能力、信息扩散能力，以及理解自然、保护自然的能力的程度；寿命反映了社会福利、保健措施和社会保障体系的完善程度；收入则反映了资源的分配状况和国内财富的平均水平。UNDP 认为，它在 HDI 中所使用的这三个分量是"最具决定性的分量"。换言之，可持续发展就是"有长久而健康的寿命，受教育和享受相称的生活标准"。然而，一个国家人类发展尺度掩盖了不同内部不同人群之间的诸多相异性。UNDP 已经修改指标，将其分解，以反映各区域、各种族、各人群、女性和男性，以及低收入人群和高收入人群之间的差异。另外，上述指标仅仅考虑了经济和社会因素，没有考虑环境因素。

2. 以满足人类需求为基点的可持续发展指标体系

赵景柱（1992）认为，建立可持续发展指标体系要从复合生态系统的角度出发，以可持续发展的目标为核心，以人类需求的满足为基点，并体现可持续发展的基础、途径及实现的程度。为此，他建立了包括人类基本需求、资源利用、经济发展、社会发展四类指标在内的可持续发展评价指标体系，利用赋权关联法构建了一个综合满意度函数，来反映系统整体的发展效果。该指标体系的缺点是缺少反映复合生态系统各子系统之间协调程度的指标和反映政府行为的指标。

3. PRED 系统可持续发展指标体系

张志强（1994）认为，一定区域的人口、资源、环境和发展问题之间因相互作用、相互影响、相互制约而构成的紧密相连的统一体，可视为一个系统——区域 PRED 系统。他建立了从人类发展、资源数量与利用、生态与环境、经济发展四个截面评价区域可持续发展的指标体系。该指标体系的缺点是信息涵盖不全，因为它缺少社会发展指标。

4. ABC 指标模型

国际城市环境研究所根据欧洲城市因地而异的原则提出 ABC 指标模型，并制定可持续性指数。该模型由特定区域、基础及核心三个层次的指标体系构成。特定区域指标指由当地组织或当局制定的用于说明区域特定问题、条件和因素的发展度量指标。它可以独立于可持续性指数，作为基础指标之外的附加特征指标，如不完全燃烧排放的 CO_2 浓度。基础指标对可持续性指数的核心指标提供额外的详尽的支持，如 SO_2 浓度。核心指标是构成欧洲可持续性指数的主要指标，并为衡量当地可持续性提供最小限度的信息。核心指标起初由六项与可持续性有关的专题构成，后来进一步扩大到 10 项专题。

5. 可持续发展的核心指标集

联合国政策协调与可持续发展部提出，核心指标集中的诸指标按"驱动力—状态—响应"（DSR）结构给出。DSR 结构是由已获得广泛认同的环境指标架构"压力—状态—响应"衍生出来的，以更精确地适应经济、社会和体制指标的条件要求。驱动力指标表征对可持续发展产生影响的人类活动、过程和方式，状态指标指示可持续发展的状态，响应指标则表征对可持续发展"状态"的变化所做出的政策选择和其他措施。

核心指标按可持续发展的经济、社会、建制和环境分类，与《二十一世纪议程》相应章节对应，可以保证可持续发展所有重要的方向都得到指标的监控。

第二节　非市场价值评价模式

一、空间分析模式

可持续发展评价实际上是对发展的速度和协调状况进行评价，这是一个有方向性的评价过程。这个过程包含了许多层次，如评价指标的确定、评价标准、发展速度等，最终是要确定社会、经济的发展，人口质量的提高与资源和环境承载能力的协调程度。

可持续发展评价是对经济、社会、生态复合大系统的协调性进行评价。可持续发展系统作为一个多要素的复杂系统，它除了具有集合性、关键性、整体性、功能性、层次性等一般系统特性外，它还是一个多维立体的系统。可持续发展评价的数据来源、特点和表示方式等都具有空间性，因此，GIS的空间分析功能在其中应用较为广泛，具体内容如下（盛艳，2004）。

（1）单指标分析。单指标分析指对区域可持续发展的某个指标所进行的多种分析，如人口状况指标，可以通过人口数量、人口质量、人口自然增长率和人口空间分布等来描述，这些指标都可以将某数据配置到空间进行比较分析，以地图的方式进行输出。

（2）多指标数据的综合分析。通过对多个指标数据的运算，来产生新的数据，用于分析或图形输出。例如，可以通过某一地区的耕地面积和人口两个指标，来计算出该地区的人口自然增长率等。另外，多指标数据的综合分析还表现在通过多层栅格数据的复合叠置或矢量多边形的叠加分析来产生新的数据层。叠置叠加分析常用于资源与环境领域的分析评价。叠置叠加分析是将两层或多层地图要素进行叠加产生一个新要素层的操作，其结果是将原来要素分割生成新的要素，新要素综合了原来两层或多层要素所具有的属性，是区域性多因子综合分析评价的基本单元。叠置分析也是对新要素按一定的数学模型进行计算分析，进而产生用户需要的结果或回答用户提出的问题。

(3) 区域可持续发展规划。区域可持续发展规划是根据区域可持续发展的程度来划分可持续发展的类型。区域可持续发展程度是通过指标体系的综合运算得出的，首先确定各个指标数据的比较基准，然后将该指标不同区域的数据与此基准的比值进行加权求和，最后得到的值即该地区的可持续发展度，然后再以该值为基准进行空间聚类聚合分析就可划分出不同的发展类型区域。

(4) 区域可持续发展空间趋势分析。区域可持续发展的空间趋势是某区域随着时间推移而表现出的在空间上的发展趋势或方向。利用 GIS 的空间分析工具和遥感技术的数据快速更新功能，可以准确地预测某区域在空间的发展趋势，从而制定相应的方针规划或对策，以促进区域的可持续发展。地理学中许多物理量都是空间数据的函数，它们随时间位置而变化，并且地理量随空间的变化可以分为两部分：第一部分是大尺度的区域变化，反映某个地理量的大范围的变化趋势，又称趋势变化，主要受大范围的系统性因素控制；第二部分是小尺度的局部性变化，反映局部地区小范围的明显变化，往往与局部因素有关。

GIS 的技术运用将会更加广泛，尤其在可持续发展评价中，将会得到长足的应用发展，也为可持续发展的评价提供准确性和现实性数据。

二、生态价值评价模式

1. 生态足迹分析法

生态足迹（ecological footprint）是在现有技术条件下，按空间面积计量的支持一个特定地区的经济和人口的物质、能源和废弃物处理所要求的土地和水等自然资本的数量。大多数人对自然物品和服务的消费，以及所排放的废物是可以定量描述的；被人类所占用的生产消费品和用于同化废弃物的具有生物生产力的土地面积是可以计算的。因此，生态足迹自然也就是被一个地区所占用的生产所消耗的资源和服务，并能同化所排放的废弃物的生物生产土地。

Rees 和 Wackernagel（1996）在从空间角度探讨自然资产（本）的占用测度问题时提出了生态足迹概念。生态足迹将一个地区或城市的资源消耗、废弃物的产生同该区域的自然再生能力作比较，告诉我们一个地区或城市的发展对它的自然的影响到了怎样的程度。生态足迹评估是一种有效的工具，它对人类活动的自然影响提供了一个总体的评估。该方法通常采用具有世界先进生物生产力的平均空间面积作为统一比较单位来衡量全球范围内不同地域人口所产生的生态影响。生态足迹分析方法所采用的基本土地类型有六种：化石能源地、可耕地、牧草地、林地、建筑用地和水域。生态足迹分析方法从需求面计算生态足迹的大小，从供给面计算生态承载力的大小，通过对这二者的比较，评价研究对象的可持续发展状况。

2. 能值分析法

能值是生产某种类别的能量所包含或需要的另一类别能量的数量（Odum，1996），即在人类系统或自然系统，任何物品或服务的形成过程中直接或间接使用的各种能量的总量，就是该物品或服务的能值。能值分析理论，从系统生态角度，将自然生态系统与人类经济系统相结合，以太阳能能量为基本衡量单位，与能量流图相互补，来研究分析不同时间和空间尺度下的自然和人类-自然生态系统的能量经济行为。其分析手段包括能量系统模型图和能值综合图的绘制、各种能值分析表的制定、能物流量计算与能值计算评价、能值转换率和各种能值指标的计算分析、系统模拟等。能值理论是由美国著名生态学家 H. T. Odum 于 20 世纪 80 年代末在能量生态学、系统生态学、生态工程学及经济生态学的基础上发展提出的。该理论分别用能值产出率（EYR）、环境负载率（ELR）、能值交换率（EER）来衡量系统产出效率、系统过程的环境影响、系统的交换效益。能值分析方法（emergy analysis）将能量分析方法推进到了一个新的阶段，丰富发展了可持续发展的评价方法，并在全球范围内得到日益广泛的应用。1997 年美国生态学家 M. T. Brown 和意大利生态学家 S. Ulgiati 首次提出了能值可持续发展指数（emergy sustainable thdices，ESI），初步填补了能值理论中系统可持续发展的能值综合评价指标的空缺，在系统可持续发展的能值评价方面迈进了一大步。中国学者陆宏芳、蓝盛芳等人针对 ESI 中存在的不足之处，对能流、物流和货币流进行耦合分析，将系统社会经济效益作为分子，将环境压力作为分母拓展构建了与系统可持续发展性能成正比的新的综合指标——SDI，以评价系统可持续发展。SDI 值越高，意味着单位环境压力下的社会经济效益越高，系统的可持续发展性能越好。

第三节　评价模式评析

货币评价模式比较客观且通用性好，但也有其局限性。因为许多环境因素和其他非经济的因素是难以定价的，不易完全纳入货币体系，其中包括诸如人类健康、安全感、收入和财产分配中的公平程度，以及其他文化或精神方向的目标等社会价值。此外，可持续发展是人类活动间的相互作用，以及人类与环境间相互作用的结果，这种相互作用也很难用单一的货币体系加以描述。与货币评价模式相比，非货币评价模式的优越之处在于针对性强，即处于不同空间位置、不同发展阶段的地区，可以有不同的评价指标体系。更重要的是，它把难以用货币术语描述的现象引入了环境和社会的总体结构中，在评价过程中可标志制约系统发展的限制因子，因而更有利于可持续发展战略的制定。其缺点是易出现指标信息覆盖不全或指标间信息的重叠等问题，但这两点都是能够克服的，前者可通过对可持续发展内涵的深刻理解和对可持续发展要素的透彻分析来避免，后者可通过对指标的主成分分析和独立性分析来克服。

可持续发展的货币化评价的依据是：如果随着时间的推移人们的福利不下降，则发展就是可持续的。目前在许多领域基于货币化基础的财务分析是必不可少的，但是在评估生物物理的约束的时候，货币化评价技术本身存在缺陷。自然服务和资源商品的边际价格不能真正反映资源稀缺性、要素的互补性、结构和功能的必要性及信息价值和社会偏好，而这些都是经济研究的核心问题。货币化评价技术存在的主要缺陷如下：①价格通常不能真实反映自然资源的稀缺性；②处理未来的公平性时存在确定贴现率的困难；③资源的市场价格还受外部市场环境的影响；④货币化评价技术通常并不能很好处理替代品和互补品；⑤货币化的估价不能反映生态环境对发展的限制性；⑥价格通常不能反映某些自然资源对整个生态系统的重要性。

尽管存在这些问题，但货币化估价还是存在很多可取之处的。对资源和环境问题采用费用与效益的概念进行评估，确实可以加强对环境的保护，使之与发展处于等同的地位，能从整体上提高决策意识。

　　货币和市场法以费用来表示自然生态环境资源的经济价值，在理论上就存在缺陷。它不同于市场价值评价，适合于没有费用支出的但有市场价格的生态服务功能的价值评估。理论上是合理的方法，但是由于生态系统服务功能种类繁多，而且往往很难定量，实际评价时仍有许多困难。间接的方法只能估算使用价值，其不足之处在于：所获得的价值是假设性的，存在偏好不确定性。

　　生态足迹模型紧扣可持续发展理论，是涉及系统性、公平性和发展的一个综合指标。将生态足迹的计算结果与自然资产提供生态服务的能力进行比较能反映在一定的社会发展阶段和一定的技术条件下，人们的社会经济活动与当时生态承载之间的差距。测算指标采用生产土地的面积，不使用金钱的测量使人容易理解，而且容易进行尝试性测算。该模型的计算结果只反映经济决策对环境的影响，而忽略土地利用中其他的重要影响因素，如城市化的推进挤占耕地，由污染、侵蚀等造成的土地退化情况。因此，该模型目前计算结果有高估区域生态状况的可能。生态足迹法强调人类发展对环境系统的可持续性，而不关心经济、社会、技术方面的可持续性，并不考虑人类对现有消费模式的满意程度。另外，它是一种基于静态指标的分析法，无法反映未来的可持续性，它没有把自然系统提供资源、消纳废弃物的功能描述完全（Wackernagel et al，1999）。

　　能值分析方法把生态环境系统与人类社会经济系统有机地联系和统一起来，定量分析自然与人类经济活动的真实价值，有助于调整生态环境与经济发展的关系，对自然资源的科学评估与合理利用、经济发展方针的制定及地球未来的预测，均具指导意义。该方法将环境资源、商品、劳务和科技等不同类别与各种形式的能量转换为同一标准的能值后，对这些能值均可加以比较研究。能值分析方法与技术的采用不是取代货币对经济行为的度量功能，而是弥补货币价值方法的不足，对那些非市场的自然物品和服务的价值进行度量尤其适用。能值分析方法可以为国际、国家和地方的政策分析和生态经济决策提供技术工具支撑，却难以用来研究人类或生物在社会组织、制度、行为、心理意识等方面的问题。因此，到目前为止仍然局限于在经济或生态经济系统内应用。

第三章

云南能值评价

　　生态经济系统是由生态系统和经济系统通过技术中介及人类劳动过程所构成的物质循环、能量转化、价值增值和信息传递的结构单元。生态经济系统的可持续性的实质是生态与经济双重目标的协调和实现，以及生态系统有序性与经济系统有序性的融合。生态经济系统双重目标及协调有序性的实现，是在生态系统与经济系统双向循环耦合过程中完成的。目前，研究生态系统与经济系统的可持续性，所存在的问题是如何将生态系统的价值与经济系统的价值统一量纲进行分析。美国生态学之父 H. T. Odum 创建的能值分析理论与方法，可以同时将自然生态系统与人类经济系统进行量化评价，解决了因不同类别的能量（资源、环境、人类劳务、信息等）存在的质与价值差异而无法比较的难题，把不同量纲和各种形式的能量转化成同一标准——能值后，综合评价生态经济系统的能物流、货币流、人口流、信息流等，科学判断区域的发展可持续性，为区域经济发展方针、政策的制定，提供科学指导。

第一节　能值分析理论与方法

　　环境与生态系统对于经济增长和社会发展具有不可替代的重要作用，其自然资本表现为多价值形态，主要有经济价值、生态价值和社会价值三类。环境与生态系统的生态价值和社会价值具有外部性，在缺乏有效的政府干预和宏观政策调控下，市场途径无法对其进行有效的管理，导致了对资源的掠夺性消费和对环境的无节制破坏。解决市场在管理环境与生态系统资源方面的缺陷，分析环境与生态系统的服务功能，进而量化其生态资产的价值量已经成为生态学、生态经济学、环境经济学及其他相关研究的前沿课题（Costanza et al.，1997）。走可持续发展道路已经成为世界各国的共识，但如何评价一个国家或地区的可持续发展状况却是一个重大课题。其中，人口-资源-环境复合系统如何用统一的标尺进行评价也是难题。能值概念的提出为衡量和比较不同类别、不同等级层次上的能量动态提供了理论和方法基础，使传统的能量分析面临的不同能量可加性和可比性问题得到解决，也为传统上难以作综合分析的社会-经济系统或人类-自然系统提供了一条有效的途径。

一、能值分析理论与方法研究进展

能量和物质是自然界最基本的代谢要素。无论是人类社会，还是任何其他自然系统，都关系到能量的流动、转换、储藏与耗散。能量作为一种必不可少的反映物理世界、化学世界和生物世界运动变化的指标，可以帮助我们从一个侧面来理解和认识自然的本质，生命与环境、人与自然的关系。

能量生态学是研究生命系统与环境系统之间能量关系及其规划、设计与管理方法的学科分支，是能量物理、能量化学、生物学和生态学相互渗透而形成的一门交叉学科。能量生态学起源于 19 世纪后半叶，许多学者进行了大量的研究。能值分析理论与方法是由美国生态学家——生态系统能量分析的先驱 Odum 为首的科学家，在能量分析的基础上经过长期研究发展起来的，并由澳大利亚学者 Scienceman 建议，于 20 世纪 80 年代后期正式采用"emergy"一词（Odum and Odum，1987；Scienceman，1987）。能值定义为生产某种类别的能量所包含或需要的另一类别能量的数量。这就是说，在人类系统或自然系统中，任何物品或服务的形成过程中直接或间接使用的各种能量的总量，即为该物品或服务的能值。Odum 假定，各种能量均来源于太阳能，因此通常以太阳能值（solar emergy）来度量各种不同类别能量的能值。任何能量包含（相当）的太阳能量，即该能量具有的太阳能能值，单位为太阳能焦耳（solar emjoules，sej）。某种物品或服务的太阳能值，就是其形成过程中直接或间接应用的太阳能焦耳的总和（Odum and Odum，1987；蓝盛芳，1992）。能值分析的科学思想基础是能量当量的概念。能值分析使得不同类别的能量可以用同一客观标准来衡量。

在能值分析理论与方法建立以后，各国的生态学家和环境经济学家采用这一理论在世界范围内开展了大量的工作。Odum 等在 20 世纪 80 年代初分别对印度、西班牙、泰国、多米尼加、波兰、新西兰、荷兰、瑞士、日本、联邦德国、巴西、苏联、澳大利亚、利比亚，以及美国和美国的部分州进行了能值分析。此外，世界各地的学者也纷纷开展专项研究，如意大利的 Ulgiati 等、中国的蓝盛芳、中国台湾的黄书礼、厄瓜多尔的 Arding、瑞典的 Doherty 等、中国的严茂超等，对于中国各地区域的研究也不少。

Odum 所建立的能值分析理论，是从系统生态角度出发，将自然生态系统与人类经济系统相结合，以太阳能能量为基本衡量单位，与能量流图相互补，来研究分析不同时间和空间尺度下的自然和人类-自然生态系统（如农业、林业、畜牧业生产系统，工业生产系统，地质、气象、水文生态系统等）的能量经济行为的方法。能值分析可以作为国际、国家和地方的政策分析和生态经济决策的技术工具支撑，但是，到目前为止，能值分析方法与技术尚难以用来研究人类或生物的社会组织、制度、行为、心理、意识问题，这就是说，这一方法尚局限于任何经济或生态经济系统内应用，而在社会、心理、意识和行为研究领域的应用仍需要进一步发展。

二、能值分析方法介绍

虽然受研究的个体差异影响，在具体研究工作中，生态系统能值理论与方法的基本步骤会有所不同，但经典的生态系统能值分析方法的基本步骤如下（Odum，1996）。

（1）客观全面地收集要分析的生态系统的人口、自然环境、地理和社会经济各种资料数据，包括能物流、知识信息流及货币流资料，并整理分类及存机处理。

（2）构建能值分析系统图。分析所得资料，确定所研究生态系统边界，列出系统主要组分及其间的相互关系，并对能流量超过系统总能流量 5％的各能值流进行区分归并。应用 Odum 在 20 世纪 80 年代初所提出的能量符号及生态系统图解方法绘制系统能值图解，系统各组分及能源由左至右按能值转换率依次增高的顺序排列。从构建的能值理论与方法系统图中，可得到以下信息：整个系统的概貌、组成及各组分之间的关系，系统存在的问题，对系统贡献的主要因子，可供选择的管理措施等。

（3）建立能值分析项目表。项目表中的大多数项目是从能值分析系统图中的能值流的线路中得到的。该表显示各种生态流由原始数据量导出能值流的过程，该表包括6项内容，即编号、项目、原始数据（多以焦、克或美元为单位）、太阳能值转换率、太阳能值（单位为太阳能焦耳）及宏观经济价值（相应能值量与当年地区能值/货币的商，单位为能值美元）。

（4）估算每种流、产品、关键项目的太阳能值和能值美元的大小，进一步对系统进行量化。然后进行能值系统图的量化、简化。

（5）从能量分析项目表中抽取一些有价值的指标体系，如净能值产出率、环境承载力、人类知识信息流能值输入占总能值流量比重、系统内各子系统间有效能值利用率等，对所研究的生态系统进行定量分析评价。通过指标体系的分析，对系统的经济发展和环境管理提出政策上的建议。

（6）根据能值指标系统分析结果，运用动态系统建模原理和计算机技术，建立计算机模型对所研究生态系统进行动态模拟。

（7）系统的发展评价和策略分析。通过能值指标比较分析及系统动态模型模拟结果对该生态系统进行客观评价和展望分析，并提出对系统进行改进和完善的决策意见。为制定正确可行的系统管理措施和经济发展策略提供科学依据，指导生态经济系统良性循环和可持续发展。

三、能值与资源和经济

自然资源的价值无法用货币衡量，因为人类社会经济的货币流通并不经过自然。货币只是一种衡量经济活动中人的作用和贡献的工具，并不衡量经济和自然的作用和贡献，尽管自然做了很多功或做出巨大贡献。能量流动经过自然界和人类社会，但能量不能表达和衡量自然资源和人类经济，以及它们的关联。只有能值可以衡量整个自然和人类社会经济系统，它既可以衡量自然资源财富，也可衡量人类经济活动；既可衡量产品生产的各种投入，也可衡量产品价值。人类社会经济的运转时刻依赖自然资源，资源价值包含于一切工农业产品之中。能值与自然资源、人类生产、产品流通、消费等息息相关，与整个生态经济系统紧密相连（严茂超和Odum，1998）。所谓财富，其实并不是人类单独创造的，而是由自然的物品和服务，加上人类的体力和脑（智）力的投入共同创造的，这一切均包含在能值中，因此能值是真实经济财富的度量尺度，也是衡量自然和人类经济系统行为的客观标准。

经济领域通常以 GNP 和 GDP 作为衡量经济能力和生产力水平的标准，然而，货币并不能衡量自然界的贡献，而且通货膨胀使货币年年贬值，因此货币体现的 GNP 并非衡量经济的唯一客观标准。可以更好地衡量经济的是能值，即用于创造经济财富的太阳能值（Odum，1996）。能值与货币的数量关系可以用能值货币比率（emergy/＄ratio）表示，它是表明一个国家的单位货币可以换取多少能值财富的指标，由国家全年能值应用总量除以当年国民生产总值而得。农业国家应用大量国内不花钱的自然产品和服务，使用的流通货币较少，故能值货币比率较高；发达国家的情况恰恰相反。货币与能值在经济系统中呈相反方向流动。一方面，如果没有高能值的资源（石油、矿藏等）供应生产所需，或没有商品和劳务供给，货币便失去它的价值；另一方面，如果没有资金运转，则经济无法发展，只能停留在简单的原始状态，资源也就不能有效开发利用。

研究生态经济系统能流、物流与价值流（货币流）的动态数量和相互之间的数量关系的方法，称为流量分析。生态学能流与物流的研究改进了系统分析方法，经济学对物质流与价值流也有经济计量分析方法。但是如何把能流、物质流、货币流及其他生态流（如人口流、信息流等）进行流量综合后相互换算，在能值概念和理论出现之前长期得不到妥善解决。人们一直在寻找一种可以把生态系统和经济系统统一起来进行定量分析研究的尺度和方法，而新兴的生态经济学在理论发展和实际应用研究上也迫切需要定量化研究方法。能值在这方面扮演了重要角色。应用能值，可以把能流、物质流和货币流综合起来，并相互换算。根据能值概念和理论进行生态系统能值分析，可通过能值使各种生态流沟通和相互换算，以能值量纲做定量分析研究，并可以计算出一系列反映生态与经济效率的能值综合指标体系。因此，能值是生态学和经济交叉联系的桥梁，为人类重新认识世界提供了一个重要的度量标准（严茂超和 Odum，1998）。

从能值分析角度剖析经济系统，其运行的动力学基础在于能量流转方式、速度和强度，它决定了生产要素的配置、生产力的布局、经济发展速度、环境负载程度及资源的耗竭速率。因此，把握了能量进入系统的通量密度和流转路径便可明晰系统的演化态势。图 3-1 是一个简化的社会、经济、资源和环境系统能值分析图。

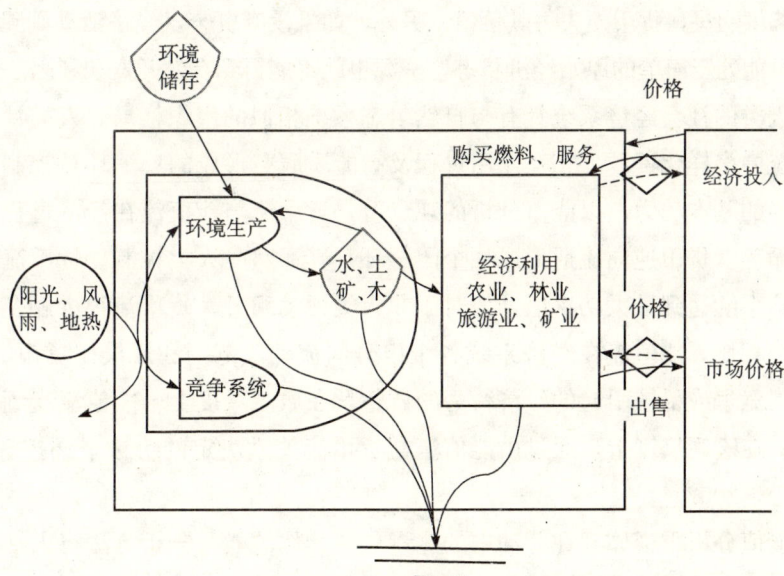

图 3-1　社会经济环境系统能值分析简图（蓝盛芳等，2002）

　　能量是衡量自然界和人类社会各种流动的指示剂，可以用来表达人与自然界的关系。生态系统中的能量流动和转化遵守热力学第一和第二定律。同时，为使系统达到永续发展，系统有用功率的最大化是其设计与存活的原则，Odum 称之为"最大功率原则"，可以表达为具有存活力的系统之最佳设计，使该系统能够满足一切所需，以产生最大功率。也就是说，一个系统为了能与其他系统竞争而存活和永续发展，必须从外界输入更多低能质能量，同时，也必须自系统反馈所储存的高能质能量，强化系统外界环境，使系统内部与外界互利共存，不断获得能量，以产生最大功率。

四、能值分析在可持续发展评价中的应用

　　经济是人类文明所拥有的资源与能量的巨系统。论及一个国家或地区的经济，通常人们以货币的多少作为标志。其实，从能值分析的角度来看，经济活动乃是如何开发利用资源和能量的问题。一个地区的经济系统就是利用环境资源的能量、信息、物质和劳务，生产各种产品供应消费者，人类消费者则为经济活动提供劳力。能量、信息、物质和劳务这些真正的财富，可用能值加以衡量。如果没有高能值的资源（如石油、矿藏）供经济生产使用，或者没有商品

和劳务供购买，货币便失去其价值；另外，如果没有资金，经济活动则无法开展，只能处于简单的原始经济状态，资源也就不能得到有效开发和利用。

人类的社会经济系统具有与自然生态系统相似的组织格局。人类社会经济系统中多样化资源、相互作用过程及高能质服务形成的反馈环是控制能值流格局的基本动力。以能值分析的观点看，货币流与能值流在经济过程中呈反向循环。货币逆向流通形成一个闭合环，其通路受人类控制。货币流通使得经济系统达到最大功率值，但对于非人类活动组分，货币流很少触及。与货币流相比，能值流在经济系统各个组分间流动，范围和规模比货币流大。对于因竞争或稀缺引起的经济行为的调整，在微观尺度上，能值流起到推动作用；在宏观尺度上，通过由能值流与货币流关系决定的价格来调控。（蓝盛芳等，2002）

能值分析重视体现在劳动中的能量。与其他的能量分析方法将人视为单纯的消费者的理念不同，能值分析认为消费者提供了主要反馈控制，使得经济系统得以完成复杂的过程。人的劳动在能值分析中是能量最集中的项目，体现的比值很高。经济系统的大部分行为集中在人的服务上，因此，用能量与货币的平均比率乘以同质等价物的能量来估算人劳动的能量是一种合理的近似方法。归根结底，从能值分析角度剖析经济系统，其运行的动力学基础在于能量流转方式、速度和强度，它决定了生产要素的配置、生产力的布局、经济发展速度、环境负载程度及资源的耗竭速率。因此，把握了能量进入系统的通量密度和流转路径便可明晰系统的演化态势（李双成等，2001）。

可持续发展已经得到全世界的普遍重视，区域可持续发展问题成为各国社会经济工作的核心内容。学界对如何综合分析区域发展水平，定量研究区域是否处于可持续发展状态进行了大量的实践，形成了一系列衡量可持续发展水平的测度方法。人们从不同角度对生态系统环境影响评价及系统可持续发展能力的评价做了大量研究。其中，能值分析综合了传统经济学和生态学方法的优点，以能量为基本测度单位，首次将自然资本的价值纳入环境经济系统评价范畴，来反映环境、资源的外部性及其对经济过程的贡献。能值理论的提出，从观念上改变了人们对环境经济和社会价值的不正确认识，对科学评价区域发展中自然环境的作用及制定区域可持续发展决策具有重要的指导意义。因而该方法已被广泛应用于区域可持续发展的相关研究中。

能值分析方法可以用于估算生态效益和经济效益。生态效益包括生物量的变化和总初级生产力（gross primary productivity）；经济效益包括投入和产出。能值分析和经济分析的不同在于能值分析是以能值的数量来计算商品、服务、资源的，而不是以货币。能值被认为是连接生态学和经济学的桥梁，具有重大的科学意义和实践意义。在理论上，能值分析方法为生态经济系统评价开辟了定量分析研究的新方法，提供了衡量和比较各种生态流的共同尺度和方法，丰富了生态经济学的定量研究方法。在实际意义上，应用能值分析方法可衡量和分析自然环境资源与经济活动的价值及它们之间的关系，有助于调整生态环境与经济发展的关系，对自然资源的科学评价和合理利用、经济发展方针的制定及实施可持续发展战略均具有重要的意义。

自然资源的价值无法用货币来衡量，因为人类社会经济的货币流通并不经过自然界。货币只是一种衡量经济活动中人的作用和贡献的成本核算方式，并不衡量经济和自然界的作用和贡献。能量流动经过自然界和人类社会，但能量不能完全表达或衡量自然资源和人类经济以及其相互联系。而能值既可以表达自然资源财富，也可表达人类经济活动贡献；既可衡量产品生产的各种投入，也可衡量产品价值。能值与资源、生产、流动、消费息息相关，与整个生态经济系统紧密相连，是衡量和表达自然、环境和人类社会系统的客观标准。

可持续发展既要保证适度的社会经济增长与结构优化，又要保证资源的永续利用和生态环境的优化，从而达到生态环境与社会经济相协调，实现持续共进、有序发展。下面对主要能值分析指标与可持续发展的关系进行分析。

社会经济发展要求系统能值产出收益要高，即系统能值产出率与其能值交换率（系统产出能值的市场价值量除以系统产出能值的货币价值量）的乘积要高；而环境可持续则要求环境负载率低。相关性分析表明，能值产出率与环境负载率及系统能值交换率间并无相关关系。可将三者合并，得到一个可同时兼顾系统社会经济效益与生态环境压力的系统可持续发展能力的复合评价指标。鉴于系统社会经济效益与发展目标成正比，环境负载率与可持续要求成反比，可将系统社会经济效益，即系统能值产出率与能值交换率的乘积作为分子，环境负载率作为分母，构造出与系统可持续发展能力成正比的综合性评价指标，并命名为评价系统可持续发展能力的能值指标（EISD），EISD值越高，意味着单位环境压力下的社会经济效益越高，系统的可持续发展能力越好。（陆宏芳等，2002）

以EISD为基本评价指标，以能值转换率、能值扩大率、能值交换率、环境负载率、EISD边际效益等为内因分析辅助指标的新能值指标体系，在具体的系统评价中，可应用于以下两个方面：用于产出相同的不同系统模式间的横向比较研究，EISD值越高的系统，在可持续发展的长远尺度上越具竞争优势；对现存或新兴的某种系统模式进行纵向优化评价。在系统原有基础上不断引进新的技术创新组分，可提高能值扩大率；降低系统对不可更新资源的依赖程度，可增加可更新资源利用能力；提高系统产出能值的能值交换率，可避免无谓的交换性能值损失，提高单位环境压力所换取的社会经济效益，从而实现系统模式的优化。

生态经济复合系统不仅具有自然属性，同时具有经济和社会属性。这就要求其可持续能力的评价指标不仅要考虑系统对环境的影响，还要考虑市场价格因素等社会经济效益。EISD正是基于这一需要而产生的，它以单位环境压力所换取的社会经济效益为指针，实现对系统可持续发展能力的综合评价。

能值流分析提供了一个透视经济系统的新视野。传统的经济分析和评价方法重视货币的作用。实际上，货币只衡量了人的贡献，而能值分析则同时衡量人和环境对经济发展的贡献。自然界的目标是实现最大化的能值流，这也应当是人类的目标。

第二节 云南生态经济系统的能值指标分析

对生态经济系统进行能值分析可以得出一系列能值指标，这些指标是反映自然环境资源的价值和人类社会经济发展，以及环境与经济、人与自然关系的体系，体现了生态经济系统的结构、功能与效率，是系统综合分析及社会发展决策参考的重要指标体系。

我们收集了云南1995年、2000年、2005年和2008年的环境经济系统中各种能量流、资源流、货币流及人口流资料，并进行整理，将其转化为能值①，进一步处理后得出云南生态经济系统能值指标数据（表 3-1）。

表 3-1 云南生态经济系统能值分析指标汇总

	项目	表达式	1995 年	2000 年	2005 年	2008 年
能值流量	能值总量/太阳能焦耳	U	1.76×10^{23}	1.78×10^{23}	4.28×10^{23}	6.38×10^{23}
	可更新能值/太阳能焦耳	R	1.25×10^{23}	1.16×10^{23}	2.19×10^{23}	2.89×10^{23}
	不可更新能值/太阳能焦耳	N	4.14×10^{22}	5.50×10^{22}	2.87×10^{23}	3.17×10^{23}
	输入能值/太阳能焦耳	I	9.75×10^{21}	7.06×10^{21}	2.19×10^{22}	4.32×10^{22}
	输出能值/太阳能焦耳	O	1.40×10^{22}	8.50×10^{21}	2.75×10^{22}	4.25×10^{22}
	净出口能值/太阳能焦耳	$O-I$	4.27×10^{21}	1.44×10^{21}	5.62×10^{21}	7.53×10^{21}
能值来源指标	能值自给率/%	$(R+N)/U$	94.47	96.03	94.89	91.82
	输入能值比/%	I/U	5.53	3.97	5.11	1.30
	可更新能值比（可更新资源利用率）/%	R/U	71.00	65.11	51.27	45.29
	输出能值与自有能值比/%	$O/(R+N)$	8.41	4.98	6.77	1.07
	输入能值与自有能值比/%	$I/(R+N)$	5.85	4.14	5.11	2.08
社会亚系统评价指标	人均能值量/太阳能焦耳	U/P	4.42×10^{15}	4.19×10^{15}	8.17×10^{15}	1.38×10^{16}
	能值利用强度/（太阳能焦耳/米²）	$U/(area)$	4.48×10^{11}	4.51×10^{11}	1.09×10^{12}	1.62×10^{12}
	能值人口承载量/人	$(R+I)/(U/P)$	3.05×10^{7}	2.93×10^{7}	2.25×10^{7}	1.65×10^{7}
经济亚系统评价指标	产出能值/太阳能焦耳	Y	8.07×10^{22}	1.02×10^{23}	2.88×10^{23}	5.16×10^{23}
	燃料能值/太阳能焦耳	fuel	4.72×10^{21}	7.30×10^{21}	2.16×10^{23}	5.08×10^{23}
	人均燃料能值/太阳能焦耳	fuel/P	1.18×10^{14}	1.72×10^{14}	4.89×10^{14}	6.9×10^{14}
	工资总额/太阳能焦耳	S	2.28×10^{22}	2.41×10^{22}	4.70×10^{22}	5.94×10^{22}
	净能值/太阳能焦耳	$Y-$fuel$-S$	5.79×10^{22}	7.81×10^{22}	1.98×10^{23}	5.08×10^{23}
	净能值产出率	$Y/($fuel$+S)$	3.54	4.24	5.62	7.75
	能值投入率	Y/R	0.64	0.88	1.15	1.78
	能值货币比率/（太阳能焦耳/美元）	U/GDP	1.15×10^{13}	7.23×10^{12}	9.58×10^{12}	1.37×10^{13}
	电力能值/太阳能焦耳	elect	1.38×10^{22}	1.94×10^{22}	3.94×10^{22}	6.57×10^{22}
	人均电力能值/太阳能焦耳	(elect)/P	3.45×10^{14}	4.57×10^{14}	8.84×10^{14}	1.44×10^{15}
	电力能值比/%	(elect)/U	7.81	10.90	9.20	10.29

---

① 能量流、物质流、货币流及人口流能值量的计算方法参考蓝盛芳等（2002）。

续表

	项目	表达式	1995 年	2000 年	2005 年	2008 年
自然亚系统评价指标	环境负载率	$(N+I)/R$	0.41	0.54	0.76	0.88
	废弃物能值/太阳能焦耳	W	9.11×10^{20}	1.46×10^{21}	3.09×10^{21}	4.77×10^{21}
	废弃物与总能值比/%	W/U	0.52	0.82	1.41	1.77
	能值人口承受力（下限）/人	$R/(U/P)$	2.83×10^7	2.76×10^7	2.25×10^7	1.96×10^7
	能值人口承受力（上限）/人	$8R/(U/P)$	2.27×10^8	2.21×10^8	1.80×10^8	1.57×10^8
可持续发展指标	ESI	EYR/ELR	9.17	8.24	8.18	7.86

资料来源：根据云南统计局 1996 年、2001 年、2006 年、2009 年《云南统计年鉴》的相关数据整理得到。

下面将对云南能值指标在 1995 年、2000 年、2005 年和 2008 年的变化趋势加以分析。由于一些指标间存在相关关系，依照相互独立的原则，主要对那些使用频率高、评价的直观性更强的指标进行研究。

一、复合系统分析

在云南生态经济系统的上述指标中，总能值包括可更新资源（太阳光、风能、雨水、地球旋转能、地热以及粮食、水果、蔬菜、肉类、水产品等本地资源）、不可更新资源（燃料、矿产品等）和货币流（地区 GDP、进出口、旅游收入等）三部分。从能值上看，肉类、糖料和粮食是可更新资源的主要组成部分。而在不可更新资源中则以原煤、水泥和钢材的能值最大。此外，云南拥有丰富的旅游资源，旅游收入的能值比重也相对较大。云南的进出口和利用外资的能值量较小，说明云南跟国际市场联系还不紧密，经济的发展主要还是靠本地资源。

云南 1995 年、2000 年、2005 年和 2008 年的能值总量、可更新能值、不可更新能值的总量呈上升趋势，尤其是 2008 年的数值有很大的增长。

1. 能值流量

从图 3-2 中我们可以看到，云南能值总量呈上升趋势，尤其是 2005 年和 2008 年的数值有很大的增长。这主要是因为同 2000 年比，2005 年云南的不可更新能值有大幅度的增加。而可更新能值在这段时间变化很小，输入能值在数值上相对较少，对能值总量的增加没有明显的贡献。

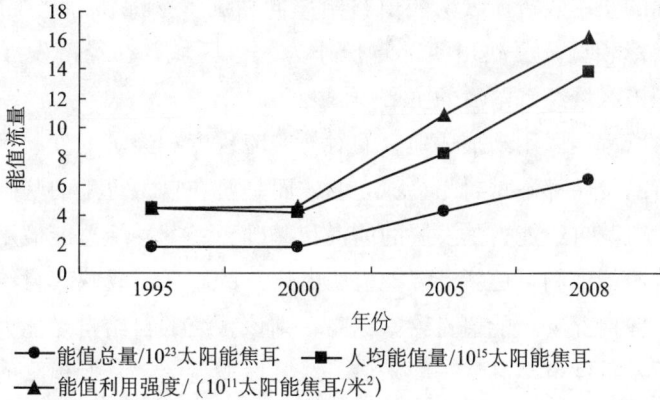

图 3-2 云南能值流量趋势图

云南能值总量的大幅增加标志着该区域内"财富"总额的提高，这是云南经济发展的结果。但造成这种提高的主要原因是不可更新能值的大量增长，这势必会给环境和资源的永续利用造成压力，影响到区域生态经济系统的可持续发展。

2. 能值自给率

能值自给率是指一个国家或地区自给的能值，如可更新资源、不可更新资源中的较粗放使用的自然资源和集约使用的资源等，占整个能值使用量的比重。能值自给率表示一个区域内部资源的开发和利用程度，反映了当地自然环境的支持能力，也是衡量区域对外经济发展水平的指标之一。

云南 1995 年、2000 年、2005 年和 2008 年的能值自给率分别为 94.47%[①]、96.03%、94.88% 和 91.82%，变化非常小，同西藏（99.00%）[②]、甘肃（99.20%）等西部省份的指标比较接近。而经济发展水平较高，与国际市场联系更加紧密的江苏和广州的能值自给率则低得多（分别为 76.10% 和 47.00%）。日本、瑞士这些对国外市场的依存度非常高的国家，能值自给率就更低（分别为 31.00% 和 19.00%）。云南能值自给率的变动趋势说明云南经济的发展主要依靠开发和利用本地资源，这势必会造成本地资源的过度使

---

① 下文关于云南的能值数据除特别说明，均来自表 3-1。
② 西藏、四川、江苏以及世界其他国家的数据除特别说明外均来自杨德伟等（2006）。

用。如果引入的外界能值不多，则不能充分发挥外部地区的比较优势，从而影响到资源的使用效益。云南能值自给率同新疆（李海涛和严茂超，2001）和西藏的指标相近，反映出西部省份作为一个区域，在经济发展上的封闭性，这也是该区域经济落后的主要原因之一。

能值自给率可以用来描述地区的对外交流程度和经济的发展程度。任何地区或城市的发展都不是封闭、孤立的，而是要在自力更生的基础上与外界发生联系，但其自给能力是发展的前提和基础。一个系统总能值用量中自身不可更新资源能值和可更新资源能值所占比重的高低，反映其自给自足能力的大小。一般情况下，能值自给率越高，则该系统的自给自足能力越强，对内部资源开发程度也越高。一般来讲，地区面积越大，其所蕴藏的不可更新资源就越多，从而使得能值自给率也高，说明系统自身资源相对比较丰富。但同时，对本地不可更新资源过多地进行开发，并且购买能值投入不够，可能会使本地区资源得不到最佳利用，使得这些地区的经济欠发达，造成经济发展程度不高，这种情形在发展中国家尤为明显。许多技术发达、财力雄厚的国家能值自给率较低，进口能值大大高于出口能值。云南的能值自给情况，也说明其自身资源的开发情况良好，而外来资源的利用和与本地资源的结合不足。

3. 可更新资源利用率

可更新资源利用率是系统利用的可更新资源能值与系统使用的总能值之比。可更新资源利用率大，说明区域的发展使用了较多的可更新资源，区域的可持续发展能力比较强。

云南1995年、2000年、2005年、2008年的可更新资源利用率分别为71.00%、65.11%、51.27%和45.29%（图3-3），本地资源中可更新能值比率逐年下降的趋势说明云南的发展使用了过多的不可更新资源，如果继续片面强调经济发展和工业化，不注意保护生态环境，势必会陷入无法可持续发展的困境。

二、社会亚系统能值评价指标分析

1. 人均能值量

人均能值量指标是一个比人均货币量更为客观、真实地反映一个地区居

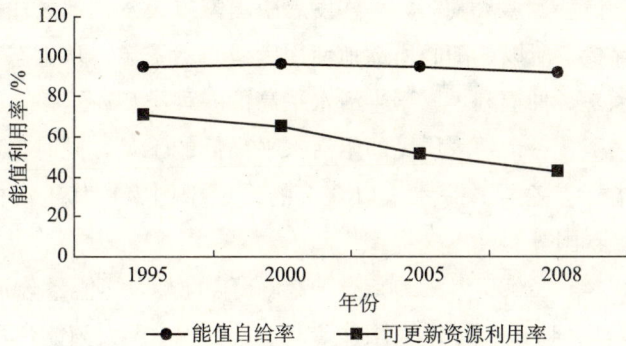

图 3-3　云南能值自给率和可更新资源利用率趋势图

民生活标准的指标。它是一个区域的总能值使用量与该区域内总人口的比值，是从生态经济学的角度来衡量人类的生存质量和生活质量的指标。该指标考虑了环境、资源的价值，从而就能够更全面、更科学地反映人们所掌握的财富，更全面地体现人们的真正生活质量和生活水平。

用人均能值量来衡量人们生存水平和生活质量的高低，比传统的人均收入更具科学性和全面性。个人拥有的真正财富除了可由货币体现的经济能值外，还包括没有由市场货币量化的自然环境无偿提供的能值、与他人物物交换而未参与任何货币流的能值等。人们享有的这几方面的"财富"，仅由个人经济收入是不可能全面体现的。这项指标和能值利用强度一样可以用来反映资源、财富和商品等真正财富的可利用程度，并不用来作为反映社会学意义上的生活质量标准（如低犯罪率、较高的文化水平等）。当然能值意义上的生活标准指标并不是与社会学意义上的能值指标相分离的，没有较高的能值指标作为基础，要保持一个地区社会学意义上的高质量生活水准也是很难的。能值用量指标考虑了各类投入资源的质量差异，并将不可更新资源和可更新资源都考虑在内，这是过去的经济核算和能量核算经常忽略的问题。新的能值指标体系能够更全面地评估一个国家或地区的生活标准，并且较容易比较发达国家与发展中国家的情况。发展中国家或地区的经济增长往往在很大程度上依赖于环境方面的能值支持，如我国的西藏人均年能值用量为 113.43×10^{15} 太阳能焦耳，这一指标远远高于许多发展中国家和发达国家。这说明西藏在将来有很大的发展潜力。发达国家往往通过不等价交换从发展中国家换取大量的能值财富，因而人均能享有很高的能值，生活水平也较高，如美国、荷兰、意大利等。一些发展中国家或欠发达地区往往由于地域辽阔、人口稀少，所以能随心所欲地使用大量自然资源。从生态经济学的观点来看，这也是一种福利，属于生活水平高的一种类型。这一点弥补了仅用经济学指标来衡量一个地区居民的生活水平高低的不足，同时也和社会学意义上的生活指标有差异。一些人口众多的发展中国家，其生活标准往往较低，如印度、泰国等。

云南 1995 年、2000 年、2005 年、2008 年的人均能值量分别为 4.42×10^{15} 太阳能焦耳、4.191×10^{15} 太阳能焦耳、8.17×10^{15} 太阳能焦耳和 1.38×10^{16} 太阳能焦耳。其中 2000 年相对 1995 年的总能值增长量基本上被人口的增长所抵消，而 2005 年约是 2000 年的 2 倍，2008 年约是 2000 年的 3.29 倍，这反映了云南经济发展取得了巨大成就。从人均能值量看，云南属于中等水平，2005 年与江苏 4.28×10^{15} 太阳能焦耳（2000 年）、甘肃 5.62×10^{15} 太阳能焦耳（2004 年）、浙江 4.75×10^{15} 太阳能焦耳（2000 年）接近，2008 年超过四川的 12×10^{15} 太阳能焦耳（2003 年），相比还有差距，但是却高于中国平均水平 4.38×10^{15} 太阳能焦耳（2001 年）和世界平均水平 3.86×10^{15} 太阳能焦耳（2000 年）。这说明云南人民的生活水平和消费水平已经达到中等水平以上，但同发达地区相比还有很大的差距（北京 13.7×10^{15} 太阳能焦耳，2001 年），因此，云南在发展经济和提高人民生活水平上还有很大的发展空间。

2. 能值利用强度

能值利用强度和人均能值量指标一样，是一个比人均货币量更为客观、真实地反映一个地区居民生活标准的指标。它是区域内单位面积的能值使用量，描述了单位时间某一面积的能值流动的情况，用于度量在一个过程或系统中能值在空间的流动浓度。能值使用总量与可利用的面积相比，在一定时间内，单位面积能值利用量越大，则能值利用强度越高。能值利用强度指标表明了能值利用强度的空间等级。工业化国家或区域的能值利用强度很高，而一些具有非集约的、带有浓厚农村经济特点的国家或地区的能值利用强度则较低。这一指标并不总直接与人口密度成正比。能值利用强度能反映出一个区域能值利用的集约程度，可以当做评价地区的经济发展强度和等级的一个指标。此外，能值利用强度还用于描述区域土地资源的稀缺性。能值利用强度大的地区,其土地资源相对稀缺,土地价格高,社会经济发展会在一定程度上受到土地资源的制约。

云南能值利用强度的变化趋势说明该地区能源利用的集约程度是逐步加强的。而根据 Odum 的研究,能值利用强度在 $1.3 \times 10^{11} \sim 4 \times 10^{11}$ 太阳能焦耳/米^2 的国家或地区属于农业社会,大于 7×10^{15} 太阳能焦耳/米^2 则是进入工业社会的标志,如经济比较发达的江苏(2000 年)(30.60×10^{11} 太阳能焦耳/米^2)和广州(1995 年)(116.40×10^{11} 太阳能焦耳/米^2),以及发达国家日本(2000 年)(41.09×10^{11} 太阳能焦耳/米^2)和瑞士(1998 年)等(17.70×10^{15} 太阳能焦耳/米^2)就是如此。云南 2005 年的能值利用强度为 10.92×10^{12} 太阳能焦耳/米^2,2008 年为 16.24×10^{12} 太阳能焦耳/米^2,这说明云南经济正处于从农业为主到工业为主的转变阶段。

将人均能值量和能值利用强度的变化趋势同能值总量相对照,我们发现前两个指标的快速增长主要是由能值总量的上升而引起的。

三、经济亚系统能值评价指标分析

1. 净能值产出率

净能值产出率为系统产出能值与经济反馈能值之比,产出能值包括农业、工业产品及服务的能值,反馈能值主要包括燃料和劳务的能值。净能值产出率是衡量系统产出对经济贡献大小的指标,值越高表明系统获得一定的经济能值投入所生产的产品能值(产出能值)越高。

云南 1995 年、2000 年、2005 年、2008 年净能值产出率分别为 3.54、4.24、5.62 和 7.75,这说明在经济增长的同时,云南能源生产与利用的效率也在逐步提高,经济活动竞争力逐渐增强。

2. 能值货币比率

能值货币比率是某区域内全年能值应用总量与当年该区域货币循环量(GDP)的比值。该指标可用来表示一个国家或地区的单位货币可以换取多少能值财富,体现了该区域的经济开发程度和发展水平,能值货币比率越小表明区域内货币流通量越大,经济发展水平相对较高。能值所相当的市场货币价值,即以能值来衡量财富的价值,又称为宏观经济价值(macroeconomic value，有时称 emdollar）。它是指某种资源或产品的能值相当于多少流动的货币，它可以被视做资源或产品本身的影子价格，即能值所相当的货币价值。某一资源或产品宏观经济价值较高时，表明它对经济的贡献率较大。

云南 1995 年的能值货币比率为 1.15×10^{13} 太阳能焦耳/美元，2000 年则下降为 0.723×10^{13} 太阳能焦耳/美元，这说明伴随着 GDP 的高速增长，云南经济发展对货币流通体系的依赖性进一步加强。2005 年上升到 0.958×10^{13} 太阳能焦耳/美元，接近四川（1.56×10^{13} 太阳能焦耳/美元）、新疆（1.47×10^{13} 太阳能焦耳/美元）的水平，明显高于江苏 2000 年（0.302×10^{13} 太阳能焦耳/美元）和广州 1995 年（0.58×10^{13} 太阳能焦耳/美元）这些沿海经济发达地区的货币能值比率。这主要是与 2000 年相比 GDP 增长速度放缓造成的。到 2008 年此值为 1.37×10^{13} 太阳能焦耳/美元，从国际上看，瑞典、美国、日本、意大利、瑞士、西班牙这些发达国家的货币能值比率均在 0.3×10^{13} 太阳能焦耳/美元以下，而云南的数值即使同世界平均水平（0.405×10^{13} 太阳能焦耳/美元）相比，也存在着很大的差距。以上的比较说明，从货币能值比率上来看，云南经济虽然在近几年取得了较快的增长，但就经济开发程度和工业化水平而言，仅仅与四川和新疆处于同一发展阶段，工业化程度还比较低，农业在经济中的比重依然很大，人民生活水平不高。可见，云南在对经济资源的高效利用，先进技术的引进，企业经营的效益上还存在很多问题。

3. 电力能值比

电力能值比为电能能值占整个能值使用量的比重。因为电能是高品质的能量，它被广泛地与其他低品质的能量与物质的投入相结合，给生产过程以刺激与反馈。电能用于现代社会信息的加工与操作，具有高效清洁等特点，特别是水电和核电的开发能够非常有效地减轻环境污染，提高人民的福利水平，因此电能的使用体现了一个国家或地区的信息化程度和人民的生活水平的高低。根据电能的高能值转换率，电能应该用于那些真正需要用电的地方，以最大程度和最优的方式利用各类低品质的能量，以得到相匹配的效益。一个地区和国家的电能的用量的比重也反映他们生活水平和科技水平的高低。

云南的电力能值比在 2000 年为 10.90%，比 1995 年的 7.81%涨幅明显，2005 年为 9.20%，有小幅回落，2008 年为 10.26%有小幅增长，虽然高于 1998 年四川（5.49%）和 1996 年新疆的水平（5.87%），但仍然低于 2000 年世界平均水平（13.20%），同发达地区的差距更为明显（2000 年江苏为 20.80%，1995 年美国为 20.00%，2000 年日本为 26.10%）。这说明云南经济发展的技术水平还比较低，生产的科技含量还有待提高。与发达地区相比，水平相差 20 年。

由图 3-4 我们可以看出，云南净能值产出率逐步升高，这说明该地区能源利用的效率和生产的效益正在逐渐提高，但能值货币比率及电力能值比的低水平浮动又反映出云南经济发展的低技术、低层次等问题。

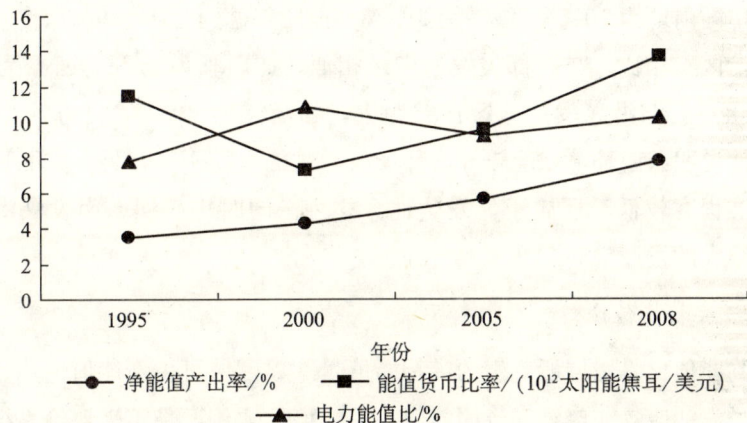

图 3-4 云南净能值产出率、能值货币比率和电力能值比变化趋势图

四、自然亚系统能值评价指标分析

1. 环境负载率

环境负载率是购买的能值和本地不可更新资源与无偿的环境能值（可更新资源能值）的比值，这很像电路上的负荷率。较高的负荷率表明在经济系统中存在高强度的能值利用，说明其科技发展水平较高，同时，环境所承受的压力也较大。虽然较高的环境负载率意味着该区域内系统能值利用能力较强，但如果该强度超出了系统的承受极限，就会产生系统的负方向发展现象。此值是对经济系统的一种警示，若系统长期处于较高的环境负载率，将

产生不可逆转的功能退化或丧失。从能值分析角度来看，外界大量的能值输入及过度开发本地非更新资源是引起环境系统恶化的主要原因，不利于区域的可持续发展。

云南1995年、2000年、2005年和2008年的环境负载率分别为0.41、0.54、0.76和0.88，呈持续增加的趋势，且增速逐渐加快。云南2008年的环境负载率为0.88，与1989年西藏（0.3）和1996年新疆（0.48）的水平接近，但明显低于美国（7.06）、瑞典（7.04）等发达国家的指标。这说明云南在经济发展过程中所接收的外界输入能值和本地区不可更新资源正在迅速增加，已经开始对环境造成一定压力。

多数发达国家和地区环境负荷率很高，如美国为7.06，中国台湾为9.03，中国内地为10.54，波兰为19.78，前联邦德国为41.59。云南同其他省（自治区）相比，与西部欠发达省区相似，如新疆为0.48，西藏为0.3，甘肃为0.67，与沿海发达地区比差距大，如浙江为11.25，江苏为23.16。这一方面说明云南环境状况较好，环境所承载的负荷不高，另一方面说明其经济发展程度较低，还属于欠发达地区之列。同时也表明云南发展潜力很大，有很大的发展空间。

2. 废弃物能值比

废物能值比是区域所产生的废物能值量除以区域可更新能值使用量，是指系统排放的废气、废液和废固能值占总能值的比例，是用来评价系统污染程度和人居环境质量的指标。此值可以用于生态系统中，评价影响系统正常运转的废弃物对环境所造成的压力。

云南1995年、2000年、2005年和2008年的废弃物能值比分别为0.52、0.82、1.41和1.77，趋势为持续增加。这说明虽然云南在经历了20世纪90年代的经济高速增长之后，已经开始对环境问题进行反思，环境保护日益得到重视，但采取环保措施的效果还不显著。此外，云南废弃物能值比要远低于其他国家和地区及世界水平（李海涛和严茂超，2001），这说明云南的环境质量还是比较高的。

3. 人口承受力

人口承受力表现了一个区域在当前生态经济条件下所能供养的人口。目前生活标准下的人口承载量是在考虑了一个国家或地区的自身可更新资源占总能值使用量的比重、现有的人口数目及目前的生活水平，对一个国家或地区做出的人口承载量估算，可看做人口承载下限。

按照目前生活标准，考虑可更新资源和进口资源的人口承载量不仅考虑一个国家或地区的自身可更新资源占总能值使用量的比重、现有的人口数目、现有生活水平，还考虑通过改善交通运输状况，从本国和本地区外进口能源和资源的情况下，对一个国家和地区做出人口承载量估算。可看做人口承载上限。

云南 1995 年、2000 年、2005 年和 2008 年的人口总量分别为 3989.6 万人、4240.8 万人、4450.4 万人和 4543 万人，均处于限域内（图 3-5），并具有较大的变化空间。但从变化趋势上看，人口承受力的限域正在不断缩小。因此如何适度控制人口增长、保证生态经济系统发展的持续性正变得越来越紧迫。仅仅依靠云南的自给自足的能值，其人口承载量远低于实际人口。但是，从另外的角度看，云南在引进能值方面做得很好，如利用外来资源、资金、技术、信息等发展本省经济。然而，从考虑进口资源曲线的趋势上看，2000～2005 年下滑幅度较大，应该引起重视。

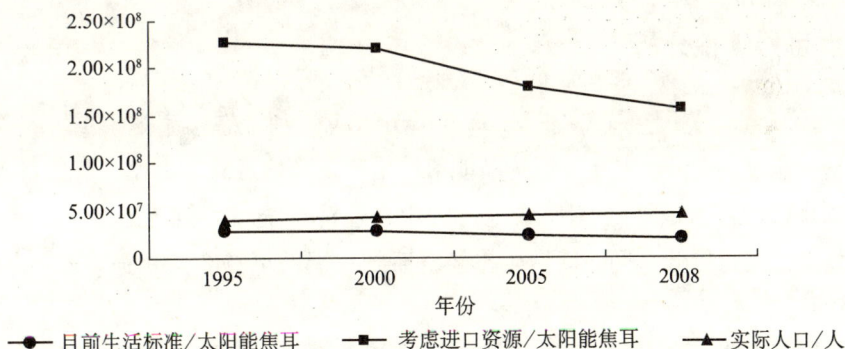

图 3-5 云南环境人口承受力变化趋势图

云南是人口稀疏地区，人口密度为 115.3 人/公顷（2008 年）。从整体看，云南自然—经济—社会复合系统运行良好，其能值量能较好地支撑其现有人口，而且，还可以适当引进人才，如科技性人才、技术性人才、知识性人才等。一方面，增强人才能值；另一方面，发挥人才在各领域的作用，为云南服务，促进经济、社会发展。如何适度控制人口增长是长期的社会可持续性的保证，但在目前，云南还可以适当引进人才，增加人才能值，保证经济又好又快发展。

　　云南的环境负载率和废弃物与总能值比还处于较低的水平，但环境负载率已开始呈现快速上升的趋势（图 3-6），形成了对系统环境的潜在压力。而人口承受力限域的显著缩小则说明云南生态经济系统的承受能力正在不断衰减，可持续发展的压力日益增大。因此，必须重视社会经济发展的可持续性，在发展战略的制定过程中，和谐发展和可持续性是关键。

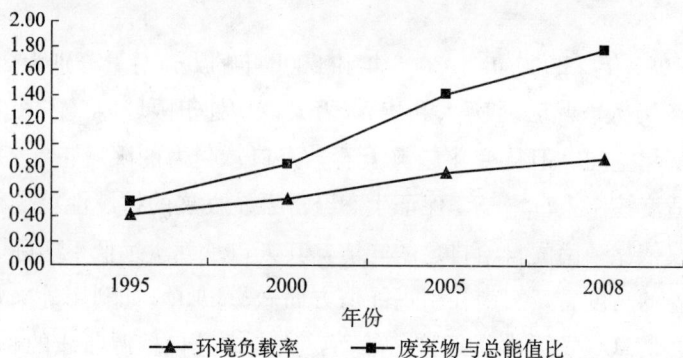

图 3-6　云南省环境负载变化趋势图

五、可持续性分析

　　1997 年，美国生态学家 M. T. Brown 和意大利生态学家 S. Ulgiati 提出了基于能值的 ESI，定义为系统净能值产出率与环境负载率之比（蓝盛芳等，2002）。显然，如果一个国家或地区的生态经济系统净能值产出率高而环境负载率又相对较低，则该区域生态经济系统发展的可持续性就强，ESI 也相应较高。

　　研究表明，ESI 为 1~10 表明经济系统富有活力和发展潜力；ESI 大于 10 则是经济不发达的象征，表示对资源的开发利用不够；ESI 小于 1 则说明系统生产活动消耗的能值过多，对本地不可更新资源的利用较大，可持续发展的压力也较大。我们从以上数据看到，云南 1995 年、2000 年、2005 年和 2008 年的 ESI 分别为 9.17、8.24 、8.18 和 7.86。这说明云南的可持续发展还处于一个良性阶段，但 ESI 不断降低的趋势及 ESI 不断接近于 1 的趋势又表明该地区可持续发展仍然面临着很多问题。

从图 3-7 看出，云南的净能值产出率与能值投入率走势基本一致，说明总体上，经济系统投入产出效益良好，但是，其 ESI 值的下降走势又表明其自然系统所承载的负荷增加。因此，按照能值分析的理论，真正实现经济系统的可持续发展，必须使系统输出功率最大化而又不破坏环境。

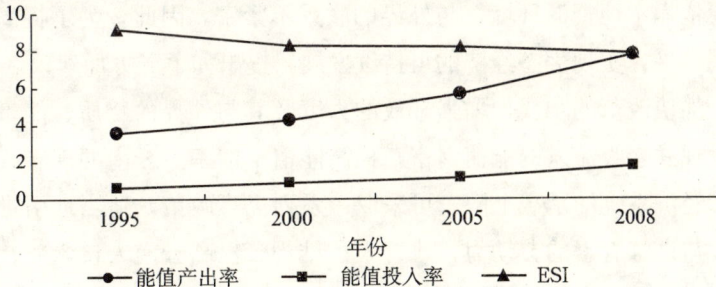

图 3-7 云南省能值产出率、能值投入率、ESI 走势

从资源的角度分析，云南资源总体上还算丰富，但分布不均，主要可更新资源有气候资源（如太阳能、雨水势能等）、能源资源（如水能资源）等，要充分发挥本地可更新资源的优势，加快开发和利用的步伐，使资源最大化服务于本地的经济发展，同时又要注意不能过度使用，以及环境保护。

通过能值指标分析，云南目前的状况如下。

（1）福利和生活质量。人民生活质量中等，经济发展有提高（人均能值用量：中；能值利用强度：低）。

（2）科技水平。科技水平中等偏低，有待提高，与以往相比有很大发展（电能占总能值的比重：中上；环境负载率：低）。

（3）发展潜力。土地承载力没有超负荷，发展潜力大（环境负载率：低；能值自给率：中等；能值利用强度：低）。

（4）竞争力。在国内处于相对落后位置，但有一定竞争力（货币能值比：低；能值交换率：中）。

六、云南可持续发展的建议

生态经济系统为耗散结构，系统的持续发展必须保持开放，并不断从区外引入原材料、资金、劳动力、信息等负熵流，使系统内部的总熵减小，增加系统的有序性和自组织性。本书的计算分析表明，应加强云南的对外开放程度，提高系统的能值反馈率，保持并适当改变经济增长方式，优化产业结构，依靠科技进步，提高能值利用率，充分利用现有能值资源，尽量减少对环境资源的破坏。我们认为云南目前虽然经济发展比较迅速，资源环境承受的压力较小，但仍然是一个经济发展相对落后的地区，技术水平偏低，经济发展主要依靠本地资源环境，与外界的联系不紧密。因此，为了提高云南经济的发展水平，实现生态经济的可持续发展，提出如下五方面建议。

（1）加快改革的步伐，增强开放的力度及其与外界的物质、能量和信息交流，发现并接收流入的能值财富，提高能值反馈率。云南的现有人口远低于其生态经济系统的承载上限，可采取一系列优惠政策，适当地引进一些高素质人才与训练有素的劳动力，改善人才结构，提高云南人口素质，保持适度的人口增长。云南的经济繁荣，需要广泛地吸纳外界能量与信息，广泛引入外来能值，使能值获得更快增长。借用外来的力量，合理地开发利用人力资源和自然环境资源，云南的发展潜力将得到更大的发挥。

（2）加强区域外能值的引入，积极鼓励国外和国内发达地区企业到云南投资和建厂，引进先进技术和适用人才，以不断提高目前的能值利用强度。扩大外来能值不仅可以降低云南的能值自给率，提高能值利用强度，还可以增加经济系统的能值投入总量和生产的技术水平，提高净能值产出率。如果能值流入来自较大的空间和时间尺度，必须构建合适的系统，聚集分散的能量与物质，适度建立经济圈和城市群，即形成高等级的自然环境系统，使云南复合生态经济系统获得足够多的高品质能值财富。通过接受外界高品质的能值财富反馈，使总的可利用的能值财富获得最佳程度的增长，有效地利用流入系统内的物质财富，保持云南的优势竞争力。从另外的角度看，较低的能值密度说明云南土地利用的成本还很低，这是吸引外部投资的有利条件。现阶段中国与东南亚国家合作不断加强，云南应该充分利用与东南亚国家毗邻的区位优势，加强同这些国家的经贸联系。

（3）云南第一、第二、第三产业增加值的比例由 2005 年的 18.9：41.7：39.4 调整为 2008 年的 17.9：43：39.1，产业结构趋于合理。省内土地资源的质量不高，农业的机械化水平低，农民的文化素质和科技投入水平低等，导致投入的人力能值量多，但并没有表现出较高的产出能值。所以只有注重基本农田建设，提高土地的质量，同时科学增加工业辅助能值的投入，才会带来能值使用效率的增加。这样有利于转移农村剩余劳动力到能值回报率更高的产业，促进社会整体经济水平的提高。云南工业生产系统，应高效利用当地的可更新环境资源，同时加强外来能值的引进，包括技术、资金、项目、人才等，增加净能值产出，减少无效输出能。发展适合当地资源的特色产业，是工业可持续发展的出路。另外，应加强对电力等高能质资源的使用，提高电力能值比。云南拥有丰富的水能、地热等可更新资源，应当加强对这些资源的开发，使电力因素由云南经济社会发展的阻力转化成动力。同时，由于可再生资源的开发对环境造成的压力非常小，这样就不会在经济发展的同时对环境产生负面影响，反映到能值指标上就是在提高了可更新资源利用率的同时不会增加环境负载率。

（4）在经济发展的过程中，加速区域内能值的流动，增加货币流通量，提高区域经济总量，反映在能值指标上就是能值货币比率的降低。要充分运用云南旅游资源的优势，改善交通状况，作好环境规划，促进旅游业的发展。云南独特的自然地理环境与特色民族人文景观对全国和世界有着很强的吸引力，应该加快旅游业发展。在进行决策前，应充分考虑自身的资源优势，充分利用近期改善的交通状况，适当增加一些旅游线，满足旅游业的发展要求。云南 2006 年的环境负载率是 0.48，环境承受的压力还比较小，可以承载旅游业的进一步发展。但是，应注意在追求效益的同时，作好环境规划。

（5）云南 2008 年基于能值的 ESI 小于 1，表明其经济处于中等发达程度，经济发展对环境有压力。按照能值理论，ESI 与能值是紧密相关的。要真正实现云南生态经济系统的可持续发展，必须使系统输出功率最大化而又不破坏环境。云南是一个自然资源丰富度一般的省份，在目前经济发展水平还不算高的状况下，要从自身条件出发，提高资源的利用效率，依靠旅游业，兴工促农，引进外资等，加大人力和财力的投入，发展工业和科技，重视能值的开发，接收外界高品质的能值财富反馈，使总的可利用的能值财富获得最大限度的增长。

第四章

云南生态足迹评价

第一节　生态足迹理论与方法

一、生态足迹基本概念

1. 生态足迹

生态足迹（ecological footprint，EF），或称生态空间占用、生态痕迹、生态脚印等，是一种衡量人类对自然资源利用程度及自然界为人类提供的生命支持服务功能的方法，是计量人类对生态系统需求的指标，计量的内容包括人类拥有的自然资源、耗用的自然资源，以及资源分布情况。它显示在现有技术条件下，指定的人口单位内（一个人、一个城市、一个国家或全人类），需要多少具备生物生产力的土地和水域，来生产所需资源和吸纳所衍生的废弃物。该方法通过计算维持人类生存的自然资源消费量和吸纳人类产生的废弃物所需要的生态生产性空间面积大小，并与给定人口区域的生态承载力进行比较，来衡量区域的可持续发展状况（沈满洪，2008）。将一个地区或国家的资源、能源消费同自己所拥有的生态承载力进行比较，能够判断一个国家或地区的发展是否处于生态承载力范围内，是否具有生态安全性。William 曾形象地将生态足迹比喻为一只负载着人类与人类所创造的城市、工厂等的巨脚踏在地球上留下的脚印。生态足迹的单位是全球性公顷（global hectare，ghm^2），它区别于通常的土地面积公顷 hm^2（hectare），1 单位的"全球性公顷"指的是 1 公顷具有全球平均产量的生产力空间（Wackernagel and Rees，1996）。

定义生态足迹概念的思路是：任何人的生存都要与生态圈进行新陈代谢的交换，人们要从生态圈获取生存和发展所需要的产品和服务（这些产品和服务必然直接或间接地来自于生态圈），并且要把自身的一切废物（包括生产和生活两方面）排放到生态圈中，对生态圈的索取与污染给自然生态系统造成了一定的压力，只要人类对自然的压力处于地球生态系统的承载力范围内，地球生态系统就是安全的，是可持续发展的；反之，就是非可持续发展的（宋旭光，2003）。

生态足迹理论是在前人的许多相关理论基础上，通过不断发展和改进而形成的一种全新理论。其理论基础主要有可持续发展与生态经济学理论、人地系统理论、区域关联理论及环境承载力理论。可持续发展及生态经济理论和人地关系理论为生态足迹理论提供了研究的方向和研究的对象，并阐述了研究对象间的关系，为生态足迹理论的创立和发展提供了理论依据。而区域关联理论和环境承载力理论则为生态足迹理论的发展提供了方法论，是生态足迹理论的验证工具。

2. 生物生产土地面积

生物生产土地面积（ecologically productivity area）是生态足迹分析法为各类自然资本提供的统一度量基础，生态足迹分析法的所有指标都是基于这一概念而定义的。用各类土地面积来衡量可持续发展程度极大地简化了对自然资本的统计，并且各类土地之间比各种自然资源之间更容易建立联系，从而方便计算自然资源总量。根据生产力大小的差异，生态足迹理论将地球表面的生物生产土地分为六大类：化石能源地（fossil energy land）、可耕地（arable land）、林地（forest）、牧草地（pasture）、建筑用地（build-up areas）和水域（sea）（Ree et al.，1999）。

1）化石能源地

人类所需的生态足迹反映了对自然的竞争性索取。化石能源地是人类应该留出用于吸收 CO_2 的土地，因为保持适度的 CO_2 浓度对人类的生存至关重要，人类应该拿出一部分土地（化石能源地）用于吸收 CO_2。实际情况是人类并未留出这类土地。因此，从这个角度来看，我们现在是在直接消费着资本。

2) 可耕地

从生态分析来看，可耕地是所有生物生产土地中生产力最大的一类，它所能集聚的生物量是最多的。人类赖以生存的食品绝大多数来自可耕地。根据联合国粮食及农业组织（简称联合国粮农组织）（FAO）的报告，目前世界上几乎所有的最好的可耕地大约为 13.5 亿公顷，都已处于耕种的状态，并且每年其中大约有 100 万公顷的土地又因土质严重恶化而遭废弃。这意味着，今天世界上平均每人所能得到的可耕地面积已不足 0.25 公顷。

3) 牧草地

牧草地即适用于发展畜牧业的土地。全球目前大约有 33.5 亿公顷的牧草地，折合人均约 0.6 公顷。绝大多数牧草地在生产力上远不及可耕地，不仅因为它们积累生物量的潜力不如可耕地，也因为由植物能量转化到动物能量的过程中损失了大约 90% 的生物量。因此，可为人类所利用的能量就更加少了。

4) 林地

林地指可产出木材产品的人造林或天然林。当然，森林还具有许多功能，如防风固沙、涵养水源、改善气候、保护物种多样性等。全球现有森林约 34.4 亿公顷，人均林地面积为 0.6 公顷。目前，除了少数偏远的、难以进入的密林地区外，大多数森林的生态生产力并不高。此外，草地的扩充已经成为森林面积减少的主要原因之一。

5) 建筑用地

建筑用地包括各类人居设施及道路所占用的土地，是人类生存必需的场所。根据联合国的统计，目前人类定居和道路建设用地面积大约人均 0.06 公顷。由于人类大部分的建筑用地都位于最肥沃的土地上，所以建筑面积的增加意味着生物生产量的明显降低。因此说建筑用地对耕地的减少具有不可推卸的责任。

6) 水域

水域是指地球上提供大量海产品的那部分海洋面积。目前海洋覆盖了地球上 366 亿公顷的面积，相当于人均 6.0 公顷。但是，海洋里 95% 的生态生产量仅归功于这 6.0 公顷中的大约 0.5 公顷的面积，目前海洋的生物产量已接近最大。对于一个区域来说，并不是每个区域都有海洋，更多是有一定范围的水域。由于人们喜欢吃的鱼在食物链中排位较高，人类实际能从海洋中获取的食物是比较有限的。具体说来，这0.5公顷水域大约每年能提供鱼18千克，而其中仅有12千克能最后落实在人们的饭桌上，其所能保证的仅是人类卡路里摄入量的1.5%。

根据以上对各类生态性土地的分析，我们已经知道现在全球人均对各类生物生产土地的拥有量分别为0公顷化石能源地、0.25公顷可耕地、0.6公顷牧草地、0.6公顷林地、0.03公顷建筑用地、及0.5公顷水域面积。考虑到各类土地之间生产力的差异，分别赋予它们1.1、2.8、0.5、1.1、2.8、0.2的权重（William，1996），然后将上述值加权求和，得到人均拥有约1.8全球性公顷生态土地的一个结果。根据世界环境与发展委员会的报告，至少有12%的生态容量需被保存以保护生物多样性，这意味着人均1.8全球性公顷拥有量中需扣除约0.2全球性公顷土地来供给地球上其他生物生存所需。这样能为人所使用的土地面积仅剩下1.6全球性公顷/人。1.6全球性公顷即所谓的"全球生态标杆"（global ecological benchmark）的值。可见，全球生态标杆实际上是全球人均总生态承载力，衡量的是人均全球总生态容量。

二、生态足迹指标体系

在生物生产土地的概念基础上，生态足迹研究者建立了一系列指标（Wackernagel and Rees，1996）来计量人地系统间自然资本的供需情况和可持续程度。

1. 生态承载力

传统研究中所采用的生态承载力（ecological capacity，EC）以人口计量为基础，它反映在不损害区域生产力的前提下，一个区域有限的资源能供养的最大人口数。然而，在现实世界中，贸易、技术进步、地区之间迥异的消费模式等因素不断地向这个基于人口的"生态承载力"指标发出挑战。人们认识到人类对环境的影响不仅取决于人口本身的规模，也取决于人均对环境的影响规模，因此单从其中一个方面来衡量生态容量是不准确的。

Hardin在1991年进一步明确定义生态承载力为在不损害有关生态系统的生产力和功能完整的前提下，可无限持续地具有最大资源利用率和废物产生率。生态足迹研究者接受了 Hardin 的思想，并将一个地区所能提供给人类的生物生产土地的面积总和定义为该地区的生态承载力，以表征该地区的生态容量（杨开忠等，2000）。

2. 生态赤字与生态盈余

判断一个区域是否处于可持续发展状态，对于该区域的发展具有一定的指导意义。区域可持续发展状态主要依据生态赤字（ecological deficit）与生态盈余（ecological surplus）来诊断，而生态赤字（生态盈余）为人均生态承载力与人均生态足迹之差，其公式如下：

$$esd = ec - ef$$

式中，esd（ecological sustainable development）为生态经济系统可持续发展状态；ec 为人均生态承载力；ef 为人均生态足迹。

当 esd 大于 0 时为生态盈余，表明该地区的人们对自然生态系统的压力处于本地区所提供的生态承载力范围内，生态系统是安全的，区域经济发展表现为强可持续状态；当 esd 等于 0 时为生态均衡，生态系统与经济发展处于均衡状态，区域经济发展表现为弱可持续状态；当 esd 小于 0 时为生态赤字，表明该地区的人均占用资源量超过了生态承载力，人们对本地区的自然生态系统所提供的产品和服务的需求超过其供给。为了满足其人口在现有生活水平下的消费需求，人们会采取两种方法：过度开发本地资源（通过消耗自然资本来弥补收入供给流量的不足）和大量进口欠缺的资源、产品和服务（以平衡生态足迹），这都会产生一定的外部性效果，那么该地区的生态系统是不安全的，当前的发展也是不可持续的，区域经济发展表现为不可持续状态。

3. 均衡因子与产量因子

单位面积耕地、草地、林地等的生物生产能力差异很大，为了用现实而精确的方法把上述六个类型的空间合计为生态足迹和生态承载力，需要用"均衡因子（equivalence factor）"和"产量因子（yield factor）"进行调整。

每种生物生产土地面积均需乘以均衡因子（权重），以转化为统一的、可比较的生物生产土地面积。均衡因子表示某类生物生产土地面积的世界平均潜在生产力（world average potential productivity），它等于全球某类生态生产面积的平均生态生产力除以全球所有各类生态生产面积的平均生态生产力。它反映环境本身所具有的或是内在的生产力，不包含现行的管理水平和生物生产效率。利用均衡因子可以将每一类型的空间面积，按比例换算成用生物生产土地来衡量的生态产量。由于均衡因子是与全球平均类型进行比较的，所以它们对于各国来说都是相同的。

由于同类生物生产土地面积的生产力在不同国家或地区之间存在差异，所以不同国家或地区的同类生物生产土地面积是不能直接进行对比的。Wackernagel 和 Rees（1996）引入产量因子来解决这一问题。产量因子是一个国家或地区某类生物生产土地的平均生产力与同类土地的世界平均生产力的比值。在生态承载力的计算中，由于不同国家或地区的资源禀赋不同，不仅单位面积六类生物生产土地之间的生态生产力差异大，而且单位面积同类生物生产土地的生态生产力差异也很大。所以，不同国家或地区的同类生物生产土地的实际面积不能直接进行对比，需要用产量因子对不同类型土地进行调整。

通过上面的介绍和研究，我们将建立基于生态足迹理论的指标体系，如图 4-1 所示。

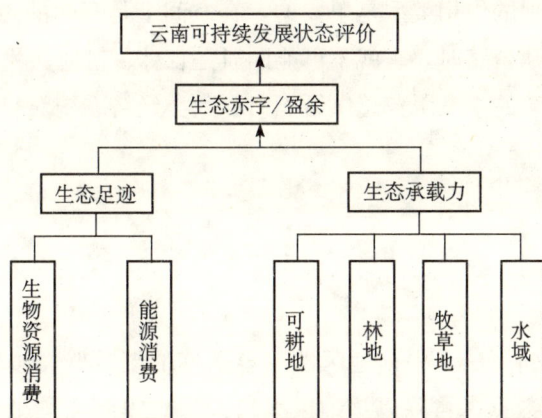

图 4-1　生态足迹指标体系

用于计算生态足迹的指标主要包括区域每年消耗的农产品、林产品、畜产品、水产品、建筑用地、废弃物占地、能源这七个方面，这七个方面的数据一般可以从统计年鉴或者通过抽样调查得到；用于计算生态承载力的指标主要有可耕地、林地、牧草地、水域四个方面，这四个方面的数据也可以从统计年鉴或相关文献中查到。能源用地实际上并不能由客观的土地面积直接反映出来，它是生态足迹理论中必须为能源消耗所计算在内的一部分生物生产土地面积。将生态足迹和生态承载力的计算结果进行比较，可以得到生态赤字或生态盈余，用以表征区域的可持续发展状况。

三、生态足迹计算方法

1. 生态足迹基本假定

生态足迹指标是通过测定现今人类为了维持自身生存而利用自然的数量来评估人类对生态系统的影响。生态足迹基于以下五点基本假设。

（1）人类能够确定自身消费的绝大多数资源、能源及其所产生的废弃物数量。

（2）这些资源和废弃物流能折算成相应的生物生产土地面积。

（3）将不同类型的生物生产土地面积按照其生产力折算之后，可用相同的单位（公顷或英亩）来表示，即每单位不同地区的土地面积可以折算成世界平均生产力下的等值面积（即全球均衡面积）。

（4）各种土地的作用类型是单一的，在空间上是互斥的。例如，一块土地当它被用来修建公路时，它就不可能同时是森林、耕地、牧草地等。

（5）自然系统的生态服务总供给能力和人类经济系统对自然系统的总需求数量能够互相比较。

2. 数据的获取与处理

人均消费产品的数量是计算区域人均生态足迹的关键和基础，数据的获取有两种方法。

第一，自上而下法，根据地区性或全国性的统计资料查取地区各消费项目的有关总量数据，再除以该地区人口总数，得到人均消费量值，这种方法也称为综合法。目前国内的生态足迹计算多采用这种方法。生态足迹的计算主要由五部分组成：①生活资料的消费，包括植物类产品、动物类产品、副食类产品、衣着类产品、家用耐用消费品五小类；②生产资料的消费；③建筑材料的消费；④能源的消费；⑤建成区。各大类下还有细分类。

第二，自下而上法，即通过发放调查问卷、查阅统计资料等方式直接获得人均的各种消费数据，这种方法称为成分法。应用此法的典型的研究案例是利物浦和怀特岛的生态足迹研究。最早推动成分法的研究单位是英国牛津的 BFF 环境公司（Best Food Forward），他们的算法注册为 "Eco-Index Metho Dology"。成分法也是把土地分为可耕地、林地、牧草地、化石能源地、建筑用地和水域六大类，划分时是以人类的衣食住行为出发点的，因此不同的研究单位对相同的问题选取的成分差很多。

本书拟采用自上而下法，主要是便于获取相关统计资料，且数据相对准确。

3. 计算公式、步骤和方法

生态足迹的计量分析重点是生态足迹计算。在上述假设的前提下，生态足迹的计算方法可概括为五个主要步骤（杨咏和陈洁，2000）。

1）计算各主要消费项目的人均年消费量值

（1）消费项目的确定。计算生态足迹不可能包含所有的消费品种类、废物类型和生态系统功能。因此在收集数据时，一般采用官方统计资料所使用的数据分类。在此基础上，可以把消费分成食物、住房、交通、消费物资等类型。根据分析的需要，这些种类还可以细分。例如，生态足迹的食物组分可以分为植物和动物产品，本书将各消费项目主要分为生物资源和能源资源两部分。

（2）计算区域第 i 项消费项目年消费总量，计算公式（杨开忠等，2000）为

$$消费＝产出＋进口－出口$$

即

$$C_i \times N = P_i + I_i - E_i \tag{4-1}$$

式中，C_i 为第 i 项消费项目的人均消费量；P_i 为第 i 项消费项目的年生产量；I_i 为第 i 项消费项目年进口量；E_i 为第 i 项消费项目的年出口量；N 为人口数。

（3）计算第 i 项消费项目的人均年消费量值 C_i（千克）。

2）计算为了生产各种消费项目人均占用的生物生产土地面积

利用生产力数据，将各项消费资源或产品的消费折算为实际生物生产土地的面积，即实际生态足迹的各项组分。设生产第 i 项消费项目人均占用的实际生物生产土地面积为 A_i（公顷/人），其计算公式如下：

$$A_i = \frac{C_i}{Y_i} \qquad\qquad (4\text{-}2)$$

式中，Y_i 为相应的生物生产土地生产第 i 项消费项目的年平均生产力（千克/公顷）。

3）计算生态足迹

（1）汇总生产各种消费项目人均占用的各类生物生产土地，即生态足迹组分。

（2）计算均衡因子（γ_j）。由于六类生物生产土地的生态生产力是存在差异的，均衡因子就是一个使不同类型的生物生产土地转化为在生态生产力上等价的系数。其为

某类生物生产土地均衡因子即某一区域或全球该类生物生产土地的平均生态生产力与某一区域或全球所有各类型生物生产土地的平均生态生产力的比值。

（3）计算生态足迹（EF），其计算公式为

$$EF = N \times ef = N \times r_j \times \sum_{i=1}^{n} a_i = N \times r_j \times \sum_{i=1}^{n} (C_i/Y_i), \qquad (4\text{-}3)$$

$$i = 1,\ 2,\ 3,\ \cdots,\ n;\ j = 1,\ 2,\ \cdots,\ 6$$

式中，EF 为总的生态足迹；ef 为人均生态足迹；N 为人口数；a_i 为第 i 种物质人均占用的生物生产土地面积；C_i 为第 i 种物质的人均消费量；Y_i 为第 i 种物质的平均生产能力；r_j 为第 j 种类型的均衡因子；i 为消费商品和投入的类型；j 为生物生产土地面积类型。

4）计算生态容量（EC）

（1）计算各类生物生产土地的面积。

（2）计算产量因子（y_j）。由于同类生物生产土地的生产力在不同国家和地区之间是存在差异的，所以各国、各地区同类生物生产土地的实际面积是不能直接进行对比的。Wackernagel 引入产量因子来解决这一问题。产量因子是一个国家或地区某类生物生产土地的平均生产力与同类土地的世界平均生产力之间的比率。例如，加拿大牧地的生产力系数为 2.04，表明相同面积条件下加拿大的牧地生产力要比世界平均的牧地生产力高出 104%。

（3）计算生态承载力（EC），模型为

$$EC=N\times ec=N\times \sum_{j=1}^{6} a_j \times \gamma_j \times y_j, \quad j=1,2,\cdots,6 \qquad (4-4)$$

式中，EC 为区域总人口的生态承载力（万全球性公顷）；ec 为人均生态承载力；N 为区域人口数；j 为生物生产土地面积类型；a_j 为人均实际占有的生物生产土地面积；γ_j 为均衡因子；y_j 为产量因子。

5）计算生态赤字（ED）与生态盈余（ES）

生态赤字与生态盈余的模型如下：

$$ED=EF-EC\ (EF>EC)\quad\quad ES=EC-EF\ (EF\leqslant EC) \qquad (4-5)$$

四、对生态足迹方法的评价

1. 生态足迹方法的优点

生态足迹法近年来正以其较为完善的理论基础、形象明了的概念框架、精确统一的指标体系及方法本身的普遍适用性而被广泛应用。通过引入生物生产土地概念实现了对各种自然资源的统一描述，引入均衡因子等系数进一步实现了各国、各地区的各类生物生产土地的可加性和可比性。这使得生态足迹分析具有广泛的应用范围，既可以针对个人、家庭、城市、地区、国家乃至整个世界，对它们的生态足迹进行纵向的、横向的比较和分析，也可以就不同行动方案计算生态足迹，比如开私家车上班和乘公共汽车上班的生态足迹。具体来说，生态足迹法的优点如下。

1）概念的形象性和内涵的丰富性

生态足迹法通过对一定的经济水平或人口对生产性资源需求的测定形象地反映了人类对地球的影响，同时，它把自然资产的需求与支持人类生活的生物世界联系起来进行对比，则包含了可持续性的机制内涵。这就是说，当地球所能够提供的土地面积容不下这只巨脚（footprint）时，其上的城市、工厂就会失去平衡；如果巨脚始终得不到一块允许其发展的立足之地，那么它所承载的人类文明将最终坠落、崩溃。该定义的提出为我们形象地描述了更接近于真实的人类对自然界和生态系统的依赖程度。

2）生物生产土地的概念新颖、实用

首先，生态占用将每个人消耗的资源折合成为全球统一的、具有生态生产力的地域面积，这种面积是不具有区域特性的，可以很容易地进行比较。其次，以往对生态目标测度的"承载力"研究多是在一定技术水平条件下，一个区域的资源或生态环境能够承载的一定生活质量的人口、社会经济规模。而生态足迹则是反其道而行之，一方面，从供给面它也对区域的实际生物承载力进行测算，作为可持续发展程度衡量的标杆；另一方面，它还从需求面试图估计要承载一定生活质量的人口需要多大的生态空间，即计算生态足迹的大小。以此二者的比较来确定特定区域的生态赤字或生态盈余，测度评价研究对象的可持续发展状况，准确地反映不同区域对于全球生态环境现状的贡献状况。

3）可操作性强

与目前衡量可持续发展的主流指标体系，如货币化指标（如绿色 GDP、ISEW 等）和非货币化指标（如 DSR、人文发展指标等）相比，该模型由于资料的相对易获取、计算方法的可操作性和可重复性，具有广泛的应用范围。它可以计算个人、家庭、城市、地区、国家乃至全球这些不同对象的生态足迹，对它们可进行纵向的和横向的对比分析。另外，生态足迹计算具有很强的可复制性，这使得将生态足迹计算过程制作成一个软件包成为可能，从而可以推动该模型方法的普及化（龙爱华等，2004）。

4）角度优势

从地理学的角度出发解决这一问题，可能存在两种互补的途径，即在指导区域实践的过程中，对生态足迹分别从"内部"和"外部"两个层次进行深入的研究。从内部看，主要是分析各项指标之间，指标与整个系统的可持续性状态之间的相互关系，找出制约区域可持续发展的因素，从而为区域决策服务。从外部看，主要是从空间上和时间序列上来分析区域生态足迹的空间结构及其演化特征和演化趋势，通过空间的协调性达到时间上的可持续性，为长远的和微观层次的决策提供依据。

2. 生态足迹方法的局限

任何理论和方法都是在不断发展的，到目前为止，世界上仍然没有一套完美的可持续发展指标。目前，生态足迹理论与方法也同样存在自身的局限性。

（1）在理论方面，首先，该模型只考虑了经济产品和社会服务功能的直接消费，没有考虑完全自然系统提供资源、消纳废物的功能，忽略了地下资源和水资源的估算，也没有考虑污染、土地退化等造成的生态影响。其次，没有区分哪些地区是可持续利用资源的，而哪些地区是不可持续利用资源的，这会对一些国家生态足迹的规模产生影响。再次，没有充分考虑进行计算的一些必要条件，忽视了土地利用中的很多问题，如在计算生态承载力时，单位土地的生产能力是在哪种技术或方式下获得的，没有考虑。最后，生态盈余和生态赤字并不能真正反映一些地区的可持续发展状态。因为，生态盈余的地区可能其社会、经济都没有得到良好的发展，而一些具有巨大生态赤字的地域，如城市，就不一定处于不可持续发展状态。因此，传统的生态足迹测度与可持续发展测度并不是一致的。

（2）研究方法。一般有以下几种。①综合法。这是 Wackernagel 最初发表的研究成果，即自上而下利用国家级的数据归纳。这种方法适合国家层级的生态足迹计算，需要许多整体性资料，尤其是有关进出口的资料，对于省、市、地方、企业和个人并不适用。在我国，大多也用综合法计算生态足迹。②成分法。省、市、地方、企业等生态足迹适合用成分法计算。该方法采用产品生命周期法，核算不同的生产、消费行为及从原材料获取到产品最终处置的所有环节对生态的影响。与综合法不同，成分法不考虑原材料的消耗，而是关注区域本地的能源、交通、水、废弃物等的影响。国家以下层级的计算多采用成分法，即自下而上利用当地数据计算生态足迹。成分法消费项目分类和数据收集跟研究者的主观意识有关，生态足迹最终结果的准确性，依赖于成分列表的完整性和对各组成项目生命周期估价的准确性，计算结果随机性较大，可比性差。③投入产出分析法。1998 年 Bicknell 等首次将投入产出分析法引入生态足迹研究中提出了土地乘子（land multiplier）概念和基于投入产出表的生态足迹模型。此模型增强了生态足迹模型的结构性，是生态承载力核算迈出的重要一步，但该模型在概念与计算方法上存在一定的不足。Wackernagel 和 Rees（2006）介绍和讨论了一种可以将国家生态足迹分解为经济部门、详细的最终需求类别、区域和社会经济团体四个要素的方法，通过将既有的国家生态足迹账户和投入-产出分析相结合的方式实现。通过均衡因子、产量因子的多次标准化来计算生态足迹、生态承载力，从而进行可持续性判断，往往会影响计算结果的有效性和可靠性。在归纳的基础上再归纳，造成假设太多，因而会影响生态足迹的合理性。而且，运用全球平均产量来计算区域的生态足迹，会丢失区域的许多信息，导致生态足迹指标过分简化。宋旭光（2003）指出，不论从技术上还是操作上来说，均衡处理后的总量指标很难说还是与地球空间相关联的生态空间。因此，更好的方法就是只计算六类相应的生态足迹即可，没有必要再将六类生物生产土地面积进行均衡加总。另外，在计算过程中，缺乏合理的参考标准及对数据的高度依赖性也成为这种方法的另两个局限。

（3）在研究尺度上，生态足迹最初用于全球和国家尺度。对于全球尺度的研究来说，可将全球看成是一个系统，不存在贸易的影响，参考标准也容易确定。对于国家尺度的研究来说，由于贸易方面数据的相对完备性和易得性，生态足迹的计算不是特别困难。但是对于地区尺度的研究而言，由于地区之间存在着大量的物质流动和能量流动，而目前对于地区物流的统计信息不如国家账户充分，所以在地区尺度进行生态足迹计算有一定的困难。在目前的研究中，基本不考虑尺度问题，几乎所有的研究都是将某一尺度区域的生态足迹与生态承载力进行比较来判断区域是否处于可持续发展状态的，这种比较是不符合可持续发展的公平性原则的，甚至是没有意义的。因为在生态足迹结论的分析中，还没有充分重视贸易这个经济杠杆在实现可持续发展进程中的影响。实际上，由于贸易的作用，生态足迹是可以流动的（张坤民等，2003）。引用区域的生态承载力作为生态足迹分析中的一个基本概念或指标是可行的，因为它可以作为一个非常有效的基础指标来向人们直观、感性地揭示区域经济系统对生态系统造成的压力状况。但是，若将区域的生态足迹与生态承载力进行比较进而用生态盈余或生态赤字来反映区域的可持续发展状态则是不妥的，因为这样做意味着某个区域自身的生态承载力决定了区域可持续发展的状态和程度。可持续发展是全人类共同的发展，是要实现全球的各种"资源"的最终有效"配置"，而不是将不同的地域封闭起来发展。因此，在地区尺度的研究时，与其他反映社会经济方面的度量指标相结合，对生态足迹方法的进一步补充、发展是极为必要的。

（4）反映信息方面。作为一种高度综合的测度方法，各项指标之间、指标与系统之间关系描述的不完备性、计算结果的静态、瞬时性决定了其政策含义的笼统性和不明晰性，因此，如何突破这一局限是非常关键的。王书华等（2002）认为，进行时间序列的研究可能是解决这一问题的主要方法之一。对可持续性而言，时间序列比单一时间点能提供更多的信息。时间序列在本质上揭示出在不同的假设条件下计算分析更具灵敏性，对于数据中存在的潜在干扰具有较大的灵活性，其可解释性强。时间序列上的生态足迹研究对可持续发展决策来说，可向其提供更多更丰富的科学信息。

第二节　基于生态足迹的云南可持续发展研究

云南共有 16 个地级行政区（1999 年以前有 17 个），其中 8 个地级市、8 个自治州。

一、数据处理方法

对生态足迹的测算，我们参考了国内外众多学者关于生态足迹的多种核算方法，并结合云南的实际情况和数据支持，对某些项目的计算内容进行了改进，计算的主要数据来源为云南历年统计年鉴。

根据生态足迹计算的理论与方法，在生态足迹计算中，将消费项目划分为生物资源消费和能源消费两大类。生物资源消费分为农产品、动物产品、林产品、水果和木材等大类，各大类下有一些细分类。生物资源生产面积折算时采用了联合国粮农组织 1993 年计算的有关生物资源的世界平均产量资料（Wackernagel and Rees，1996）。采用这一公共标准主要是为了可以利用计算结果进行不同区域之间的比较。再者，在目前的研究中，要获得长时间段内的世界平均产量数据是困难的。能源消耗部分则根据历年的统计资料计算煤炭、石油、天然气、电力和焦炭等几种能源的足迹，计算时将能源消耗转化为化石能源土地面积。采用世界上单位化石能源土地面积的平均发热量为标准，将当地能源所消耗的热量折算成一定的化石能源土地。

在传统的计算中，建筑用地的计算很难如实地反映土地利用中工业城市化的推进对耕地的挤占。为了如实反映这一情况，本书运用每年竣工的建筑面积来替换建筑用地面积。但是，这样的处理可能会导致生态足迹偏小。

需要说明的是，在计算中，没有考虑贸易调整，原因如下：①进出口所携带的足迹比重不大，以中国为例，1999 年进出口所携带的足迹分别占总生态足迹的 8.9％和 10.5％，在进行贸易平衡后，贸易对生态足迹的影响仅为总足迹的 1.6％，而西部地区的进出口贸易对总生态足迹的影响更小，因此可以认为当前的消费是以消耗自身的自然资源为基础的；②根据前面对生态足迹优缺点的讨论可知，仅考虑国际贸易的调整并不能确定区域的净消耗量，但如果要一并考虑国内各省区之间的贸易影响则需要更全面、更详细的统计数据，而这方面的数据目前还无法获得。因此，这样计算的生态足迹更具有"生产性生态足迹"的性质（生产性生态足迹是指一个区域每年从生态系统中实际取得的生物量所需要的生物生产土地面积）。

为了使研究结果在全球不同区域具有可比性，本书在计算时采用的均衡因子和产量因子的值是运用"重定义发展组织"对中国 1996 年生态足迹的计算的值。可耕地、建筑用地、化石能源地、牧草地、林地、水域的均衡因子分别为 2.9、2.9、1.1、0.6、1.1、0.2，产量因子分别为 1.82、1.82、0.61、0.94、0.61、1.00。

1. 生物资源账户部分

应用生态足迹理论的生态足迹计算公式，对云南进行生态足迹计算，测算了 1978～2008 年云南的生态足迹情况。按式（4-4）计算生态总足迹及人均生态足迹。生物资源账户的计算采用联合国粮农组织 1993 年有关生物资源的世界平均产量资料（使计算结果可以比较），将云南各年份的消费转化为提供这类消费所需要的生物生产土地面积，如表 4-1 所示。

表 4-1 生物资源生态足迹计算的相关参数

项目	全球平均产量/（千克/公顷）	均衡因子	生产性面积类型
粮食	2 744	2.9	可耕地
蔬菜	18 000	2.9	可耕地
水果	18 000	2.9	可耕地

项目	全球平均产量/（千克/公顷）	均衡因子	生产性面积类型
薯类	12 607	2.9	可耕地
棉花	1 000	2.9	可耕地
麻类	1 500	2.9	可耕地
烟叶	1 548	2.9	可耕地
茶叶	998	2.9	可耕地
桑蚕	992	2.9	可耕地
油脂类	1 856	2.9	可耕地
食糖	490	2.9	可耕地
酒	13 720	2.9	可耕地
猪肉	74	0.6	牧草地
牛羊肉	33	0.6	牧草地
蛋类	400	0.6	牧草地
奶类	502	0.6	牧草地
绵羊毛	15	0.6	牧草地
山羊毛	15	0.6	牧草地
羊绒	15	0.6	牧草地
水产品	29	0.2	水域
木材	3 000	1.1	林地

生物资源消费的计算方法如下：

$$EF_i = \frac{C_i}{Y_i} \times \gamma_j \tag{4-6}$$

式中，C_i 为第 i 项消费项目的人均消费量；Y_i 为相应的生物生产土地生产第 i 项消费项目的年平均生产力（千克/公顷）；γ_j 为均衡因子。

根据所选取的统计资料，利用云南 1985～2008 年的居民消费生物资源数据测算这些年生态足迹账户的生物资源部分，并根据云南历年的人口数据计算出各年的人均生态足迹占用值，所有数据均来自云南相关年份《云南统计年鉴》并计算整理。

根据式（4-6）即可计算出云南 1978～2008 年生物资源生态足迹。

2. 能源账户部分

云南能源账户部分有如下七种：煤炭、焦炭、原油、燃料油、汽油、柴油、电力。计算能源生态足迹时将能源消费转化为化石能源生产土地面积。数据以世界上单位化石能源生产土地面积平均发热量为标准，将当地能源消费所消耗的热量折算成化石能源土地面积。

能源资源消费的计算方法如下：

$$\mathrm{EF}_i = \frac{C_i \times \theta_i}{Y_i} \times \gamma_i \tag{4-7}$$

式中，C_i 为第 i 项消费项目的人均消费量；Y_i 为相应的生物生产土地生产第 i 项消费项目的年平均生产力（千克/公顷）；γ_i 为均衡因子；θ_i 为第 i 项能源消费品的折算系数。

如上所述，选取云南 1978～2008 年的能源消费数据测算生态足迹账户的能源部分，部分参数见表 4-2。根据式（4-7）即可计算出云南生态足迹账户（能源部分）的生态足迹。

表 4-2 能源消费生态足迹计算的相关参数

能源类型	全球平均能源足迹/ （吉焦/公顷）	折算系数/ （吉焦/吨）	均衡因子	生产性面积类型
原煤	55	20.934	1.1	化石能源地
洗精煤	55	20.934	1.1	化石能源地
焦煤	55	28.47	1.1	化石能源地
汽油	93	43.124	1.1	化石能源地
煤油	93	43.124	1.1	化石能源地
柴油	93	42.705	1.1	化石能源地
燃料油	71	50.2	1.1	化石能源地
液化石油气	93	16.329	1.1	化石能源地
热力*	1000	29.344	2.9	建筑用地
电力*	1000	0.0083	2.9	建筑用地

＊热力单位为百万千焦，电力单位为万千瓦时，电力千瓦时与热量折算系数是根据每千瓦时耗煤 397 克，再根据每克煤发热量换算。

资料来源：（Wackernagel et al.，1999）。

二、云南多年时间序列生态足迹分析

测算出相关年份生态足迹账户的生物资源部分和能源部分之后，根据有关资料进行调整后可以进行加总和比较，最终把这些资源消耗转换为生物生产土地面积，如表 4-3 所示。

表 4-3　云南 1978~2008 年人均生态足迹动态变化表

（单位：全球性公顷/cap）

年份	可耕地	林地	牧草地	水域	建筑用地	化石能源地	人均生态足迹
1978	0.110 231	0.035 580	0.223 845	0.012 406	0.000 193	0.113 778	0.621
1979	0.099 991	0.036 953	0.226 995	0.015 430	0.000 209	0.113 010	0.595
1980	0.107 913	0.035 518	0.230 825	0.016 560	0.000 260	0.095 217	0.599
1981	0.114 964	0.029 221	0.258 655	0.017 477	0.000 264	0.092 488	0.627
1982	0.120 113	0.026 871	0.287 508	0.017 704	0.000 240	0.100 408	0.665
1983	0.118 352	0.025 902	0.334 452	0.019 952	0.000 224	0.109 185	0.697
1984	0.125 512	0.027 275	0.364 059	0.022 142	0.000 255	0.118 607	0.748
1985	0.120 730	0.027 287	0.412 405	0.026 710	0.000 425	0.103 831	0.748
1986	0.110 397	0.025 868	0.406 932	0.030 876	0.000 453	0.108 770	0.720
1987	0.117 734	0.024 970	0.401 958	0.037 186	0.000 489	0.113 541	0.744
1988	0.120 136	0.039 124	0.427 776	0.039 625	0.000 108	0.150 548	0.822
1989	0.122 941	0.040 484	0.446 295	0.041 686	0.000 115	0.152 155	0.845
1990	0.128 408	0.034 696	0.500 760	0.042 519	0.000 138	0.165 581	0.902
1991	0.135 783	0.036 855	0.536 883	0.045 040	0.000 158	0.158 263	0.940
1992	0.137 260	0.040 859	0.571 393	0.048 328	0.000 155	0.163 889	0.976
1993	0.138 503	0.037 348	0.623 666	0.051 744	0.000 205	0.164 958	1.010
1994	0.139 828	0.030 137	0.687 746	0.060 062	0.000 205	0.164 741	1.050
1995	0.148 437	0.037 203	0.759 761	0.073 055	0.000 234	0.187 744	1.150
1996	0.154 934	0.044 507	0.828 604	0.087 107	0.000 709	0.200 236	1.240
1997	0.158 592	0.047 817	0.914 036	0.100 245	0.000 673	0.256 893	1.370
1998	0.159 344	0.047 737	1.005 726	0.115 260	0.000 652	0.252 005	1.420
1999	0.164 879	0.047 358	1.080 735	0.127 810	0.000 703	0.233 370	1.460
2000	0.169 877	0.047 286	1.201 365	0.135 150	0.000 439	0.210 094	1.520
2001	0.170 526	0.047 025	1.208 570	0.144 964	0.000 792	0.237 300	1.560
2002	0.185 251	0.046 602	1.284 811	0.153 304	0.000 871	0.268 094	1.690
2003	0.183 860	0.046 713	1.370 246	0.161 005	0.000 877	0.278 945	1.750
2004	0.183 966	0.046 724	1.390 235	0.170 010	0.000 891	0.279 002	1.800
2005	0.183 989	0.046 943	1.400 000	0.182 089	0.000 921	0.287 320	1.810
2006	0.184 139	0.047 132	1.405 722	0.184 176	0.000 956	0.287 786	1.823
2007	0.185 413	0.047 345	1.406 438	0.185 745	0.000 983	0.288 534	1.854
2008	0.193 923	0.049 152	1.413 472	0.187 361	0.001 064	0.289 372	1.866
平均值	0.145 030	0.038 855	0.761 673	0.082 346	0.000 479	0.185 344	1.149

资料来源：根据云南省统计局，1985~2009 年《云南统计年鉴》中的相关统计数据计算得出。

　　从年际间生态足迹的纵向比较，可以排除在采用生态足迹分析法计算各区域生态足迹中因选择的某些消费指标的差异而带来的影响，可以相对准确地判断出一个地区的可持续性状况。

1. 人均生态足迹的动态变化

总体来说，1978～2008 年，云南人均生态足迹逐年上升，由 1978 年的 0.621 全球性公顷到 2008 年的 1.866 全球性公顷，净增加 1.245 全球性公顷。人均生态足迹的增加，一方面反映了人民生活水平的提高，消费各种生物产品、农业资源和享有各类服务的绝对量增加；另一方面也反映出对环境的压力在不断加大。进一步分析认为，云南 1978～2008 年的人均生态足迹可分为三个演化阶段，如图 4-2 所示：1978～1985 年为第一阶段，人均生态足迹从 0.621 全球性公顷增加到 0.748 全球性公顷，平均每年增加 0.018 全球性公顷，属人均生态足迹平缓增长阶段；1986～1994 年为第二阶段，人均生态足迹从 0.72 全球性公顷到 1.05 全球性公顷，平均每年增加 0.04 全球性公顷，是第一阶段增长量的 2.6 倍，属人均生态足迹的过渡阶段；1995～2008 年为第三阶段，人均生态足迹从 1.15 全球性公顷，增长到 1.866 全球性公顷，平均每年增长 0.06 全球性公顷，是第二阶段增长量的 2.2 倍，属于人均生态足迹的快速增长阶段。在这一时期，区域内的经济生产活动对生态系统造成的压力最大。

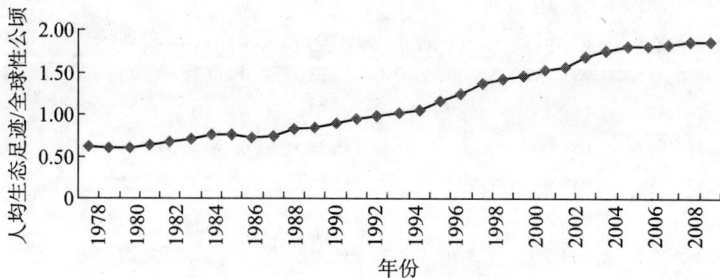

图 4-2　1978～2008 年云南人均生态足迹动态变化曲线

2. 各土地类型人均生态足迹

从各类用地的多年生态足迹的发展趋势看（图 4-3），除建筑用地和林地无显著变化外，其他四类用地的生态足迹基本呈逐年递增趋势。其中，增长速度最大的为水域，年平均增长率为 10.46%，其次为牧草地、化石能源地、可耕地，年平均增长率分别为 7.03%，3.49% 和 1.92%。

从各类用地生态足迹的多年平均值来看（表 4-3），牧草地的生态足迹最

大，平均足迹为 0.761 73 全球性公顷。而且，从生态足迹影响因素的比例
结构图来看（图 4-3），牧草地所占的比重一直最大，而且增长速度非常快。
1980～2008 年，牧草地占的比重由 47.47% 增长到 66.63%，这反映出云南
人均生态足迹的增长主要是由于经济的快速增长推动了饮食消费结构的改
变，即肉、蛋、禽、奶等食物的比重不断增加。这些食物的生产需要较多的
土地面积，这是生态系统食物链能量转化规律的反映，因此，在很大程度上
促进了云南人均生态足迹的增长。

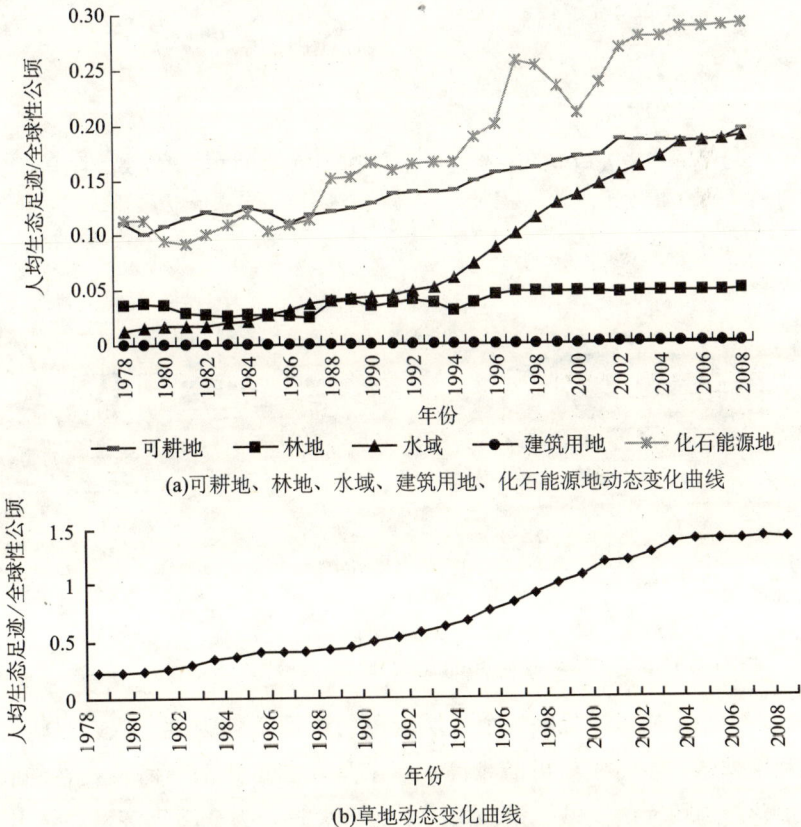

(a)可耕地、林地、水域、建筑用地、化石能源地动态变化曲线

(b)草地动态变化曲线

图 4-3　云南 1978～2008 年人均生态足迹各组动态变化曲线

云南化石能源地对生态足迹的贡献也较大，反映出其工业化进程导致了
生态足迹的增加。云南多年平均足迹为 0.174 285 全球性公顷，但从图 4-4～
图 4-7 可以看出，化石能源地在总人均生态足迹中的比重远小于牧草地足
迹，1980 年化石能源地所占比重为 19.58%，2005 年为 13.67%。可耕地、

水域、林地、建筑用地的多年平均生态足迹分别为 0.145 03 全球性公顷，0.082 346全球性公顷，0.038 855 全球性公顷，0.000 429 全球性公顷，虽然总体呈递增趋势，但占总体人均生态足迹的比重相对较小。因此，对人均生态足迹增长贡献较小。这将有利于云南进行森林和水域的保护。

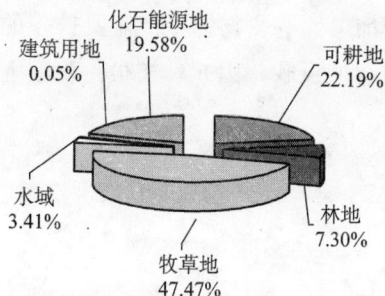

图 4-4　1980 年云南人均生态足迹影响因素比

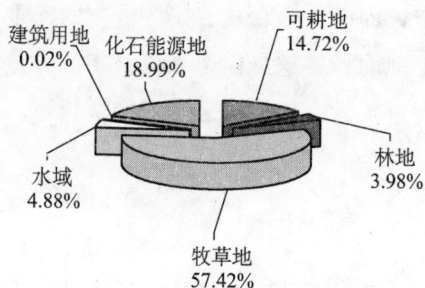

图 4-5　1990 年云南人均生态足迹影响因素比

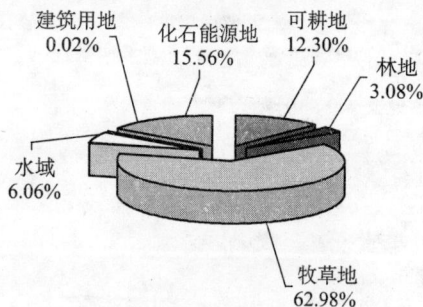

图 4-6　1995 年云南人均生态足迹影响因素比

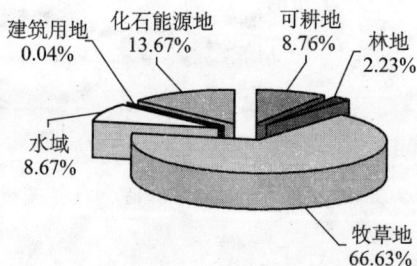

图 4-7　2005 年云南人均生态足迹影响因素比

3. 云南与广东人均生态足迹的比较

人均生态足迹可以反映一个区域居民的资源消耗强度。生态足迹越大，资源利用越多，生活质量可能越高。广东是我国东南部沿海较发达的省份，是城市化较为快速的区域，是全国第一经济大省，为全国经济发展做出了显著的贡献，同时也是世界上发展最快和最具经济活力的地区之一。我们有必要将云南与经济发达省份的自然消耗量进行比较，以判断云南的资源消耗是否处于可持续状态，这对云南经济建设将会有诸多启示。

从表 4-4 和图 4-8 可看出，大部分年份广东人均生态足迹高于云南人均生态足迹，云南只是在 2002 年与 2004 年略高于广东 0.038 全球性公顷和

0.011 全球性公顷，说明这两年云南在经济发展中资源消耗过高。从多年平均值看，云南 1978～2004 年的平均人均生态足迹约为 0.812 全球性公顷，而同时期广东的平均人均生态足迹约为 1.353 全球性公顷，约是云南的 1.19 倍，这说明广东社会经济发展水平比较高，人们生活质量也比较高。

表 4-4 云南与广东人均生态足迹比较（单位：全球性公顷）

年份	云南	广东	年份	云南	广东
1978	0.621	0.866	1994	1.050	1.338
1980	0.599	0.900	1995	1.150	1.162
1985	0.748	1.036	1996	1.240	1.599
1986	0.720	1.056	1997	1.370	1.599
1987	0.744	1.075	1998	1.420	1.586
1988	0.822	1.134	1999	1.460	1.596
1989	0.845	1.232	2000	1.520	1.582
1990	0.902	1.163	2001	1.560	1.655
1991	0.940	1.212	2002	1.690	1.652
1992	0.976	1.264	2003	1.750	1.887
1993	1.010	1.392	2004	1.800	1.789
平均值	1.134	1.353			

资料来源：根据云南省统计局，1985～2005 年《云南统计年鉴》中的相关数据计算得出。

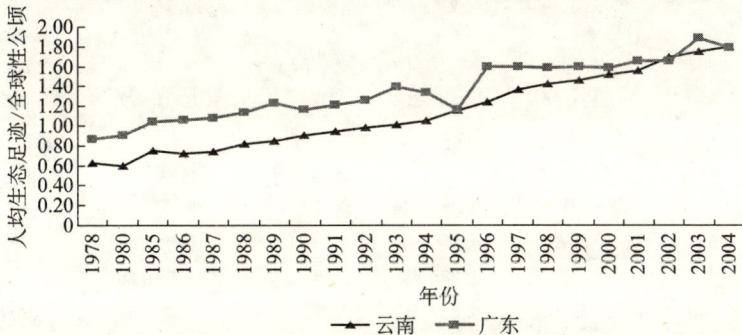

图 4-8 云南与广东人均生态足迹比较图

值得关注的是，云南 1985～2004 年的年平均增长率为 4.18%，同时期广东的年平均增长率为 2.83%，这说明云南经济发展起步晚。但是云南发展速度比较快，并且在 2004 年超出广东的人均生态足迹 0.011 全球性公顷，这说明云南资源消耗已经超过经济发达省份的消耗量，区域内的经济生产活动对生态系统造成了很大的压力，经济发展处于不可持续状态。

4. 生态足迹与生态承载力比较

在进行云南历年人均生态承载力的计算过程中，考虑了以下两种情况：第一，按照世界环境与发展委员会（WCED）的报告《我们共同的未来》所建议的，留出区域 12% 的生物生产土地面积来保护生物多样性；第二，由于云南是一个高原省份，坡度大于 250 的可耕地有 1127 万亩，占旱地面积的23%，这部分可耕地水土流失严重，不宜农耕，应退耕还林。因此，在生态承载力的计算中，对这部分土地进行了调整。

云南 1978～2008 年的人均生态承载力计算结果见表 4-5。从总体上看，云南的人均生态承载力呈下降趋势，并且表现出明显的波动性。1978～1985年，云南人均生态承载力下降非常迅速，从 1978 年的 1.368 662 全球性公顷下降为 0.955 573 全球性公顷，8 年内下降了 30.2%。1985 年以后，云南人均生态承载力相对来说，波动较小，呈缓慢下降趋势。

表 4-5　云南人均生态承载力动态变化表

年份	人口/万人	可耕地/ 全球性公顷	牧草地/ 全球性公顷	林地/ 全球性公顷/	水域/ 全球性公顷/	人均生态承载力*/ 全球性公顷
1978	3 091.5	0.181 113	0.249 077	0.845 019	0.01 974	1.368 662
1979	3 134.8	0.180 197	0.245 636	0.689 157	0.01 955	1.271 994
1980	3 173.4	0.179 807	0.245 878	0.679 742	0.01 820	1.265 692
1981	3 222.8	0.177 336	0.242 109	0.669 323	0.01 792	1.247 617
1982	3 283.1	0.173 982	0.237 662	0.657 029	0.01 759	1.224 249
1983	3 330.8	0.171 151	0.237 336	0.646 636	0.01 627	1.205 899
1984	3 372.1	0.168 169	0.231 390	0.282 711	0.00 821	0.973 909
1985	3 418.1	0.165 100	0.225 277	0.278 906	0.00 810	0.955 573
1986	3 480.0	0.162 648	0.263 940	0.274 083	0.00 795	0.962 086
1987	3 534.0	0.160 163	0.259 907	0.363 159	0.00 786	1.002 461
1988	3 594.0	0.157 432	0.296 884	0.448 804	0.00 776	1.060 122
1989	3 648.0	0.155 101	0.292 489	0.442 160	0.00 768	1.044 434
1990	3 730.6	0.151 667	0.286 013	0.432 370	0.00 751	1.021 309
1991	3 782.1	0.151 397	0.280 268	0.426 562	0.00 738	1.014 864
1992	3 831.6	0.149 415	0.278 474	0.421 051	0.00 728	1.002 539
1993	3 885.2	0.147 277	0.274 632	0.415 243	0.00 718	0.988 349
1994	3 939.2	0.145 258	0.270 867	0.409 550	0.00 708	0.974 800
1995	3 989.6	0.142 470	0.267 445	0.404 376	0.00 699	0.958 062
1996	4 041.5	0.142 432	0.261 537	0.399 184	0.00 690	0.952 851
1997	4 094.0	0.141 461	0.257 450	0.394 065	0.00 681	0.944 239

续表

年份	人口/万人	可耕地/ 全球性公顷	牧草地/ 全球性公顷	林地/ 全球性公顷/	水域/ 全球性公顷/	人均生态承载力*/ 全球性公顷
1998	4 143.8	0.140 506	0.253 873	0.469 936	0.00 673	0.983 712
1999	4 192.4	0.138 877	0.171 262	0.464 488	0.00 665	0.932 768
2000	4 240.8	0.166 615	0.169 308	0.459 187	0.00 658	1.058 314
2001	4 287.4	0.164 127	0.167 468	0.454 196	0.00 651	1.043 669
2002	4 333.1	0.161 727	0.138 007	0.449 406	0.00 669	1.015 853
2003	4 375.6	0.158 255	0.136 667	0.445 041	0.00 638	0.997 110
2004	4 415.2	0.162 018	0.136 981	0.450 905	0.00 658	0.887 910
2005	4 450.4	0.170 987	0.138 790	0.451 230	0.00 723	0.765 341
2006	4 483.0	0.175 500	0.139 900	0.453 500	0.00 686	0.876 500
2007	4 514.0	0.178 200	0.142 100	0.446 300	0.00 753	0.862 300
2008	4 543.0	0.180 300	0.141 200	0.452 300	0.00 812	0.775 200
平均值	3 856.6	0.161 313	0.223 865	0.470 181	0.00 935	1.020 593

＊为扣除12％的生物多样性保护面积和将坡度大于25°的可耕地进行退耕还林处理后的人均生态承载力。

资料来源：根据云南省统计局，1985～2009年《云南统计年鉴》中的相关数据计算得出。

从多年平均的各类用地的生态承载力和发展趋势来，林地的承载力最高，为0.472 269全球性公顷，1978～1988年波动较大，1989年后逐渐趋于稳定；其次为牧草地，平均承载力为0.232 737全球性公顷，1998年之前较稳定，之后呈下降趋势；可耕地和水域的平均人均承载力分别为0.161 313全球性公顷和0.00 935全球性公顷，比较稳定，整体人均生态承载力波动较为明显，总体呈下降趋势（图4-9）。

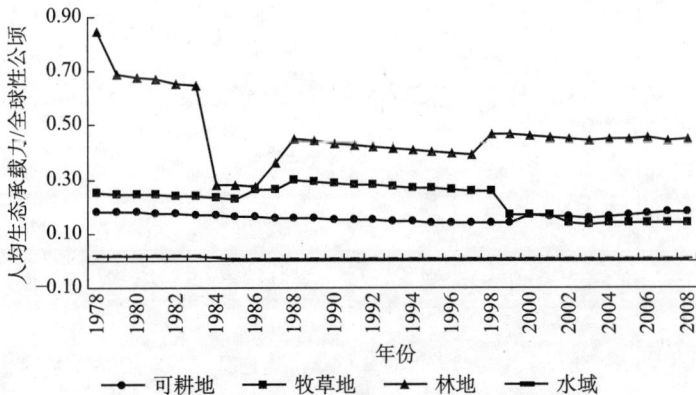

图4-9 云南年人均生态承载力与各组分变化曲线图

5. 人均生态足迹与人均生态承载力比较

从图 4-10 可以看出，1978～1992 年，人均生态足迹小于人均生态承载力，但两者差距呈逐渐缩小趋势，在这一阶段，并不代表云南处于可持续发展状态，而是说明区域经济发展水平较低，经济系统对生态系统造成的压力或影响较小；1993～2008 年，随着人均生态足迹不断增加，人均生态足迹大于人均生态承载力，两者差距呈不断扩大趋势，这其实也并不简单地意味着云南在这一时期处于不可持续发展状况，而只是说明云南的经济活动与其他区域的联系在不断加强，当前的经济活动对生态系统的影响超出云南当前承载力。

1993 年以后人均生态赤字不断扩大，从 1993 年的 0.22 全球性公顷增长到 1.09 全球性公顷，增长了 4.95 倍，这说明云南的发展通过消耗自然资本存量来弥补生态承载力的不足，是一种不可持续的发展模式。

从人均生态足迹的供需结构看，除了林地多年人均生态足迹均处于生态承载力范围之内（图 4-11），生态足迹需求与供给的矛盾不算突出外，可耕地在 1994 年以后均处于生态赤字状态（图 4-12），水域在 1982 年之后均处于生态赤字状态（图 4-13），而牧草地在 1982 年以后处于生态赤字状态（图 4-14），而且牧草地和水域的赤字呈直线上升的趋势。这说明对牧草地和水域资源的消耗已经远远超出了区域的承载能力，处于不可持续的发展状态。

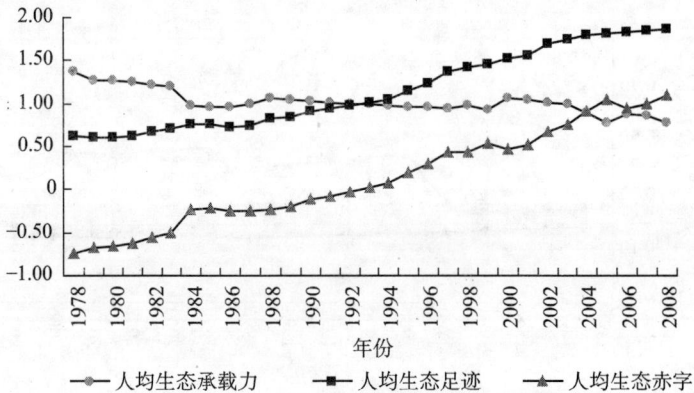

图 4-10 云南 1978～2008 年人均生态足迹、人均生态承载力与
生态赤字曲线图（单位：全球性公顷）

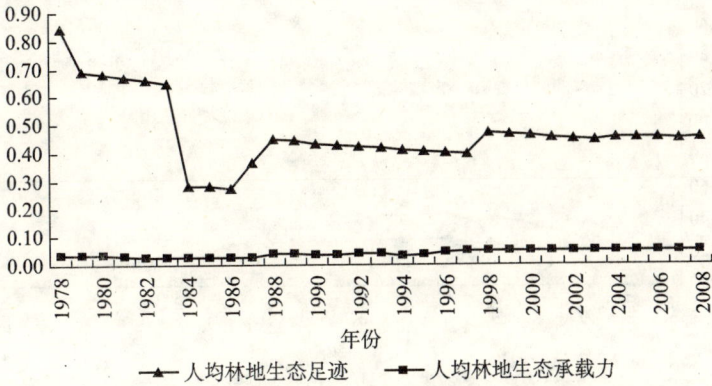

图 4-11　云南人均林地生态足迹与人均林地
承载力动态变化（单位：全球性公顷）

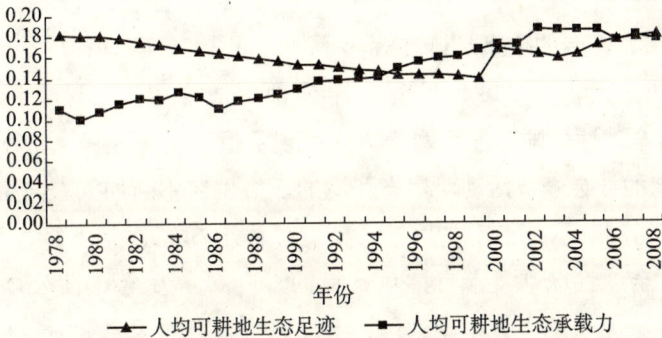

图 4-12　云南人均可耕地生态足迹与人均可耕地
承载力动态变化（单位：全球性公顷）

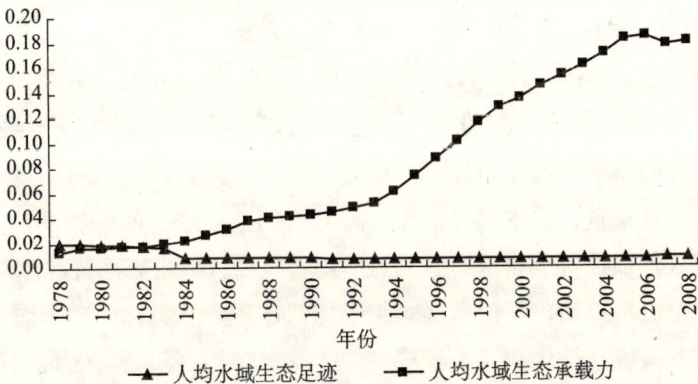

图 4-13　云南人均水域生态足迹与人均水域
承载力动态变化（单位：全球性公顷）

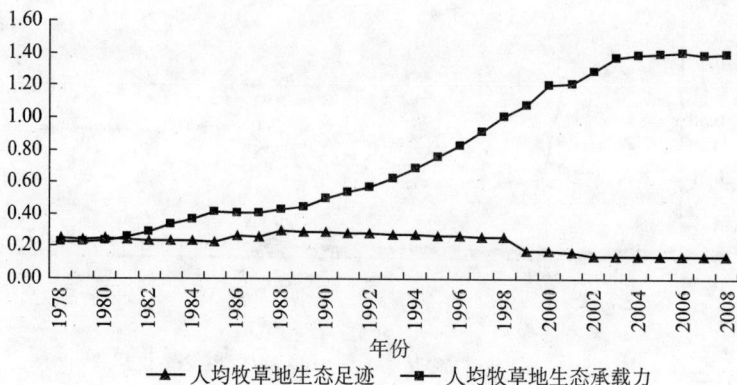

图 4-14　云南人均牧草地生态足迹与人均牧草地承载力动态变化（单位：全球性公顷）

6. 总的生态足迹与生态承载力比较

30 年来，云南的生态足迹在逐年增加，从 1978 年 1919.82 万全球性公顷上升到 2008 年 9057.24 万全球性公顷，增加了 372%，平均每年以237.906 万全球性公顷的速度增长。这种现象反映了在人民生活水平提高的同时，云南的社会经济活动对生态环境的压力也在不断加大。与生态足迹的变动情况正好相反，云南的生态承载力总体上却在逐年下降，从 1978 年4231.22 万全球性公顷下降到 2008 年的 3606.25 万全球性公顷，下降了14.8%。生态足迹的上升幅度远远大于生态承载力的承载范围。并且，生态系统的供给结构与经济发展需求结构之间存在不平衡。

自 1978 年以来，生态赤字不断扩大，到 2008 年总生态赤字已经达到3849.41 万全球性公顷，是当年云南总生态承载力的 107%，即全省生态足迹已经超过承载力的 7%，其目前的发展主要是通过进出口贸易和部分资源的超前过度利用来弥补的。但是，从全球范围来看，当前大部分国家和地区人类对环境的影响均已经超过了当地的生态承载力，因此贸易调整手段是有限的。从长远来看，应主要考虑在不降低人们生活水平的前提下，减少生态足迹的需求，加强科学技术的研究与应用，提高区域生态系统的承载能力。

从以上分析可知，无论是从多年平均值，还是从具体年份上看，云南生态系统的要素供给结构和社会经济发展的需求结构之间，都表现出严重的不对称性。虽然得天独厚的地理位置赋予了云南丰富的水资源，但是不合理的开发和环境污染导致水域生态赤字在 2008 年达到了 753.56 万全球性公顷。

而在农产品、林产品生产上还具备一定的潜力。因此，对于云南而言，在优化内部产业结构、发挥区域优势的同时，合理、高效地利用区外资源，将是保障区域生态经济可持续发展的重要前提。

三、云南发展能力的动态分析

1. 基本概念和方法

1）单位 GDP

单位 GDP 能耗是指一定时期内，一个国家或地区创造一个计量单位（通常为万元）的 GDP 所消费的能源。此值越低生产效率越高，此值越高表明生物生产土地面积的产出越低。从文献中各省生态足迹的计算结果可以看出，区域经济发展水平越低的省份，越是依赖农牧业经济，工业经济不发达，单位 GDP 的生态足迹需求越大；自然生态环境严酷和自然资源条件越差的省份，土地生产潜力越低，单位 GDP 的生态足迹需求也越大。

单位 GDP 生态足迹的计算公式如下：

$$单位 GDP 生态足迹 = 区域总人口生态足迹 / 区域 GDP$$

2）生态多样性

在计算生态足迹的基础上，可以将生态足迹计算中采用的不同土地类型面积作为测算生态经济系统多样性的指标，并采用 Shannon Weaver 公式计算生态足迹的多样性指数。

$$H = -\sum_{i=1}^{6} P_i \ln P_i \tag{4-8}$$

式中，H 为多样性指数；P_i 为 i 项土地类型在总生态足迹中的比重。该函数不是一个单调函数，它意味着生态经济系统中生态足迹的分配越接近平等，对给定系统组分的生态经济系统来说，其多样性就越高，该系统就越稳定，这也正符合生态学中"多样性导致稳定性"的著名理论。

3）系统发展能力

系统发展能力，可由生态足迹乘以从系统组织角度推导出的生态足迹多样性指数得到。按照 Uanowicz 的公式，发展能力可以用以下公式描述：

$$F = \text{EF} \times \left(-\sum_{i=1}^{6} P_i \ln P_i\right) \tag{4-9}$$

式中，F 为发展能力；EF 为国家或地区的生态足迹。

徐中民等（2003）通过对全国 29 个省的生态经济系统的发展能力与 1999 年各省的人均 GDP 进行相关分析后发现，二者呈较大的正相关性（r = 0.63），证明了以生态足迹为指标，采用 Uanowicz 的发展能力公式计算的生态经济系统的发展能力，是一个很好的反映生态经济系统发展状况的指标（王书华等，2004）。

2. 单位 GDP 的生态足迹分析

为了反映云南资源的利用效益，我们计算了 1978~2008 年单位 GDP 的生态足迹（表 4-6）。显然，单位 GDP 的足迹需求越大，资源的利用效益越低，反之，则资源的利用效益越高。从表中可以看出，1978~2008 年，云南的单位 GDP 足迹明显下降，从 1978 年的 27.817 全球性公顷到 2008 年的 1.804 全球性公顷，下降了 93.5%，下降的速度非常快，说明云南的资源利用效率不断得到提高。这主要是因为，随着改革开放的不断深入，经济快速发展使得区域的 GDP 大幅度增加；再者，区域产业结构的调整、高新技术产业的发展，以及生产工艺和技术的改善提高了资源的利用效率。但是，从横向上来看，1999 年我国单位 GDP 的足迹为 2.037 全球性公顷，西部 12 省区单位 GDP 的足迹平均为 2.72 全球性公顷，东部地区单位 GDP 的足迹平均为 1.29 全球性公顷（王书华等，2004），云南单位 GDP 的足迹平均为 3.295 全球性公顷，均高于全国、西部地区和东部地区，分别是三者的 1.61 倍、1.18 倍和 2.43 倍。这说明，虽然云南的资源利用效率不断得到提高，但是仍然属于低效资源利用省份。因此，在以后的发展中，努力提高其资源利用率，是节约资源、加快发展的必由之路。

表 4-6　云南单位 GDP、生态足迹多样性、发展能力

年份	人均生态足迹/ （全球性公顷/cap）	单位 GDP/ （全球性公顷/万元）	生态足迹多样性 （H）	发展能力 （F）
1978	0.621	27.817	1.230	0.764
1979	0.595	24.270	1.253	0.745
1980	0.599	22.569	1.239	0.742
1981	0.627	21.458	1.205	0.755
1982	0.665	19.829	1.186	0.789
1983	0.697	19.339	1.171	0.816

续表

年份	人均生态足迹/ （全球性公顷/cap）	单位GDP/ （全球性公顷/万元）	生态足迹多样性 （H）	发展能力 （F）
1984	0.748	18.072	1.170	0.875
1985	0.748	15.507	1.141	0.854
1986	0.720	13.744	1.155	0.831
1987	0.744	11.477	1.180	0.878
1988	0.822	9.811	1.224	1.006
1989	0.845	8.490	1.222	1.032
1990	0.902	7.451	1.186	1.070
1991	0.940	8.213	1.173	1.103
1992	0.976	7.330	1.172	1.144
1993	1.010	5.922	1.142	1.153
1994	1.050	4.227	1.104	1.154
1995	1.150	3.799	1.122	1.289
1996	1.240	3.347	1.134	1.401
1997	1.370	3.400	1.146	1.565
1998	1.420	3.281	1.118	1.588
1999	1.460	3.315	1.090	1.595
2000	1.520	3.308	1.030	1.571
2001	1.560	3.231	1.057	1.652
2002	1.690	3.135	1.063	1.795
2003	1.750	3.103	1.041	1.820
2004	1.800	2.685	1.047	2.168
2005	1.810	2.319	1.013	2.179
2006	1.831	2.124	2.241	2.241
2007	1.846	2.001	2.147	2.144
2008	1.950	1.804	2.15	2.15

四、发展能力分析

1. 生态足迹多样性分析

无论是生态系统，还是经济系统，多样性理论都广泛地用来探讨系统结构与系统所表现出来的特征之间的关系。在对云南 1978～2008 年的生态足迹进行计算的基础上，根据式（4-1）和式（4-2）对云南 1978～2008 年的生态足迹多样性和生态经济系统的发展能力进行计算，结算结果见表 4-6。从计算结果和图 4-15 可以看出，云南的生态足迹多样性在 1978～2008 年略有波动，但变化幅度非常小，多年平均值为 1.142，基本处于一种稳定的状态，同时，总体上呈现出逐渐减少的趋势；发展能力则表现为明显的上升趋势，在 1978～2008 年，发展能力从 0.764 增长到 2.25，年平均增长率为 3.67%，多年平均值为 1.213。这说明云南的发展能力在不断增强，而生态足迹多样性变化不大。

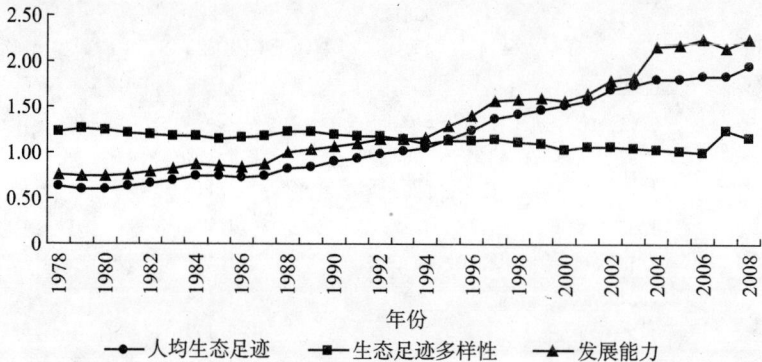

图 4-15　云南人均生态足迹、生态足迹多样性与发展能力曲线图（单位：全球性公顷）

区域生态经济系统的发展能力与区域的人均生态足迹呈现出较大的正相关关系。由式（4-2）可知，生态经济系统的发展能力是人均生态足迹与生态足迹多样性的乘积。也就是说，发展能力的高低直接取决于人均生态足迹和生态足迹多样性的大小。要提高生态经济系统的发展能力，可以通过三种方式：①增加生态足迹的多样性；②增加生态足迹；③增加生态足迹的多样性和生态足迹。但从前面对云南的人均生态足迹和生态承载力的计算结果来看，云南已处于地区不可持续状态，为了保护生命支持系统，我们应该逐步减少生态足迹。因此，提高生态经济系统的发展能力应尽可能地增加生态足迹的多样性，也就是应该增加土地类型利用的多样化，均等地利用各种不同类型的土地资源，而不是一味地提高生态足迹。

2. 人均生态足迹与人均 GDP 相关分析及趋势预测

人类经济的发展离不开生态系统的支持，生态足迹作为一项可持续发展测度指标，就是用于反映生态系统与经济系统之间的供需平衡关系的。从生态足迹的原理和计算公式，以及前面一系列的计算分析可知，经济的发展，以及引起的消费结构、产业结构等的变化，都会对生态足迹产生很大的影响。因此，定量地研究经济活动与生态系统之间的互动关系，将是云南生态足迹研究的重要内容。

为了揭示云南经济发展水平与生态足迹之间的关系，从而为今后的可持续发展战略决策服务，本书运用 SPSS 12.0 分析软件对云南 1978～2008 年的人均 GDP 和人均生态足迹进行了回归分析。

对云南 1978～2008 年的人均 GDP 和人均生态足迹进行相关分析，得到相关系数 R 为 0.937，两者的正相关关系达到极其显著的水平，这充分说明了云南到目前为止，在经济发展的同时，没有充分考虑生态系统的承载状况。

在进行相关分析的基础上，对云南 1978～2008 年的人均 GDP 和人均生态足迹进行回归分析，并进行曲线拟合，结果表明，人均生态足迹（Y）与人均 GDP（X）的拟合曲线以三次函数 Cubic 的拟合度为最好（判定系数 $R^2 = 0.985$）（图 4-16），其回归方程为

$$Y = 0.6035 + 0.000\,216X - 5.8056 \times 10^{-9}X^2 + 2.429 \times 10^{-13}X^3$$

从图中的拟合曲线可以看出，云南 27 年来生态足迹的增加，明显地受到了经济发展水平的影响。1978～2008 年，云南的人均 GDP 从 223 元增加到 12 546 元，人均生态足迹相应地从 0.621 全球性公顷，增加到 1.95 全球性公顷。

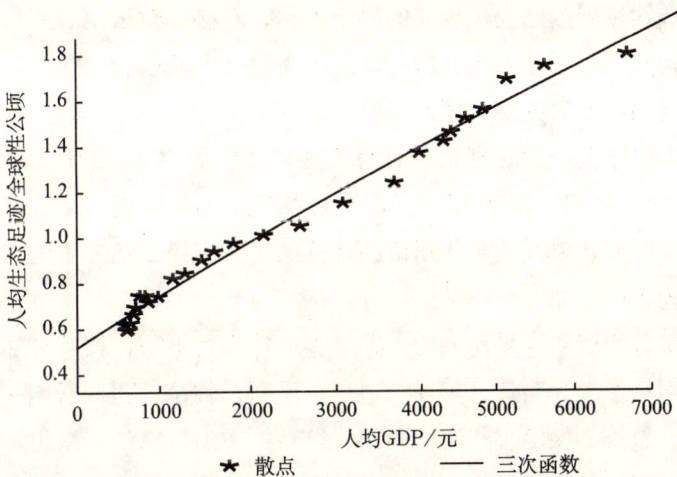

图 4-16　人均生态足迹与人均 GDP 关系图

根据对经济社会发展环境和条件的分析，并按照云南省委"九五"计划和"十五"计划目标，采用趋势外推、专家咨询、经验预测和计算数学模型等方法，对 2015 年云南经济科技社会发展按低、中、高三个方案分别作了初步预测。其中，按低方案对 2015 年人均 GDP 的预测结果是37 107 元，若将 2015 年人均 GDP 的预测结果代入回归方程中，可计算出云南 2015 年相应的人均生态足迹为 13.03 全球性公顷，是 2008 年的 7倍。也就是说，如果按照目前的生产技术和生活方式，云南经济要按照既定的目标发展，将需要更为广阔的生态系统支持或者将对生态系统进行超负荷开发。然而，在全面实施可持续发展这个大趋势下，靠掠夺性、低技术含量地开发、利用资源，将会使区域的经济发展陷入死胡同。如果云南不转变以往的发展模式，资源将成为其发展的最大障碍。云南经济要获得真正的、长远的发展，只有调整产业结构，转变生活消费方式和提高生产技术水平。

五、云南各州市生态足迹动态分析

建立一种区域联合和区域利益协调机制是实现全面可持续发展的必要途径，空间上的协调是时间上的可持续发展的前提和基础。为了进一步深入研究云南人均生态足迹的空间格局和演化规律，明晰生态足迹的政策含义，为云南的可持续发展战略提供现实的科学依据，有必要对云南各州市之间形成的地域结构及其时间序列进行研究，进而为建立区域联合和协调机制及区域系统结构与功能的研究奠定理论基础。

根据上述相关概念、理论和计算方法，我们查询了 1991～2009 年《云南统计年鉴》，1991～2009 年《云南农村统计年鉴》并进行了计算。由于受计算数据的限制，以及便于各州市的计算结果具有纵、横向上的比较性，研究时段定为 1990～2008 年。

从云南各州市多年平均人均生态足迹来看（表 4-7），按其对环境造成的影响由大到小依次为丽江、玉溪、迪庆、昆明、临沧、西双版纳、德宏、曲靖、大理、楚雄、保山、红河、昭通、思茅、文山、怒江、东川，人均生态足迹最高的丽江与最低的东川，平均人均生态足迹相差 1.706 全球性公顷，表明各州市对环境造成影响的差距巨大。与前面计算的云南人均生态足迹的平均值相比较可知，高于云南多年平均人均生态足迹（1.295 全球性公顷）的州市包括丽江、玉溪、迪庆、昆明、临沧、西双版纳、德宏、曲靖、大理、楚雄。若以云南多年平均人均生态承载力（1.054 全球性公顷）为比较基础的话，低于这一阈值的州市包括红河、昭通、思茅、文山、怒江、东川。从具体年份上看，1988 年，人均生态足迹处于前三位的市州分别是丽江、迪庆和玉溪，处于后三位的市州是怒江、东川和文山。这种格局基本上维持到 1996 年，然而，在这几年间，高于云南多年平均生态足迹的州市却从 1988 年的 8 个变为 1996 年的 10 个。1997～1998 年，昆明和文山的人均生态足迹增长较快，昆明取代迪庆进入前三位，昭通和思茅的人均生态足迹有所下降，昭通、思茅和怒江成为后三位。1999 年，东川并入昆明后，昆明的人均生态足迹明显降低，处于前三位的市州依然是丽江、迪庆和玉溪，这种格局一直维持到 2008 年。

从图 4-17～图 4-20 可看出，云南各州市多年人均生态足迹的变动情况是，总体上均呈上升趋势，且各市州之间的差距表现为扩大趋势，表明各州市生态足迹对生态环境的压力在逐年增大。总体上看，丽江、玉溪、迪庆的人均生态足迹基本上始终保持在领先地位，区域经济活动对生态环境造成的影响最大。然而，在这三个地区，除了玉溪的人均 GDP 属于全省高发展水平外，丽江和迪庆的人均 GDP 在各州市中都属于低水平，主要是因为玉溪高水平的经济发展改变了人们的消费结构，人均生态足迹增加；而丽江和迪庆主要是由于人口密度小，所以生态足迹就相对大（这与徐中民在计算中国 1999 年生态足迹时得到的结论基本一致，即一些经济发展水平相对滞后的区域，由于人口密度小，往往具有较高的人均生态足迹，如西藏和内蒙古的人均生态足迹分别为 2.153 全球性公顷和 2.371 全球性公顷，而人口稠密的上海的人均生态足迹为 2.242 全球性公顷，这主要是因为目前研究的生态足迹多偏向于生产性生态足迹的缘故）。另外，丽江和迪庆是云南主要的畜肉产品产区，因此，对生态足迹的贡献也比较大。从增长幅度上看，丽江增速最快，从 1988 年的 1.557 全球性公顷到 2008 年的 3.075 全球性公顷，15 年间增长了 1.518 全球性公顷，增长率为 97.5%；东川和昭通增速最慢，增长率分别为 36.4% 和 59.1%。从波动情况看，丽江、迪庆、西双版纳、大理、楚雄、保山、红河、昭通、思茅、东川、临沧、德宏、怒江的生态足迹变动

表 4-7 云南各州市 1988～2005 年的人均生态足迹 　　　　　　　　　　　　　　　　　　　　　（单位：全球性公顷/cap）

年份	云南	昆明	曲靖	玉溪	保山	昭通	楚雄	红河	文山	思茅	西双版纳	大理	德宏	丽江	怒江	迪庆	临沧	东川
1988	0.822	0.942	0.865	1.151	0.774	0.738	0.783	0.712	0.513	0.675	1.109	0.760	1.125	1.557	0.637	1.408	0.865	0.582
1989	0.845	1.048	0.890	1.187	0.765	0.766	0.742	0.707	1.116	0.714	1.143	0.714	1.143	1.598	0.680	1.488	0.953	0.605
1990	0.902	1.166	0.940	1.248	0.830	0.769	0.853	0.710	0.580	0.677	1.130	0.814	1.188	1.640	0.693	1.404	0.921	0.591
1991	0.940	1.143	1.105	1.384	0.933	0.804	0.921	0.768	0.646	0.740	1.213	0.901	1.268	1.757	0.732	1.377	0.987	0.641
1992	0.976	1.195	1.086	1.431	0.976	0.794	0.939	0.769	0.647	0.769	1.263	0.935	1.290	1.868	0.736	1.377	1.011	0.616
1993	1.010	1.282	0.909	1.589	0.978	0.821	0.984	0.784	0.680	0.734	1.239	0.977	1.227	1.938	0.747	1.491	1.114	0.637
1994	1.050	1.288	1.128	1.940	1.006	0.862	1.081	0.800	0.693	0.790	1.271	1.023	1.226	2.031	0.740	1.579	1.234	0.606
1995	1.150	1.451	1.249	2.092	1.065	0.909	1.177	0.903	0.769	0.835	1.369	1.156	1.351	2.136	0.733	1.625	1.322	0.683
1996	1.240	1.563	1.363	2.195	1.186	0.962	1.275	0.981	0.703	0.899	1.439	1.310	1.416	2.087	0.809	1.599	1.436	0.703
1997	1.370	1.874	1.519	2.434	1.346	0.692	1.472	1.100	1.011	1.012	1.583	1.512	1.580	2.364	0.887	1.682	1.552	0.685
1998	1.420	1.874	1.568	2.419	1.408	1.026	1.625	1.190	1.151	1.064	1.638	1.574	1.591	2.510	0.950	1.763	1.689	0.794
1999	1.460	1.713	1.640	2.219	1.458	1.062	1.601	1.182	1.213	1.080	1.618	1.625	1.543	2.803	1.017	1.930	1.747	—
2000	1.520	1.641	1.722	2.075	1.457	1.050	1.607	1.164	1.145	1.056	1.574	1.664	1.545	2.885	1.052	1.949	1.918	—
2001	1.560	1.765	1.811	2.048	1.515	1.081	1.667	1.243	1.426	1.167	1.675	1.874	1.627	3.020	1.187	2.206	2.122	—
2002	1.690	1.896	1.951	2.199	1.598	1.111	1.763	1.349	1.426	1.167	1.675	1.874	1.627	3.020	1.187	2.206	2.122	—
2003	1.750	2.006	2.020	2.274	1.600	1.129	1.915	1.430	1.547	1.195	1.736	1.962	1.702	3.039	1.210	2.283	2.178	—
2004	1.800	2.010	2.030	2.299	1.689	1.156	2.010	1.510	1.642	1.214	1.780	2.023	1.725	3.065	1.312	2.301	2.210	—
2005	1.810	2.013	2.034	2.310	1.691	1.174	2.021	1.567	1.658	1.234	1.810	2.034	1.826	3.075	1.323	2.314	2.243	—
平均值	1.295	1.548	1.435	1.916	1.238	0.939	1.358	1.048	1.031	0.946	1.459	1.374	1.444	2.355	0.924	1.777	1.535	0.649

资料来源：根据云南省统计局，1989～2006 年《云南统计年鉴》中的相关统计数据计算得出。

情况基本保持平稳上升趋势，而玉溪、昆明、曲靖和文山的生态足迹在总体趋势保持不断上升的同时，却表现出明显的波动性。1999～2000年，玉溪和昆明的人均生态足迹分别上升到最大值，之后开始下降，2002年后又开始逐渐回升；曲靖的人均生态足迹在1995年之前波动较大，1995年达到最低值，之后开始稳步上升；而文山的人均生态足迹在1998年之前增长非常缓慢，1998年后增长速度越来越快，而且，增长速率具有不稳定性，波动较大。

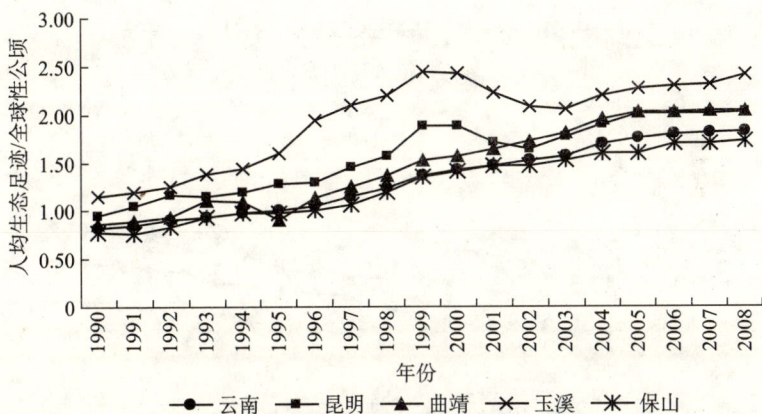

图4-17　云南各州市人均生态足迹变化（1）

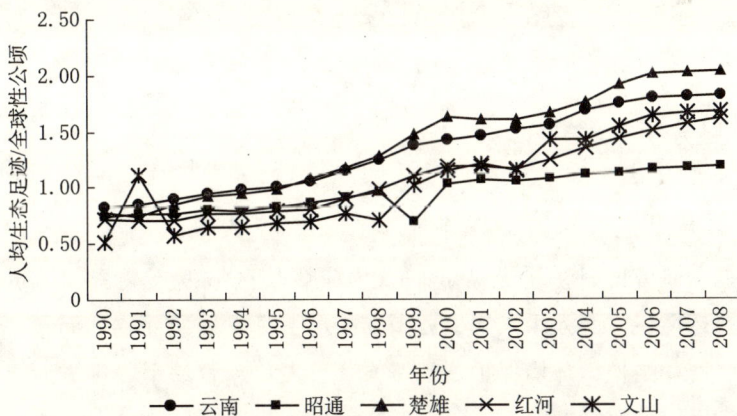

图4-18　云南各州市人均生态足迹变化（2）

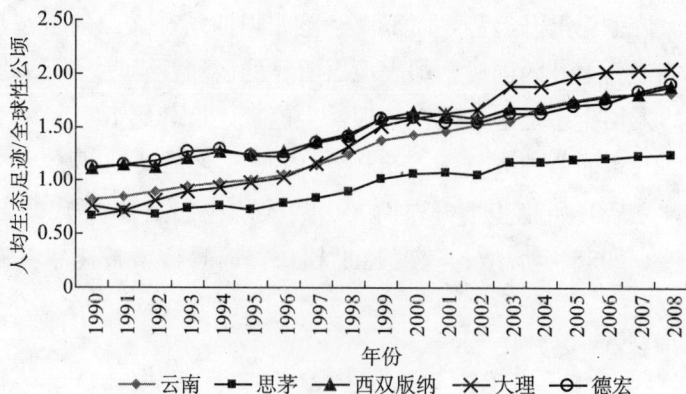

图 4-19　云南各州市人均生态足迹变化（3）

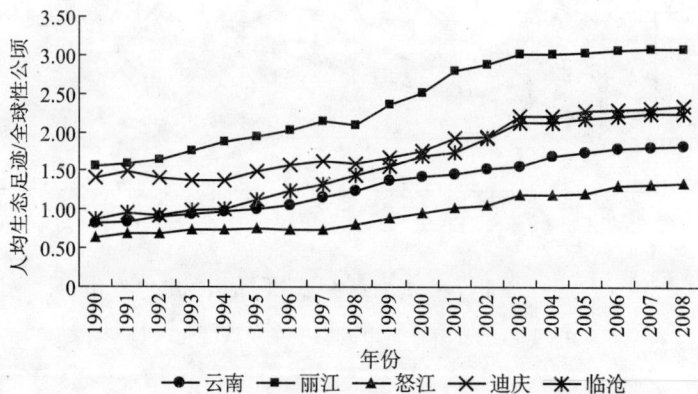

图 4-20　云南各州市人均生态足迹变化（4）

六、结果分析

1. 政策建议

根据本研究的计算分析，我们认为应该从区域发展要素，即资源、人口、生态环境三方面入手来解决云南实施可持续发展所面临的问题，并从科技进步、产业结构、环境保护、消费方式、人口、贸易手段等方面提出了云南可持续发展的政策建议。

（1）加强科技进步是实现生态赤字减少、生态足迹减小的最直接、最有效的手段。科技是第一生产力，科技发展水平对生态足迹的计算有重要影响。若增加生物生产土地面积，由于辖域土地面积已定，不可能拓展，但可以通过改造低生产能力的土地类型及采用先进的农业技术等方式来提高生物生产土地的生产能力以增加其相对面积，也就是说，科技发展水平越高，区域的生态生产力就越大，则生态承载力就越高，进而增加区域自然资源的生命负荷能力。根据云南自身的特点，应加大开发力度，引进先进的农业技术，提高土地产出效率，发展生态特色农业。在开发特色生态农业的同时要注意统筹兼顾、因地制宜、协调发展，并避免对自然生态系统的破坏。

（2）技术革新、产业结构调整是增加经济收益、节约资源、降低生态足迹的有效途径。结构调整不能仅局限于经济领域，着眼于经济结构的优化调整，而应扩展至环境与经济结构的双重调整，既调整经济内部的结构，更优化环境与经济的结构比例关系。这就要求我们必须要改变过去的一些思维定式。保护环境、走可持续发展之路，经济发展及企业的经济效益不一定会受到影响，而且，清洁生产、高新技术及环境产业等在经济效益方面存在着巨大潜力，优美、高质量的环境又是发展经济，特别是以旅游业为主的第三产业的基础。云南应加快建设旅游大省的步伐，旅游业不消耗资源、生产资料，既增加了经济收入又保护了自然环境，而不增加生态足迹。

（3）改变人们的生产和生活消费方式，降低生态足迹。综合有效地利用现有资源，尽可能减少非必需物质产品的人均消费，倡导适度消费，建立资源节约型的社会生产和生活消费体系，引导人类合理消费。生态足迹不仅与区域经济发展的现状有关，而且与区域人类的消费模式和消费水平相关。在一定的技术条件和社会背景下，人类消费模式和需求的演化是区域生态足迹发展的决定性因素。因此，在现有生态承载力供给不断减少的趋势下，引导人们合理消费，倡导生态消费观念，减少不必要的消费需求和消费中的浪费，是降低生态足迹和维持可持续发展的行之有效的手段。

（4）控制人口增长，增加生态承载力。在一个区域总的土地状况、生产能力和生态环境稳定的情况下，人口的增长是人均生态承载力下降的直接原因。因此，应严格控制人口增长，控制生育率，鼓励农村剩余劳动力到省外务工，从而减轻区域人口压力、土地压力，增加区域经济收入。

（5）合理利用贸易手段，转移区域生态环境压力。云南 2005 年总生态赤字是当年生态承载力的 1.36 倍，需要引进外部资源来满足生态足迹需求。

在全球化背景下，通过合理的贸易安排，充分发挥贸易可能带来的生态环境压力的转移作用，以实现区域生态-经济系统的良性循环，最终实现区域的可持续发展之目标。

2. 对生态足迹方法应用的探讨

通过应用生态足迹理论与方法进行实证分析，发现如下四个方面的因素会直接影响生态足迹指标的计算和评价结果。

（1）计算生态足迹的数据基础是统计资料，与其他计算方法一样，数据获取的准确度直接影响着评价结果的准确性与可信度。

（2）选取不同类型土地的均衡因子和产量因子数值，对计算的最终结果影响很大，不可避免地会产生误差。目前的应用研究，主要是依据有限的统计结果和经验来选取，其数值难免会不够准确。

（3）理论上，生态足迹可以解释经济与社会的发展，但实践中会出现地区越不发达、人们生活水平越低，可持续性越强的结论。事实上，生态足迹着重反映的是持续性，而不是发展程度。因此，忽略了地区人口的现有消费水平和生活质量的差异，也就意味着缺乏对发展的公平性的周密考虑。

（4）在计算生态足迹时，贸易调整是比较困难的。对于国家来说，通过计算可以获得国家的净贸易量，而区域则不然，因为区域内不但存在国际贸易，同时也存在大量的区域间的贸易，且后一种贸易是占总量优势地位的。如何取得这方面的信息是完善生态足迹计算方法的一个重要方面。

3. 研究动态与趋势探讨

纵观生态足迹的相关研究，其动态和未来的发展方向集中在以下四个方面。

1）大跨度时间序列的动态研究

通过计算连续时间序列值来追踪各个时间点的可持续程度，以弥补生态足迹理论指标静态性的缺陷。因为生态足迹计算是假设人口、技术、物质消费水平不变，得到的结论只是瞬时性的，无法反映未来的趋势。已经有研究序列长达70年的生态足迹的度量（Helmut et al.，2001），我国学者蔺海明和颉鹏（2004）也对甘肃河西旅游农业区1949～2000年生态足迹的动态变化进行了51年的序列分析。

2）相关因子的修正和补充

生态足迹计算中引入了均衡因子和产量因子来调整各地的生态足迹计算结果，才使得各地的生态足迹结果具有可比性。但在目前的应用研究中，均衡因子和产量因子一般都采用 Wackernagel 最初确定的各个国家的均衡因子和产量因子，这不能反映所研究的特定地区的实际情况，因此需要对这两个因子进行必要的修正，以便更加准确地反映区域实际。另外，基于原材料消耗和各种废弃物所占用生态空间的重要性，有必要引入"废弃因子"来表征（李金平和王志石，2003）。"加拿大生态研究小组"（Manfred and Shana，2001）正在将环境污染的生态影响纳入生态足迹的计算中。

3）与其他研究指标的更多结合分析

生态足迹指标需要通过与更多的其他指标的合理、科学结合，才能更全面地反映区域可持续发展程度。因此，我们设想建立以生态足迹为核心的综合评价指标体系。我们多采用单位 GDP 生态足迹、生态足迹多样性指数及发展能力指标来分析人类对自然资源利用效率。此外，国外有研究者试图将生态足迹指标与"满意度"（satisfaction barometer）相结合来度量可持续发展。

4）研究尺度与应用范围的变化

生态足迹理论实证研究从最初的全球大尺度分析，逐渐发展到流域、城市，并向更小尺度的家庭和个人转移，这种趋势有利于制订局部的、区域的可持续发展规划。同时，生态足迹应用范围也应该更多地向其他领域，如国际贸易、流域可持续发展、水资源管理、生物承载力等方面扩展。这将有助于关于国内和国际发展战略的讨论，有利于可持续发展在未来的实施。

随着可持续发展研究与实践的持续深入，基于生态系统原则的生态足迹方法已逐渐成为可持续发展研究的重要部分。同时，生态足迹研究内容日渐宽广，生态足迹的模型方法更趋成熟，研究的区域尺度和层次不断扩大，结果更加可靠。此外，生态足迹研究的时间方面开始从静态研究转向动态研究，这样能够更好地反映目前和未来的发展趋势，更好地揭示人类发展、社会经济发展与生态环境之间的关系。最后，我们要扩展生态足迹模型在生态、环境、社会、经济发展领域中的应用研究，这必将有效促进我国可持续发展研究的深度和广度。

第五章

人口-资源-环境复合系统评价

第一节 非协调系统——昭通

一、昭通现状

昭通历史悠久，人杰地灵，古称"朱提"、"乌蒙"，自秦开"五尺道"、汉筑"南夷道"后，便成为中原文化传入云南的重要通道，是早期云南文化的三大发祥地之一，为我国"南丝绸之路"的要冲。昭通是云南的北大门和云南、四川、贵州三省经济、文化的交汇重地，居于云岭高原与四川盆地的结合部，属典型的山地构造地形，山高谷深，海拔高差大，为 267～4040 米，属亚热带、暖温带共存的高原季风立体气候，年平均气温为 12.6℃，年平均降水量 760 毫米。

昭通是云南所辖 16 个州（市）之一，其特点对于研究人口、资源、环境的协调发展具有典型意义。2004 年，昭通人口数量居云南州市的第二位，人均 GDP 排倒数第一，仅为第一位玉溪的 1/8.8。2008 年年末，昭通人口数量居云南州（市）的第三位（总人口 529.5 万人；昆明第一，有623.9 万人；曲靖第二，有 578.2 万人），人均 GDP 在云南州市中排第七位，而人均 GDP 仍然排倒数第一（表 5-1），仅为第一位玉溪的 1/5，比2004 年有所提高。其人口、资源、环境的发展不协调使之成为有代表性的研究案例。

表 5-1　2004 年、2008 年云南省各州市人口、GDP 和人均 GDP 排序

地区	2004 年						2008 年					
	人口/万人	人口排序	GDP/万元	GDP排序	人均GDP/元	人均GDP排序	人口/万人	人口排序	GDP/万元	GDP排序	人均GDP/元	人均GDP排序
云南	4 415		30 592 050		6 928.8		4 543		57 001 000		12 547.0	
昆明	502.9	3	9 174 654	1	18 243.5	2	623.9	1	16 053 993	1	25 731.7	2
曲靖	575.7	1	4 196 480	2	7 289.4	4	578.2	2	7 875 678	2	13 621.0	4
玉溪	208.6	11	3 945 636	3	18 914.3	1	227.6	11	5 960 973	3	26 190.6	1
保山	241.1	9	782 441	9	3 245.3	11	246.4	10	1 940 496	9	7 875.4	12
昭通	524.3	2	1 130 591	7	2 156.4	16	529.5	3	2 722 801	7	5 142.2	16
丽江	112.7	12	352 342	14	3 126.4	12	122.1	12	1 011 490	13	8 284.1	10
普洱	236.4	8	720 646	10	3 048.4	13	258.1	7	1 798 569	10	6 968.5	14
临沧	218.3	10	713 025	11	3 266.3	10	238.2	9	1 568 740	11	6 585.8	15
楚雄	256.2	7	1 611 367	6	6 289.5	5	269	8	3 060 166	6	11 376.1	6
红河	404.3	4	3 297 348	4	8 155.7	3	441.3	4	5 146 961	4	11 665.8	5
文山	335.5	6	982 295	8	2 927.9	14	343	6	2 445 148	8	7 128.7	13
西双版纳	87.6	14	477 746	12	5 453.7	6	107	14	1 227 785	12	11 474.6	7
大理	338.3	5	1 817 304	5	5 371.9	7	349.3	5	3 716 977	5	10 641.2	8
德宏	105.9	13	455 657	13	4 302.7	8	118.5	13	996 655	14	8 410.6	9
怒江	48	15	128 118	16	2 669.1	15	53.3	15	436 661	16	8 192.5	11
迪庆	33.8	16	128 251	15	3 794.4	9	37.7	16	556 760	15	14 768.2	3

资料来源：根据云南省统计局，2005 年、2009 年《云南统计年鉴》中的相关数据计算得出。

　　昭通位于云南东北部，东西宽 241 千米，面积 23 021 千米²，周长 1482 千米。全市辖一区昭阳，以及鲁甸、巧家、盐津、大关、永善、绥江、镇雄、彝良、威信、水富等 10 县，2008 年人口为 529.5 万人，有少数民族 23 个，其中世居少数民族为彝族、苗族、回族。

　　整个地区 96.58% 的面积系高低不平的山地，占总面积 3.42% 的昭鲁坝子，地形相对平缓，在山地中又以中等山原为主，山体下部被沟河切割，极为峻陡，有地震、滑坡、崩塌而坠落的巨石堆积，山体中部多坎、湾、沟、穴和夹有小块缓坡平地，山体上部相对平缓，但极易遭受干旱。整个地区气温差异显著，俗称"山下桃花山上雪"。

昭通境内自然资源和生物资源丰富，金沙江、乌江、长江上游干流三大水系纵横全境。水能资源富甲云南，水能蕴藏量为 2653.75 万千瓦，可开发装机容量为 1612 万千瓦，年发电量为 1492.12 亿千瓦时，为全省之冠。国家规划有三座巨型电站位于昭通境内金沙江下游，向家坝水电站的年发电量将达到 307.47 亿千瓦时[1]；溪洛渡年平均发电量为 571.2 亿千瓦时[2]；白鹤滩年发电量将达 568.7 亿千瓦时。[3] 昭通矿产资源已探明储量的有 33 种，煤、硫矿储量居全省前列，其中煤炭储量 165.82 亿吨；硫黄产量占全国的 1/7；褐煤田储量 81.98 亿吨。铅、锌、镁、硅石、石灰石等矿种储量大，品位高。铅锌矿已探明储量 166.92 万吨。硫铁矿为全国五大矿区之一。有色金属为云南三大基地之一。生物资源种类繁多，是中国南方最大的优质苹果基地，昭通苹果、天麻、杜仲、魔芋、花椒、苦丁茶等特色产品驰名省内外。

二、昭通人口资源环境与经济发展的相关性分析

1. 人口规模与经济发展的相关关系

昭通人口增长迅速，很早就成为了云南乃至西南地区人口最稠密的区域。1950 年时人口总数为 175.13 万人，1953 年第一次人口普查时，就达到了 185.9 万人；1964 年、1982 年、1990 年、2000 年几次人口普查时，人口总数分别增长到了 222.76 万人、363.14 万人、425.55 万人、495.75 万人，到 2002 年达 506.43 万人，40 多年间人口年增长率超过了 21‰，始终处于一个高速增长的态势。1911 年昭通府总人口为 51.84 万人，到 2008 年为 529.5 万人，不到 100 年的时间人口增长了 10 倍多。这使得昭通人口与资源环境关系日益紧张，资源环境的拥有数量和更新水平越来越难以满足人口增长的需要，人口对资源环境的压力越来越大，甚至出现了资源枯竭、环境崩溃的态势（表 5-2）。

---

[1] 百度百科. 向家坝水电站. http: //baike. baidu. com/view/636511. htm [2011 - 03 - 11].
[2] 百度百科. 溪洛渡水电站. http: //baike. baidu. com/view/336162. htm [2011 - 03 - 11].
[3] 百度百科. 白鹤滩水电站. http: //baike. baidu. com/view/667906. htm [2011 - 03 - 11].

表 5-2 1996～2008 年昭通 GDP、人均 GDP、人口及就业人数情况

年份	人均 GDP/元	人口/万人	GDP/万元	就业人数/万人
1996	1 180.64	461.6	746 446	230.36
1997	1 170.38	467.06	749 165	233.75
1998	1 184.71	472.4	766 176	237.78
1999	1 187.72	477.9	776 821	238.44
2000	1 167.05	491.9	778 907	243.58
2001	1 137.36	496.2	780 043	247.21
2002	1 116.22	501.4	774 404	252.22
2003	1 112.35	507.3	781 865	255.58
2004	2 791.28	524.3	1 463 436	258.13
2005	3 294.53	507.5	1 671 974	262.65
2006	3 822.26	511.8	1 956 234	265.22
2007	4 316.32	525.2	2 266 935	276.84
2008	5 142.21	529.5	2 722 801	281.19

　　人口规模过大，已经成为制约昭通经济发展的首要因素，主要表现在三个方面。①人均 GDP 过低、存在大量的贫困人口等，同时，人口规模过大，抑制了人均 GDP 的增长速度，而且使得人均 GDP 增加额中，用于人口生活方面的投资较大，用于增加经济发展、进行扩大再生产的投资就相对较少。②社会发展转型和调整阻力较大，如城市化、现代化的发展困难重重。③就业问题突出，压力巨大。人口数量直接影响该区域经济社会发展的进程，另外，众多的人口迫于生存压力，又不得不过度开采自然资源并导致环境恶化，使区域发展在低水平上长期徘徊。

　　对 1996～2008 年昭通的人均 GDP（Y）与人口数量（X）进行回归分析，得到回归方程

$$Y = 1920.272 - 1.575X$$

$$(10.92) \quad (-4.34)$$

$$R = -0.87 \quad DW = 0.87 \quad F = 18.87$$

式中，人均 GDP 以 1996 年的价格为基础而得出的实际 GDP。

　　结果表明：①人均 GDP 与人口规模呈负相关（$R = -0.87$），相关程度比较显著；②方程斜率 $C(1) = -1.575$，它表示人口数量每增加 1 万人，人均 GDP 就相应地降低 1.575 元，说明人口规模对经济发展有重要的作用；

③方程截距 C（0）=1920.272，不受 X 的影响。因此，通过控制人口的增长规模、降低人口出生率，可以促进经济的发展。

2. 人口文化素质与经济发展的相关关系

经济的良性发展依赖于人口文化素质的提高和人力资本的积累。知识在经济增长中的作用已超过了物质资本和劳动力投入。没有较高素质的劳动力，就不能将知识转化为有效的生产力。依靠知识的经济发展，不但能加快经济增长的速度，更为重要的是，能够提高资源的利用效率（表5-3）。

表 5-3　2000 年昭通各县（区）相关数据

地区	人均 GDP/元	人均受教育年限/年	非农人口比重/%
昭阳	5584	5.7	15.13
鲁甸	1232	4.38	4.14
巧家	1342	4.68	4.63
盐津	1605	5.29	7.58
大关	1957	4.92	6.72
永善	1465	5.49	5.52
绥江	1171	6.09	12.75
镇雄	983	5.32	4.58
彝良	1198	4.76	5.61
威信	1233	5.5	6.29
水富	6941	6.61	22.07

人均受教育年限可反映人口的文化素质。人均受教育年限越长，该地区人口的文化素质就越高。选取 2000 年的人均 GDP（Y）与人均受教育年限（X）（第五次人口普查数据）进行计量回归分析，得回归方程为

$$Y = -8412.65 + 1996.09X$$

$$(-1.96) \quad (2.5)$$

$$R = 0.641 \quad DW = 1.16 \quad F = 6.27$$

结果表明：①人均 GDP 与人均受教育年限呈正相关，相关系数 $R=0.641$；②方程斜率 C（1）=1996.09，表示人均受教育年限每增加一年，将会带来人均 GDP 增加 1996.09 万元，这说明，在文化素质较低的昭通，通过提高人口的文化素质，会带来较大的经济发展效应，当然，人均受教

年限每增加一年，大约需要 10 年的时间；③方程截距 $C(0)=-8412.65$，不受 X 的影响。因此，提高人口的文化素质，可以极大地推动经济的发展。有知识经济的直接效应，可以使农业劳动力水平提升，为农业发展创造更大的空间。另外，人口其他知识和技能的增加可加速农业剩余劳动力顺利地向第二、第三产业转移。

3. 非农人口结构、城镇化水平与经济发展的相关关系

城镇化程度的提高可以从根本上改变农民固守农业找饭吃的传统格局，可以加速农业经济结构和城乡产业结构的调整。农村城镇化是中国社会经济发展的必然趋势，是中国农村实现现代化的必由之路。农村城镇化的发展对打破城乡二元社会经济结构，缩小城乡差别，促进城市化和工业化协调发展，在更大范围内实现土地、劳动力、资金等生产要素的优化配置，有着不可估量的重要意义。

用人口比重指标法中的非农人口比重指标法来测算城镇化水平，即用非农人口占总人口的比重（非农人口比重）来表示。对 2000 年昭通 11 个县（区）的人均 GDP（Y）与非农人口比重（X）进行回归分析，得到回归方程如下：

$$Y=-517.27+319.94X$$

$$(-0.96) \qquad (6.04)$$

$$R=0.896 \quad DW=1.82 \quad F=36.53$$

结果表明：①人均 GDP 与城市化率（非农人口比重）呈正相关，相关系数为 $R=0.896$，相关程度比较显著；②方程斜率 $C(1)=319.94$，表示非农人口的比重每增加 1%，会使得人均 GDP 增加 319.94 元，因此人口的城镇化对经济发展的影响是相当重要的；③方程截距 $C(0)=-517.27$，不受非农人口比例 X 的影响。因此，要加快城镇化建设的步伐，使人口向城镇集中，形成经济发展的聚集辐射效应。不断提高农业的比较劳动生产率，从而整体提高经济的发展速度，带动农业规模经济的增长。

4. 就业人口数量、就业结构与经济发展的相关关系

经济的发展是由从事各种经济活动的人实现的。人口就业结构与地区经济结构、经济发展及政策取向都有着密切的关系。人口劳动力结构的改善有利于调整产业结构，促进经济的健康协调发展。当前，大量的人口滞留在农

村的土地上，使得农业的比较劳动生产率较低，严重阻碍了经济的发展。通过改善就业结构，以适当的方式将第一产业向第二、第三产业转变，减小各次产业比较劳动生产率的级差，从而在整体上提高经济发展水平。

对人口就业结构与经济发展的关系研究，通常采用三次产业的产值结构与就业结构的比重来反映，即比较劳动生产率，它是单位比重的劳动力所创造的 GDP 份额，用某产业 GDP 比重除以该产业劳动力比重得到，比较劳动生产率越接近于 1，说明该产业从业人员在 GDP 中创造了相应的份额，各产业比较劳动生产率差距越小，表示经济发展水平越高。通过分析，我们计算出 2000 年昭通各县（区）的比较劳动生产率，将人口就业结构（比较劳动生产率级差）与人均 GDP 进行回归分析（表 5-4）。

表 5-4　2000 年昭通人口就业结构与人均 GDP 数据

地区	X_1	X_2	X_3	X_0	X	Y
昭阳	0.17	6.72	2.93	3.27	3.10	5584
鲁甸	0.66	8.74	3.86	4.42	3.76	1232
巧家	0.58	10.37	5.64	5.53	4.95	1342
盐津	0.45	11.87	2.88	5.07	4.6	1605
大关	0.45	12.33	2.77	5.18	4.73	1957
永善	0.56	7.2	4.96	4.24	3.68	1465
绥江	0.48	7.07	3.05	3.53	3.05	1171
镇雄	0.59	7.81	6.07	4.82	4.23	983
彝良	0.6	5.88	3.89	3.46	2.86	1198
威信	0.5	6.25	4.41	3.72	3.22	1233
水富	0.17	5.19	0.91	2.09	1.92	6941

其中，X_1、X_2、X_3 分别为 2000 年第一、第二、第三产业的比较劳动生产率，X_0 为三个产业的平均比较劳动生产率，X 为比较劳动生产率级差（平均劳动生产率与各产业比较劳动生产率的差）。可以看出，第一产业的比较劳动生产率最低，远远低于 1。

将劳动生产率与人均 GDP 进行回归分析得回归方程

$$Y = 6912.9 - 1279.23X$$

$$(3.13) \quad (-2.17)$$

$$R = -0.587 \quad DW = 1.51 \quad F = 4.71$$

结果表明：①比较劳动生产率级差与人均 GDP 呈负相关，相关系数为 $R=-0.587$，具有一定的相关性；②方程斜率 $C (1) =-1279.23$，表明比较劳动生产率级差每较低 1，就能相应地为人均 GDP 多做出 1279.23 元的贡献；③方程截距 $C (0) =6912.9$，与 X 无关。

用 1996～2008 年的实际 GDP（Y）（以 1996 年为不变价格）与就业人数（X）进行回归分析得回归方程

$$Y=456\ 007.6+1292.351X$$

$$(5.02) \qquad (3.45)$$

$$R=0.816 \quad DW=0.92 \quad F=11.90$$

结果表明：①就业人数与 GDP 呈正相关，相关系数为 $R=0.816$；相关性较好；②方程斜率 $C (1) =1292.351$，表明就业人数每增加 1 人，就能相应地为 GDP 多做出 1292.35 元的贡献；③方程截距 $C (0) =456\ 007.6$，与 X 无关。比较劳动生产率级差与人均 GDP 高度负相关，即人均 GDP 越高，比较劳动生产率级差越小，从而反映出人口就业结构与经济发展的相关关系。因此，增加就业率，可以加快经济的发展速度；减少农业的就业比重，增加第二、第三产业的就业比重，提高农业的比较劳动生产率，从而使劳动生产率得到整体提高，加快经济的发展速度，提高经济发展的质量。

5. 人口资源环境与社会经济的相关性分析

通过前四节的分析，针对这些因素对经济发展的影响，结论是昭通在发展时必须降低人口出生率，促进人口迁移及剩余劳动力转移；提高人口文化素质，增加教育的投入；创造条件，提高非农人口的比例；依托资源优势，以第二、第三产业的大力发展为支撑加快城镇化进程；提高人口的就业率，转变就业结构。这有赖于产业的发展和结构的转变，把人口障碍变为经济发展的强大推动力。另外，从图 5-1 可以看出，总体上，昭通的产业变化很慢，多年来一直延续三次产业的均衡老模式。而未来社会的发展方向是现代化和城市化，应该想方设法调整产业结构，提高第二、第三产业的比重。

运用牛文元（2006）的分析理念和方法，对云南 16 个地州（市）的可持续发展能力进行了定量分析（表 5-5）。可看出昭通可持续发展能力在云南 16 个地州（市）中，位列第十五位，可持续发展能力指数为 9.382，比可持续发展能力指数最高的昆明低了 4.038，仅高于最末位的临沧 0.014。可见，

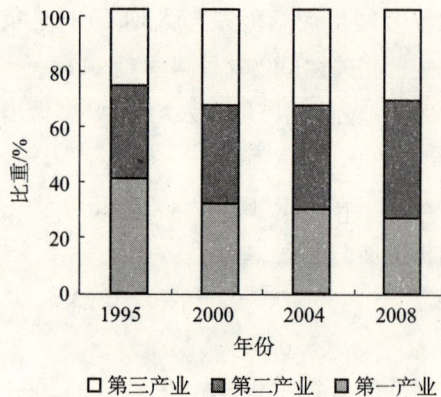

图 5-1 昭通三次产业 GDP 所占比重

昭通位于云南可持续发展能力最低水平上，与处于高水平的昆明的可持续发展能力指数具有较大差距。

表 5-5 2006 年昭通与云南其他地区可持续发展能力比较

地区	生存支持系统指数	发展支持系统指数	智力支持系统指数	环境支持系统指数	社会支持系统指数	总指数	排名
昭通	2.520	0.880	1.870	1.872	2.240	9.382	15
昆明	1.596	2.816	2.924	1.056	5.028	13.420	1
曲靖	1.156	1.408	2.516	1.680	2.638	9.398	14
玉溪	1.680	2.508	2.108	1.680	3.584	11.560	10
保山	2.814	1.672	2.108	2.208	3.528	12.330	4
楚雄	2.814	1.540	2.108	2.256	3.460	120.180	5
红河	1.134	1.716	2.108	1.824	2.632	9.414	13
文山	2.260	1.188	2.108	2.400	3.808	11.760	6
思茅	3.066	1.540	2.108	2.400	2.464	11.578	8
西双版纳	3.066	1.188	2.210	2.400	3.472	12.366	3
大理	2.268	1.408	2.584	2.400	2.912	11.572	9
德宏	2.814	1.408	1.632	1.632	4.200	11.686	7
丽江	2.226	1.188	1.870	2.400	3.416	11.100	11
怒江	2.730	0.880	0.918	2.400	3.416	10.344	12
迪庆	4.200	2.112	0.918	2.400	2.856	12.486	2
临沧	2.310	1.188	1.870	2.208	1.792	9.368	16

昭通可持续发展的五大支持系统，即生存、发展、智力、环境、社会系统。五大系统的支撑能力有限，直接导致目前昭通的可持续发展能力较为薄弱。

（1）人口过快增长削弱了社会经济发展所带来的成果。十多年来昭通经济社会有了一定的发展，尤其是在经济总量上增长较快。2004年全市GDP总量达到了146.34亿元，比1990年增长了6.14倍，但是由于人口的激增，人均GDP增长十分有限，与全国、全省的差距不是在缩小，而是在增大。1990~2004年，人均GDP与全国平均水平的差距由1074元扩大到了7719元，与全省的差距也从664元扩大到了3912元。2000年全省人均粮食拥有量为348千克，昭通只有267千克，相差81千克，比1990年时68千克的差距增加了13千克。

（2）人均资源环境拥有量低，加剧了人口与资源环境之间的矛盾。自然资源和生态环境是人类社会赖以生存和发展的物质基础，对于昭通这样的一个较落后的农业经济区，最为重要的资源无疑是土地。昭通土地垦殖指数已高达6.08%，宜耕后备土地资源很少，人口的迅速增加无疑会导致人均拥有量的下降。与1952年相比，2000年时昭通可耕地面积由574.8万亩增加到了604.8万亩，人口却增加了313.39万人，人均耕地面积也由3.15亩锐减到了1.22亩；其他资源的人均拥有水平的下降也很明显，人均林地面积由新中国成立初的3.66亩下降到2000年的1.24亩，水资源、铁矿、磷矿等资源的人均拥有量下降了近2/3。这对可持续发展是十分严重的威胁，为了满足增长人口的基本生存和发展需要，毁林开垦、陡坡地垦殖屡屡出现，森林大面积破坏，植被退化，水土流失严重，加剧了人口与资源环境之间的矛盾。

（3）人口作为消费者要占据许多资源与环境来维持其生存和发展，但同时也是生产者，是可持续发展系统最重要的资源之一，是实现可持续发展目标的基本力量。2000年，昭通人口年龄结构已经由年轻型过渡到成年型，10~14岁儿童和65岁以上老年人口比重为40.6%，15~64岁劳动年龄人口占总人口的59.4%，社会人口抚养负担较轻，每100个劳动年龄人口只需要抚养68.26人。社会劳动力十分充裕，达到272.78万人。但是昭通的人口素质相对较低，2000年6岁以上人口平均受教育年限为5.24年，比全国少

2.36 年，比全省少 1.07 年；接受高等教育的人口比重仅占 0.87%，位居云南 16 个州（市）的第十五位。因此，目前人口或者劳动力在昭通仍然以消费者而不是人力资源的角色出现。要使昭通人口对可持续发展起到支持作用，从人口压力转变为人力资源是必须跨越的一步。

（4）资源与环境子系统既是可持续发展大系统的物质基础，又是可持续发展的重要约束条件。昭通的资源环境既是社会发展的基本支持，很多时候还是对可持续发展的一种刚性的终极约束。昭通人地矛盾较为突出，在开发中极易引起水土流失和森林退化；东部部分地区具有典型的岩溶特性，土层薄，土壤熟化程度低，肥力弱，环境容量相对较小，生态环境脆弱，极易导致表土流失，形成石漠化；分布在巧家、永善的金沙江边的"干热河谷"地带是另一类型的生态脆弱地区，这些地区由于气候干燥、水分不足，加上山地较多、地形陡峭、山体斜坡不稳，极易造成泥石流。这样的资源环境禀赋特征，就要求在开发和发展过程中必须十分谨慎，只能在资源更新速度和环境能够耐受的方式和范围之内开发。因此昭通的可持续发展必须建立在环境安全的最终底线之上。

（5）人口资源环境的协调是昭通社会可持续发展的保证。人口、资源、环境是构成经济和社会可持续发展的三个基础要素和必要前提，只有三者实现优化组合，即数量适度、素质高的人口，永续利用的资源和受到良好保护的环境组成的有机整体，才能形成可持续发展的能力，也就是实现人口、资源、环境系统彼此之间的协调，进而实现它们与社会经济系统的协调才能形成并保障可持续发展能力。人口资源环境不协调的存在和扩大会加大昭通可持续发展系统的脆弱性，使得其抗外部干扰和内部不协调的能力大大下降。因此，昭通必须注意人口资源环境与发展的关系，才能走向可持续发展道路，避免落入"落后的陷阱"之中。

三、不协调原因分析——镇雄

镇雄位于云南东北，云南、贵州、四川三省结合部，隶属昭通。镇雄位处云贵高原北部斜坡地带，境内山峦起伏，沟壑纵横，全县无坝区，均为半山区、山区和高寒山区。全县面积为 3696 千米²。县境内有横江、赤水河、乌江三大水系，含大小河流 39 条。全县每年降水量为 33.65 亿米³，地下水储量 10.38 亿米³，水能理论蕴藏量 26 万千瓦。2007 年全县有可耕地 124.3 万亩，人均可耕地 0.98 亩。

镇雄是云南第一人口大县，在全国也是数得上的人口大县，2010 年人口已经达 143 多万人。镇雄还是国家级贫困县，农业人口占全县总人口的94%，2010 年人均耕地不足 0.84 亩，人口密度高达每平方千米 387 人。人口基数大，人口负荷重，人地矛盾突出，贫困面大，贫困程度深，已成为该县特殊的县情。

1. 人口快速增长

从表 5-6 中可看出，镇雄的人口增长率高于全省人口增长率，并且远远高于全国人口增长率，2004 年、2008 年甚至是全国人口增长率的 2～3 倍。过高的人口增长率带来的过快人口增长给环境和资源的承载能力带来了巨大的压力。中国农业的突出特征之一是以劳动力数量增加为代价来追求最大总产量，这潜移默化地促使农村人口的快速增长，镇雄是典型的农业县，这种情况正好验证这一观点。农村人口增长过快，其结果必然是农民人均占有的农业自然资源平均水平的降低。可以说这直接导致了农民平均收入的降低，并进一步使其可支配收入更低。人口过高增长与收入低增长交互作用，使城乡居民收入差距不断扩大。

表 5-6　2000～2008 年镇雄历年人口变化情况

年份	人口数量/人	人口增长率/%	云南人口增长率/%	全国人口增长率/%
2000	1 226 820	2.92	1.15	0.76
2001	1 246 053	1.57	1.10	0.70
2002	1 262 273	1.30	1.07	0.65
2003	1 283 913	1.71	0.98	0.60
2004	1 317 096	1.58	0.90	0.59
2005	1 339 609	1.47	0.79	0.58
2006	1 356 234	1.26	0.74	0.56
2007	1 363 713	1.06	0.68	0.54
2008	1 412 801	0.95	0.63	0.52

2. 自然资源与人口增长的不协调

自然资源以农业资源为例来说明当地的自然资源与人口的关系。

从表 5-7 可以看出，1999～2004 年，各种作物的播种面积并没有显著变化，但与之不协调的是人口的快速增长，这意味着要养活不断增加的人口，只有从外埠进口粮食或者能大量增产，以当地的自然环境来看，短时间内大量增产是不现实的，因此只能靠从外面输入粮食，这给当地的经济带来了沉重的负担。

表 5-7　2000～2005 年镇雄农作物播种面积　　（单位：亩）

年份	粮食作物	经济作物	其他作物	合计
2000	1 841 209	230 827	328 318	2 400 354
2001	1 905 949	230 255	367 705	2 503 909
2002	1 902 068	201 389	371 406	2 474 863
2003	1 910 442	238 854	365 167	2 514 463
2004	1 905 257	216 753	370 664	2 492 674
2005	1 878 576	206 733	351 181	2 436 490

图 5-2 显示出了 2000～2005 年人口数量和可耕地面积的变化情况，人口数量和农田面积是呈反方向变化的。由于人口的增长，可耕地被占做他用，人口的增加又需要更多的粮食，同时，人均耕地面积越来越少，平均可耕地能提供给当地人口的生物量更少。这构成了一个发展的悖论。与此同时，自然资源也在承受着更大的压力和破坏。

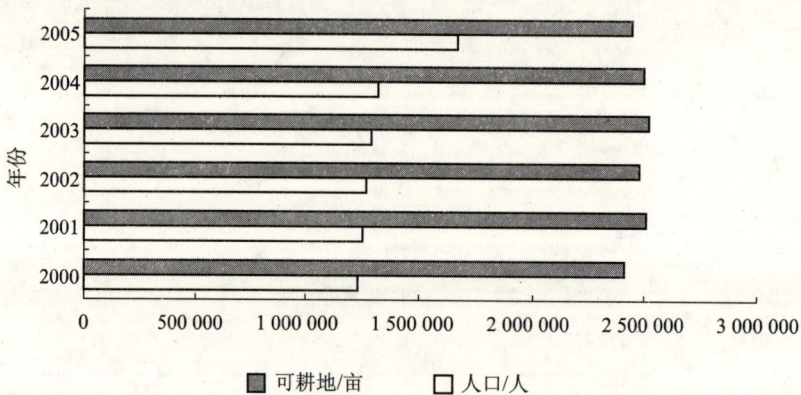

图 5-2　2000～2005 年人口数量与可耕地面积相对变化图

从表 5-8 可以看出，镇雄的人均粮食产量明显低于全省和全国水平，大概是全国水平的 2/3。2005 年镇雄 95％ 以上是农业人口，根据研究[①]，2000～2004 年，我国农村居民家庭每年的人均粮食消费量从 250.23 千克下降到 218.26 千克；虽然是下降趋势，但镇雄的粮食产出并不能满足当地的基本需求。其原因是多方面的，人口过多是主要原因。另外一个重要原因是地形因素，由于昭通地区大部分面积为高低不平的山地，所以土地的肥沃程度也受到很大影响，土地的生产力低下，而且对这种土地的改良也相当困难。粮食生产率非常低，且很多地区只能种植薯类作物。

表 5-8　2000～2005 年镇雄人均粮食产量与全国、云南比较

（单位：千克）

年份	镇雄人均粮食产量	云南人均粮食产量	全国人均粮食产量
2000	227	334	404
2001	230	346	365
2002	223	347	355
2003	220	329	356
2004	183	331	333
2005	216	342	361

3. 教育相对滞后

从表 5-9 可以看出，随着在校生人数的增加，教师数量并没有相应增加，这就造成教师资源的短缺，而且有的地方是一师一校。图 5-3 显示出每个学生分得的教师数逐年下降的情况。这就可能造成教师教学质量难以保证的状况。

表 5-9　1999～2004 年镇雄历年在校生人数与专任教师人数

项目	1999 年	2000 年	2001 年	2002 年	2003 年	2004 年
在校学生数/人	230 654	239 133	256 531	277 941	283 059	293 665
专任教师总数/人	6 751	7 562	7 822	7 998	8 222	8 017
师生比	0.029 3	0.031 6	0.030 5	0.028 8	0.029 0	0.027 3

---

① 食品商务网编辑. 2007. 当前我国粮食消费现状及发展趋势浅析. http://www.21food.cn/html/news/12/173579.htm [2010 – 01 – 03].

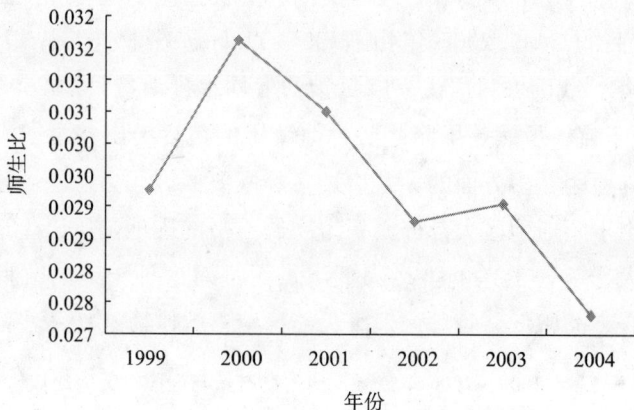

图 5-3 1999～2004 年镇雄师生比变化图

表 5-10 的统计数据显示，小学毕业生的升学率远远低于全国水平，近年来仅达到了 50%略强，基础教育与全国差距如此大，严重影响镇雄人口素质的提高。有一半左右的儿童小学毕业后不能继续读书，既给家庭带来困难，又给就业造成压力，这种以比较低的文化层次为主的文化构成，与新时期现代化建设的需求是很不适应的，也给社会经济发展带来负面影响。

表 5-10 1999～2003 年镇雄历年小学升学率及学龄儿童入学率

（单位：%）

年份	小学毕业升学率	全国小学毕业升学率	学龄儿童入学率	全国学龄儿童入学率
1999	34.61	94.4	98.7	99.1
2000	35.68	94.9	97.6	99.1
2001	50.8	95.5	97.9	98.3
2002	54.0	97.0	98.1	98.6
2003	54.7	97.9	98.5	98.7

受教育层次低的原因：一是农村中有的群众对学习文化积极性不高，认为拿笔杆子花钱，还不如拿秤杆子赚钱，现实的市场经济使他们滋生了新的"读书无用"或"读书吃亏"的思想；二是学校布局不合理，偏远山区的孩子就学难；三是农村重男轻女思想严重，造成女孩入学率底，巩固率底；四是部分贫困家庭，供养孩子上学困难；五是人口增长迅猛，部分学校条件差，给办学带来压力。

4. 协调发展路径选择

根据上述对昭通和镇雄的研究分析，提出以下三个方面的建议。

1）控制人口数量，提高人口素质

昭通之所以可持续发展能力较弱，是因为其庞大的人口总量、较高的人口增长率和绝对增长量。因此，严格控制人口增长是其社会系统可持续能力增强的关键。有效的人口控制，可以极大地改善人口环境，缓解人口过多对经济、社会、资源、环境的压力，有力地促进人民生活的改善、经济实力的提高和社会的进步。另外，由于教育经费不足及制度等因素，教育事业相当落后，公民的文化程度构成低，大大制约了经济的发展。人口素质提高落到实处是保证，优先发展教育是当务之急，也是长远之计。要加大教育投入，强化教师队伍建设和各级各类学校硬件设施建设，为经济发展提供更好的人才支持。

2）合理调整产业结构、经济结构

昭通和镇雄的产业结构、经济结构调整步伐和经济增长方式转变较为缓慢，农业发展落后，小农经济和传统型发展方式仍然占主导地位，尚未形成产业化；基地化、规模化程度不高，农特产品丰富，但产品升级能力较弱；第二、第三产业发展滞后，产品销路不畅，供求关系矛盾突出，其发展基本上延续大量消耗资源和粗放经营为特征的传统发展模式。

因此，要转变工业发展模式，建立集约型工业模式，建立循环型的工业园区，使工业转向高市场容量、高技术含量、高附加值、高效率低能耗、低物耗和低污染的良性循环轨道；整合经济发展要素，立足资源优势，全面提升区域经济竞争力和综合实力；调整产业结构，优化产业布局，大力发展生态农业，开发绿色产品，把现代农业、生物资源开发创新产业放在突出位置，发展特色经济；积极培植清洁能源产业，大力发展苹果、板栗、花椒、核桃等经济林果。

3）发展循环经济，保护环境，增强可持续发展能力

在发展中带动人口、资源和环境问题的解决，逐步将高投入、高消耗的发展模式转变为资源节约模式，走资源节约型的发展道路，在工业生产方面：①建立循环经济体系和资源消耗强度小的产业结构，在企业内部推行清洁生产，促使企业合理利用资源、减缓资源耗竭、减少废弃物的排放，促使

工业生产与环境相协调；②提倡废物利用，重视二次资源开发。围绕建设云南绿色经济强省的目标，以生态环境建设、水污染防治、退耕还林、水土保持、生态治理等工程项目建设为契机，与富民强县相结合，提高经济增长的质量和效益，改善人居环境，促进经济社会与人口、资源、环境相协调，实现经济社会的可持续发展。

要实现人口、资源、环境的协调发展，就要坚持经济发展与节约资源、保护环境相结合，坚持做到经济总量和环境容量的协调统一、资源利用和资源保护的协调统一、生产发展和生态建设的协调统一，大力发展循环经济、环保产业，增强可持续发展能力。

四、镇雄能值分析研究

1. 能值分析结果

2005 年，镇雄的总能值使用量是 1.23×10^{22} 太阳能焦耳，镇雄的能值货币比率为 5.68×10^{13} 太阳能焦耳/美元，远高于 2005 年云南的能值货币比 9.58×10^{12} 太阳能焦耳/美元，较高的能值货币比率说明镇雄使用了较多的自然环境资源和人力资源，产生了较少的国民收入，货币的购买力低。

从表 5-11 的数据可以看出镇雄的净能值产出率为上升趋势，在 $10\% \sim 25\%$ 变动。这说明镇雄净能值产出率较高，向外界输出的能值量较大，是资源输出型的生态经济区域。镇雄的环境负荷率有所增加，与云南同期总体相比较大，可见镇雄的环境和资源系统的压力高于云南整体水平。1995 年、2000 年、2005 年里镇雄的 ESI 远远小于 1，表明该地区的不可更新资源的利用率较大，环境的负荷程度较高。

表 5-11　镇雄 1995 年、2000 年、2005 年能值分析结果

项目	表达式	1995 年	2000 年	2005 年
能值总量/太阳能焦耳	U	7.19×10^{21}	1.07×10^{22}	1.23×10^{22}
可更新能值/太阳能焦耳	R	4.21×10^{21}	5.33×10^{21}	5.27×10^{21}
不可更新能值/太阳能焦耳	N	2.98×10^{21}	5.42×10^{21}	7.05×10^{21}
可更新能值比/%	R/U	58.55	49.81	42.85
环境能值人口承载量/人	$8 (R/U) P$	5.22×10^{6}	4.89×10^{6}	4.51×10^{6}

续表

项目	表达式	1995 年	2000 年	2005 年
能值利用强度/(太阳能焦耳/米²)	$U/$（area）	1.95×10^{12}	2.90×10^{12}	3.33×10^{12}
能值货币比率/(太阳能焦耳/美元)	U/GDP	1.09×10^{14}	7.23×10^{13}	5.68×10^{13}
人均能值用量/太阳能焦耳	U/P	6.45×10^{15}	8.72×10^{15}	9.34×10^{15}
能值人口承载量/人	$R/$（U/P）	6.53×10^{5}	6.11×10^{5}	5.64×10^{5}
环境负载率	（$N+I$）$/R$	0.71	1.02	1.34
电力能值比/%	（elect）$/U$	0.16	1.27	1.13
人均电力能值/太阳能焦耳	（elect）$/P$	1.05×10^{13}	1.12×10^{14}	1.06×10^{14}
净能值产出率/%	Y/U	14	22.80	24.30
ESI	ESI	0.2	0.224	0.182

2. 镇雄近 10 年环境经济系统能值指标计算及分析

根据所得数据，应用 Odum 给定的能值指标计算公式，计算出镇雄 1995 年、2000 年、2005 年环境经济系统的能值指标（图 5-4）。

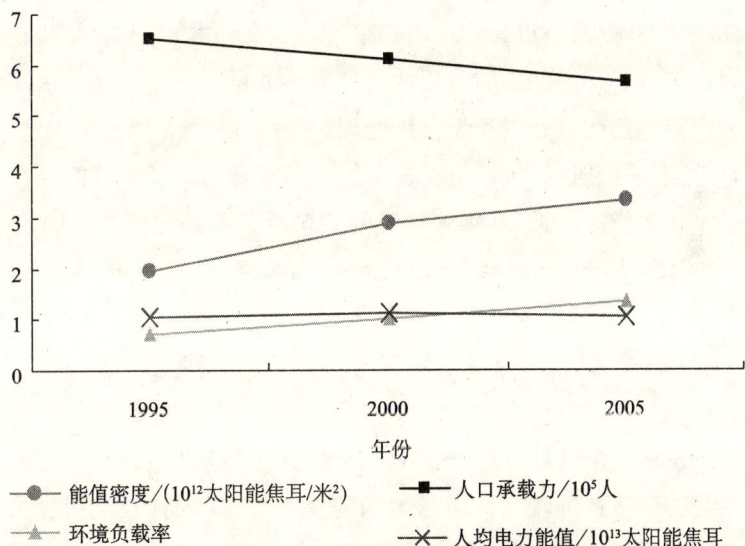

图 5-4　镇雄近十年环境经济系统部分能值指标走势

人均能值量是反映一个国家居民生活质量的重要指标之一。镇雄的总能值投入在 1995 年、2000 年及 2005 年分别为 7.19×10^{21} 太阳能焦耳、1.07×10^{22} 太阳能焦耳、1.23×10^{22} 太阳能焦耳。从 1995 年的 7.19×10^{21} 太阳能焦耳上升到 2005 年的 1.23×10^{22} 太阳能焦耳，增长 5×10^{21} 太阳能焦耳，在近 10 年里呈上升趋势。人均能值量 3 年分别为 6.45×10^{15} 太阳能焦耳、8.72×10^{15} 太阳能焦耳、9.34×10^{15} 太阳能焦耳，10 年中增加了 2.89×10^{15} 太阳能焦耳，总体上呈上升趋势，但是没有总能值上升的幅度大，说明镇雄人口增长的速度远远超过经济发展的速度。

1995～2000 年，镇雄的电力事业得到了较快的发展，其中电力能值比由 1995 年的 0.16％上升到 2000 年的 1.27％，人均电力能值由 1995 年的 1.05×10^{13} 太阳能焦耳上升到 2000 年的 1.12×10^{14} 太阳能焦耳。2000～2004 年虽然电力能值的比重略有下降，但是电力占总能值的比重相对还是稳定的，没有出现大的波动。

环境负载率代表了系统能值利用强度或环境所承受的压力。从图 5-4 反映的变化趋势来看，镇雄环境经济系统近 10 年来环境负载率表现出强劲的增长趋势。1995～2000 年，环境负载率由 0.71 增大到 1.02，年增长率达到 7.5％；2001～2005 年环境负载率仍在增长，2005 年为 1.34 并且增长的速度较 1995～2000 年有所提高，年增长率为 5.6％。由此可见，镇雄在发展经济的同时，忽视了环境保护的重要性，排放了大量废气物，并且这些大量的废弃物并没有得到综合利用和无害化处理。

人口总数是否超过区域可更新资源的人口承载力，是系统能否保持自然稳性的一个重要指标。近 10 年，镇雄的人口承载力是逐渐下降的，由 1995 年的 6.53×10^5 人到 2000 年的 6.11×10^5 人再到 2005 年的 5.64×10^5 人。人口承载力的下降不得不使我们意识到人口的危机，如果人口得不到控制，那么镇雄的可更新资源将不能满足经济的发展甚至会抑制当地经济的发展。

可持续发展要求既促进经济、社会的发展，又保持生态环境的健康，即在不给予生态经济系统较大环境压力的前提下谋求较高的经济收益。因此，以能值产出率、能值交换率、环境负载率为指标，来评价生态经济系统的可持续发展能力。通过计算，镇雄的 ESI 从 1995 年的 0.2 到 2000 年的 0.224，而到 2005 年 ESI 下降到 0.182。ESI 是表明经济系统活力和发展潜力的指标，当 ESI 值小于 1 时，说明经济系统为消费型经济系统。镇雄各年 EIS 值均小于 1，且变化不大并呈下降趋势，系统的购入能值（IMP）在总能值使用量中所占比重较大，对本地不可更新资源的利用较大，环境负荷率较高。

从上述的环境负载率及人口承载力看，发展经济的同时要协调好人口、资源与环境之间的关系。2000～2005 年 ESI 的下降已向我们敲响了警钟。

3. 实现镇雄环境经济系统可持续发展的建议

随着经济的发展、工业的迅速发展和需求的迅猛增长，自然资源的人均消耗量成倍增加，人均排污量也是成倍的增加。经济增长、需求扩大，使得镇雄人口、资源、环境三者之间的矛盾更加突出，也为镇雄的可持续发展制造了障碍。

镇雄人口、资源与环境的不协调不同于我国整体上人口、资源与环境的不协调。我国整体上是人口的持续增长与资源不断滥用及环境的日益破坏之间的矛盾。而 1995～2004 年，镇雄的人口非但没有增加反而一直在减少。总人口能值由 1995 年的 4.08×10^{22} 太阳能焦耳到 2000 年的 3.80×10^{22} 太阳能焦耳，再到 2004 年的 3.46×10^{22} 太阳能焦耳，镇雄的人口、资源与环境的不协调是由经济发展的落后，教育的落后，疏于与外界的经济文化的交流，没有环境保护意识造成的，这致使镇雄的总能值增加的同时人均能值增加的幅度小于总能值增加的幅度，同时环境负载率增加。

镇雄在 10 年内的 ESI 值小于 1，这说明镇雄的经济系统为消费型，经济欠发达，经济发展对环境有压力，但具有很大的发展潜力。按照能值分析理论，ESI 值与能值是紧密相关的。要真正实现镇雄生态经济系统的可持续发展，必须使系统输出功率最大化而又不破坏环境。在目前经济发展水平还较低的状况下，镇雄应从自身条件出发，提高资源利用效率，依靠旅游业，兴工促农，引进外资等，加大人力和财力的投入，发展工业和科技，重视能值的开发，接收外界高品质的能值财富反馈，使总可利用能值财富获得最大程度的增长，以促进镇雄经济的发展。

(1) 保护水、可耕地等本地可更新资源。水和可耕地是环境经济系统持续发展的资源和环境基础，实现镇雄环境经济系统的可持续发展，必须切实加强水资源和可耕地资源的保护，防止基本能值资源的退化。主要措施：优化水资源配置，调整用水结构，防治水体污染，特别是要加强资源的保护和治理；合理给定城镇建设用地标准，提高土地利用率，加强农村居民点的土地整理，开发土地后备资源，解决社会经济发展和土地占用的矛盾，努力实现耕地总量动态平衡。

（2）增大对外开放力度，促使能值的合理流动。环境经济系统作为耗散结构，必须不断地从外界输入负熵流，以保持系统的有序性。在新形势下，镇雄应进一步加大对外开放力度，在引入资金能值的同时，更重视先进技术和管理经验等无形的科技能值的引进、消化和创新，形成适合镇雄的放大能值。外贸出口方面主要是提升出口产品的档次和技术含量，增加产品的附加能值，扩大市场占有份额，提高产品的国际竞争力和出口创汇能力。

（3）减少废弃能值排放，加强环境治理。废弃能值不但造成了环境污染，而且回收成本相当昂贵，因此，必须利用经济杠杆，减少工业企业的废弃物排放量，同时实施水、气污染防治工程，废弃物综合利用工程。实施农业生态工程，培育抗病品种，选择低毒高效农药，提高化肥使用效率，发展生物防治技术，确保人民生活水平的提高与生态环境良性循环同步协调。

（4）发展镇雄的教育事业。镇雄的地理位置偏僻，经济发展的落后使得当地的教育事业落后，环境保护意识弱。提高当地人的文化教育水平，使他们意识到可持续发展不仅仅关系到一代人的生存发展还关系到子孙后代的生存发展，减少资源的浪费与环境的破坏，降低资源负载率。

第二节　良性运行系统——玉溪

一、玉溪现状

玉溪位于云南中部，位于北纬 23°19′～24°53′，东经 101°16′～103°9′。玉溪区位优越，历史悠久，资源丰富，风光绮丽，文化璀璨，可谓人杰地灵，物华天宝。玉溪东南连接红河，西北毗邻楚雄，西南与思茅接壤，北部连接省会昆明。市中心城区距昆明 83.6 千米。玉溪下辖一区（红塔）八县（江川、澄江、通海、华宁、易门、峨山（彝族自治县）、新平（彝族傣族自治县）、元江（哈尼族彝族傣族自治县）），共有 80 个乡镇。玉溪有彝族、哈尼族、傣族、回族、白族、蒙古族、苗族、拉祜族等 25 个少数民族，少数民族总人数占总人口的 31.69%。

玉溪海拔为 328～3137 米，具有热带、亚热带、温带三种气候类型，年平均气温为 15.5～24℃，年平均降水量为 792～943 毫米，形成独特的立体气候和自然生态区。区域最大横距为 172 千米，最大纵距为 163.5 千米，总面积为 15 285 千米^2。其中，红塔、江川、澄江、通海 4 县（区）是坝区县，面积共 3348 千米^2，占总面积的 21.9%；华宁、易门两县是半山区县，面积共 2888 千米^2，占总面积的 18.9%；峨山、新平、元江三县是山区县，面积共 9053 千米^2，占总面积的 59.2%。

玉溪境内地势西北高，东南低，地形复杂，山地、峡谷、高原、盆地交错分布。玉溪主要以山地地貌为主，占全区总面积的 90%。100 千米^2 以上的坝区（山间盆地）有 2 个（玉溪坝和通海坝），15～32 千米^2 的坝区有 7 个（江川坝、江城坝、元江坝、峨山坝、华宁坝、盘溪坝和新平坝）。西部哀牢山是一巨大屏障，山峦连绵，谷壑纵横。

玉溪属亚热带高原季风气候，由于地势高低悬殊，"立体气候"较为明显，大部分地区气候温和，冬无严寒，夏无酷暑，173 万亩可耕地适宜各种农作物生长，是云南省重点出口花卉基地之一。尤其是海拔 1400 米以下的亚热带河谷，是得天独厚、全国少有的"天然温室"，盛产甘蔗、芒果、柑橘、咖啡、芦荟等亚热带作物和冬早蔬菜。玉溪是滇中粮仓，并盛产优质烟叶，素有"云烟之乡"、"花灯之乡"、"聂耳故乡"的美称。

1. 人口状况

2004 年年末玉溪总人口为 208.6 万人，比上年增长 0.9%。其中农业人口为 171.7 万人，非农业人口为 36.8 万人。当年出生人口为 24 438 人，死亡人口为 10 260 人，人口自然增长率为 6.8‰。在总人口中，汉族人口为 141.4 万人，占总人口的 67.8%；少数民族人口为 67.1 万人，占总人口的 32.2%。

2008 年年末全市总人口为 227.6 万人，比上年增长 0.83%。其中农业人口为 188.9 万人，非农业人口为 38.7 万人。当年出生人口为 27 345 人，死亡人口为 16 130 人，人口自然增长率为 5.1‰。人口密度为 148.9 人/千米^2。

2. 资源状况

玉溪总面积为 15 285 千米^2，其中红塔为 1004 千米^2，江川为 850 千米^2，澄江为 773 千米^2，通海为 721 千米^2，华宁为 1313 千米^2，易门为 1571 千米^2，峨山为 1972 千米^2，新平为 4223 千米^2，元江为 2858 千米^2。

玉溪属滇中湖盆地区，有高原断陷湖泊抚仙湖、星云湖、杞麓湖和阳宗海。抚仙湖湖面水位海拔为 1721 米，面积为 212 千米^2，容量为 185 亿米^3，最大水深为 157 米，平均水深为 87 米，平均透明度为 4.95 米，是云南最深的湖泊，也是我国第二深内陆湖，总蓄水量是滇池的 12 倍，洱海的 6 倍。湖泊、库塘水面近 80 万亩，有著名的水生特产品抗浪鱼、大头鱼、金线鱼、乌鱼、青鱼、银鱼、中华绒螯蟹等。森林覆盖率为 43.5%。野生动植物资源达 360 科 2662 种，属国家保护的为 92 种。已探明主要矿产资源 23 种，其中可供开采的低硫低磷优质铁矿储量为 5.6 亿吨，居云南首位；高品位磷矿储量为 12 亿吨，居全国第二；镍金属储量为 52 万吨，系全国第二大矿床；铜矿为 135.6 万吨，煤矿为 2 亿多吨。水能蕴藏丰富，理论蕴藏量为 144 万千瓦，可开发利用部分约为 60 万千瓦。优质矿泉水分布较广。

3. 经济状况

2004 年全市完成 GDP 327.9 亿元，按可比价格计算比上年增长 8.2%。其中第一产业完成增加值 36.3 亿元，增长 5.6%，占 GDP 的比重为 11.1%；第二产业完成增加值 214.4 亿元，增长 8.6%，占 GDP 的比重为 65.4%；第三产业完成增加值 77.2 亿元，增长 8.0%，占 GDP 的比重为 23.5%（图 5-5）。第一、第二、第三产业分别拉动 GDP 增长 0.6、5.7 和 1.9 个百分点，对 GDP 增长的贡献率分别为 7.3%、69.5% 和 23.2%。全市非公经济实现增加值 93.6 亿元，比上年增长 27.3%，非公经济占 GDP 的比重提高了 2.8 个百分点，达 28.5%，成为全市经济增长的重要支柱。

2008 年 GDP 为 596.1 亿元，其中第一产业为 64.5 亿元，占 GDP 的比重为 10.8%；第二产业为 370.3 亿元，占 GDP 的比重为 62.1%；第三产业为 161.3 亿元，占 GDP 的比重为 27.1%。第三产业的比重有所增加。

2004 年，全市在岗职工平均工资达到 15 400 元，城镇居民人均可支配收入为 8412 元，农民人均纯收入为 3009 元；2008 年全市城镇居民人均

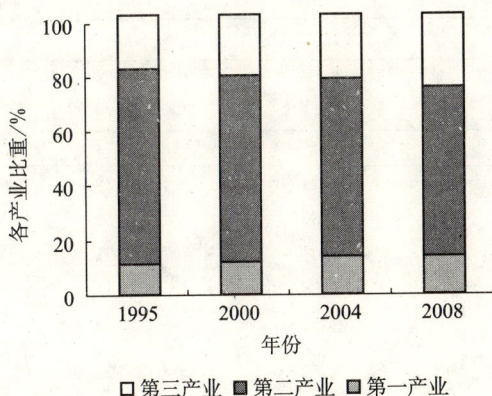

图 5-5　玉溪 GDP 各产业比重

可支配收入为 12 038 元，农村居民人均总收入达到 5081 元，农村居民人均纯收入达到 3198 元，城镇居民人均可支配收入为 11 193 元，人均 GDP 为 21 974 元。

二、玉溪能值分析

我们根据《玉溪统计年鉴》和《玉溪地区志》，搜集玉溪环境经济系统资源能值分析数据，编制了 1995 年、2000 年和 2004 年玉溪环境经济系统资源主要太阳能值表（表 5-12），并计算出玉溪能值分析指标汇总，如表 5-13 所示。

表 5-12　1995 年、2000 年和 2004 年玉溪环境经济系统资源主要太阳能值

（单位：10^{20} 太阳能焦耳）

	项目	1995 年	2000 年	2004 年
可更新资源	太阳能	0.84	0.84	0.84
	风能	1572.55	1572.55	1572.55
	雨水化学能	10.70	10.55	10.70
	雨水势能	32.59	32.13	32.60
	地球转动能	22.16	22.16	22.16
	河流化学能	12.55	12.55	12.55
	水及地下水化学能	135.07	135.07	135.07
	小计	1786.47	1785.85	1786.47

续表

		项目	1995 年	2000 年	2004 年
本地可更新资源产品		水力发电	3.06	6.03	3.06
		灌溉用水	0.17	1.75	0.17
	农产品	稻谷	4.42	3.73	4.42
		玉米	2.21	2.29	2.21
		豆类	0.30	0.23	0.30
		薯类	0.01	0.01	0.01
		小麦	1.65	1.51	1.65
		油料	3.54	3.80	3.54
		蔬菜及瓜类	1.20	2.57	1.20
		水果	3.63	4.72	3.63
		烤烟	5.72	6.19	5.72
		茶叶	0.04	0.04	0.04
		水产品	3.36	4.28	3.36
		木材	0.24	0.02	0.24
	畜产品	猪牛羊肉	48.37	64.61	48.37
		奶类	0.40	0.58	0.40
		禽肉	2.51	4.73	2.51
		蛋类	1.73	3.61	1.73
		小计	82.54	109.12	82.54
不可更新资源产品		电（扣除水电）	0.31	0.48	0.31
		铁矿石	10.98	12.47	11.00
		大理石板材	0.24	0.07	0.24
		钢材	1.27	1.08	1.27
		铜	0.02	0.03	0.02
		铝	0.36	0.28	0.40
		磷酸	0.00	0.00	0.00
		硫酸	0.00	0.00	0.00
		黄磷	4.98	11.81	4.98
		原煤	0.00	0.00	0.00
		自来水	0.01	0.01	0.01
		水泥	689.01	1109.13	689.01
		塑料制品	0.04	0.07	0.04
	化肥	氮肥	4.88	2.22	4.88
		磷肥	22.81	17.70	22.81
		复合肥	0.02	0.62	0.02
		农药	0.20	0.28	0.20
		农用机械	0.69	0.94	0.69
		农膜	0.00	0.00	0.00
		小计	735.81	1157.18	735.81

续表

	项目	1995 年	2000 年	2004 年
交流能值	进口	0.52	58.13	1.13
	出口	4.46	46.68	78.50
	旅游外汇收入	0.10	0.57	0.30

　　注：太阳能值转换率为参见 Odum（1996）和蓝盛芳（2002）的数据。原始数据来源为《玉溪统计年鉴》和《玉溪地区志》。

三、结果分析与讨论

1. 玉溪环境经济系统能值利用概况

　　玉溪区域生态、经济系统利用总能值是可更新能值、不可更新能值、输入能值和劳务能值四项之和。玉溪区域生态系统利用能值总量相当高，2004年达到 1.55×10^{23} 太阳能焦耳，且从纵向来看，1995 年以来其变化趋势是稳步上升的（表 5-13）。而玉溪区域生态、经济系统利用的可更新资源能值流量则变化较小，各年基本持平；反观其利用的不可更新资源能值流量变化则是随时间逐步上升的。其中，按时间顺序，可更新资源能值流量占总能值流量的比例各年分别是 0.23%、0.15% 和 0.14%。这说明玉溪社会经济发展水平较高，系统对本地可更新资源的依赖性较小，且逐年增加对不可更新资源的利用量，加大对环境的消耗压力。不可更新能值主要以水泥、化肥和铁矿石为主，按时间顺序，三者之和占不可更新能值的比例各年分别是98.9%、98.7% 和 98.9%，其中以铁矿石能值最多。

表 5-13　玉溪环境经济系统资源能值分析指标汇总

指标	1995 年	2000 年	2004 年
总能值流量/(太阳能焦耳/年)	9.51×10^{22}	1.40×10^{23}	1.55×10^{23}
可更新资源能值流量/(太阳能焦耳/年)	2.15×10^{22}	2.15×10^{22}	2.16×10^{22}
不可更新资源能值流量/(太阳能焦耳/年)	7.36×10^{22}	1.16×10^{23}	1.33×10^{23}
输入能值/(太阳能焦耳/年)	1.98×10^{19}	2.76×10^{21}	4.98×10^{20}
输出能值/(太阳能焦耳/年)	1.68×10^{20}	2.22×10^{21}	3.91×10^{21}
可更新资源能值比率/%	0.23	0.15	0.14
输入能值比/%	0.02	1.98	0.32
输入能值与自有能值比/%	0.18	1.62	2.53
环境能值人口承载量/人	350 000	2 480 000	2 320 000

续表

指标	1995 年	2000 年	2004 年
能值利用强度/(太阳能焦耳/米²)	6.23×10^{12}	9.16×10^{12}	1.02×10^{13}
能值货币比率/(太阳能焦耳/美元)	2.89×10^9	3.94×10^{13}	3.93×10^{13}
人均能值量/太阳能焦耳	4.99×10^{16}	6.94×10^{16}	7.45×10^{15}
能值自给率/%	99.98	98.02	99.68
能值人口承载量/人	432 000	310 000	297 000
环境负载率	3.41	5.39	6.15
能值受益率（交换率）/%	11.74	124.53	12.72
能值投入率	3.42	5.51	6.17
人均燃料能值/太阳能焦耳	1.35×10^{10}	1.58×10^{10}	2.08×10^{10}
电力能值比/%	2.03	1.71	2.02
人均电力能值/太阳能焦耳	1.0115	1.19×10^{15}	1.51×10^{15}
净能值产出率/%	86.00	90.05	96.00
废弃物与可更新能值比/%	4.54	5.86	12.99
废弃物与总能值比/%	1.03	0.90	1.81
ESI	0.25	0.17	0.16

注：指标计算公式参见 Odum（1996）和蓝盛芳（2002）。

2. 能值与经济发展程度

能值货币比率是评价一个国家或地区经济发达程度的一个指标，不发达国家或地区由于 GNP 较低，因而能值货币比率较高，而发达国家或地区能值货币比率较低。玉溪区域生态经济系统的能值货币比率比较高（2004 年为 3.93×10^{13} 太阳能焦耳/美元），表明玉溪属于不发达国家或地区之列。从纵向来看，玉溪区域生态、经济系统的能值货币比率有升高的趋势。

人均能值量指一个国家、地区或城市系统内的人均能值利用量，是一个国家、地区或城市系统的利用总能值与该国家、地区或城市系统内的人口总量之比，是评价人民生活水平与质量的标志。2004 年玉溪区域生态、经济系统的人均能值量为 7.45×10^{16} 太阳能焦耳，相比美国 20 世纪 90 年代 1.55×10^{17} 太阳能焦耳的人均能值量，玉溪的人均能值量已经很高了。而且从 1995 年以来，玉溪区域生态经济系统的能值利用强度呈上升趋势（图 5-6）。一方面，这说明玉溪人民的生活比较好；另一方面，由于玉溪的人口比较少，所以其人均能值量才有这么高。

人均电力能值是一个国家、地区或城市系统内的利用电力能值总量与该国家、地区或城市系统内的人口总量之比。2004 年玉溪区域生态、经济系统的人均电力能值为 1.51×10^{15} 太阳能焦耳，比较高。从纵向上来看，近 10 年来玉溪区域生态经济系统的人均电力能值呈不断上升的趋势（图 5-6）。这说明，玉溪经济发展迅速，另外由于其区域内发电总量增多，才会有如此高的人均电力能值。

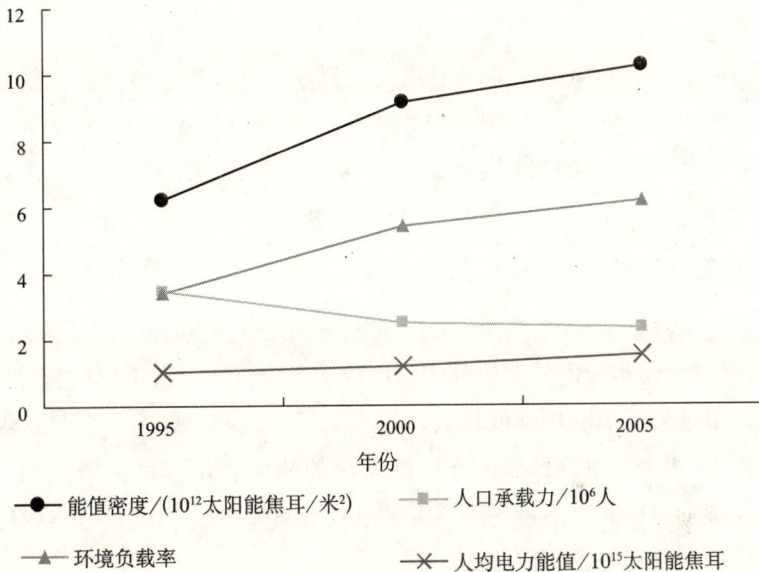

图 5-6　玉溪部分能值指标走势

电力能值比是一个国家、地区或城市系统内利用的电力能值与该国、地区或城市系统全年利用总能值量之比，它反映了一个国家、地区或城市系统的工业化水平。2004 年玉溪区域系统的电力能值比仅为 1.00%，而北京 2001 年的电力能值比为 16.2%。这说明玉溪工业化水平不高，急需大力发展经济，提高其电力能源利用量，促进经济发展。当然，从纵向上来看，近 10 年来玉溪区域生态、经济系统的电力能值比呈上升的趋势（图 5-7）。

能值受益率（交换率）是系统进出口能值的比率，用来评价系统在对外贸易中的获利情况。能值交换率越大，表明系统在对外贸易中越处于有利地

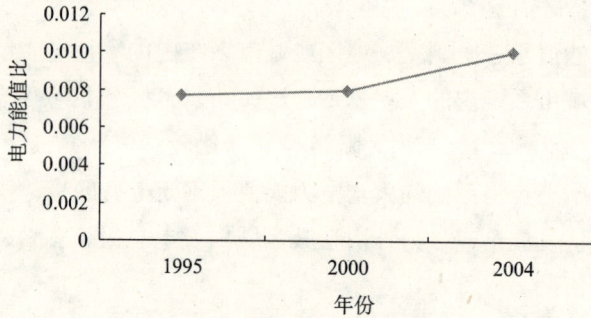

图 5-7　玉溪电力能值比情况

位，经济越发达，对资源的需求也越大，劳务信息聚集程度越强，能量、货币流动越快。2004 年玉溪区域系统的能值受益率（交换率）为 0.13。在 20 世纪八九十年代，中国的能值受益率为 0.28，而美国的能值受益率为 2.2，日本的高达 4.2。可见，玉溪在对外贸易中处于不利地位。

3. 环境资源和容纳量

2004 年，玉溪区域生态经济系统的能值利用强度为 1.02×10^{13} 太阳能焦耳/米^2，而 2005 年云南的能值利用强度仅为 1.09×10^{12} 太阳能焦耳/米^2，相比而言，玉溪的能值利用强度较大，其环境压力也相对较大。而且从纵向上来看，近 10 年来，玉溪区域生态经济系统的能值利用强度呈增大趋势，这跟玉溪经济发展加大对不可更新资源的利用程度有关。因此，区域内环境压力逐渐增加，废弃物也相应增加（图 5-8）。

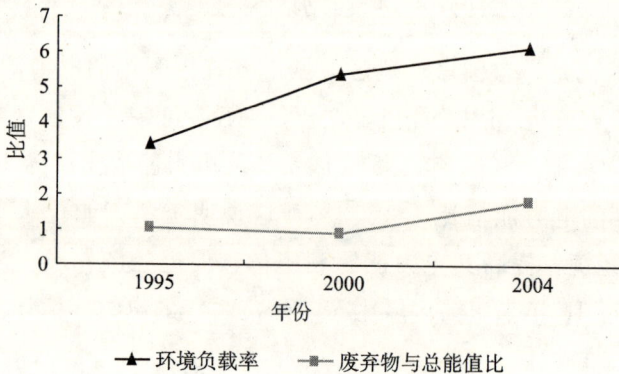

图 5-8　玉溪环境能值负载情况

人口承载量是指目前生活标准下同时考虑可更新资源与进口资源之人口承载量，反映目前环境水准下人口可容量。2004 年玉溪区域生态、经济系统的生活标准下同时考虑可更新资源与进口资源之人口承载量为 9 528 185 人，远大于其当年人口量 2 085 532 人，是其当年人口量的 4.6 倍。不过，随着经济的发展、工业的迅速发展和需求的迅猛增长，自然资源的消耗量增加，玉溪区域生态、经济系统的目前生活标准下同时考虑可更新资源与进口资源之人口承载量近 10 年来也呈减少趋势（图 5-9）。如果在不考虑进口能值的情况下，其区域实际人口已经超过了本地能值承载量，说明任何区域的发展都离不开各种资源的流通，包括货币、自然资源、人力资源、技术等，也就是能值的流动。

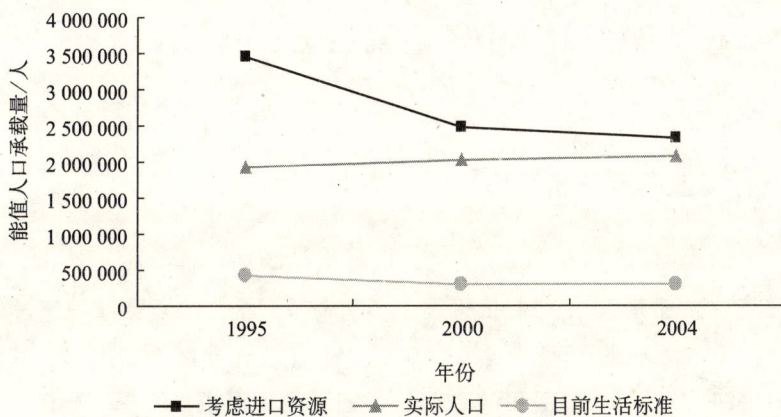

图 5-9　玉溪市人口环境能值承载量情况

4. 可持续发展能力

玉溪区域生态经济系统能值分析的 ESI 小于 1，1995 年为 0.25，且近 10 年来呈下降趋势（表 5-13），这说明玉溪区域生态经济系统环境的负荷程度较高，且还在增加。

5. 结论和建议

玉溪区域生态经济系统自身利用的总能值较高，但大部分是该系统内部环境资源，其区域生态系统环境资源比较丰富，而且玉溪区域系统经济发展水平不高，主要依靠自身环境资源。所以，玉溪需要提高科技水平，加大对外开放力度，尤其是加快引进具有高能值的高科技和先进的管理经验等，以促进利用外界环境资源和能值，改变其在对外交流贸易中的不利地位。

玉溪区域系统的旅游收入能值较高，因此可以进一步优化旅游服务产业，以提高旅游能值输入，改善人民生活水平，发挥自身旅游资源比较优势。再者，由于利用的不可更新资源能值流量逐年加大，考虑到环境保护等因素，玉溪市需要加强环境治理，减少废弃能值排放。废弃能值不但造成了环境污染，而且回收成本相当昂贵，所以，必须利用经济杠杆，减少工业企业的废弃物排放量，同时实施水、气污染防治工程，废弃物综合利用工程。

第三节　中等协调系统——石林

一、石林能值研究分析

石林隶属昆明，距昆明 86 千米，地处旱性喀斯特性生态系统区，总土地面积为 1719 千米^2，地势起伏平缓，切割轻微。全县喀斯特面积超过 1300 千米^2，占到总面积的 75%，是滇中典型生态环境脆弱区。中度水土流失面积为 616.91 千米^2，占总面积的 36.2%。石林属暖温带半干旱气候区，境内森林植被属亚热带常绿阔叶林区。2004 年年末石林总人口有 23.1 万人，其中农业人口为 20.57 万人，占总人口的 89.2%，是典型的农业县。2004 年全县 GDP 为 14.9 亿元，三次产业比为 29.39：31.38：39.23，第一产业以烤烟、玉米、稻谷种植为主，第二产业主要为烟叶复烤加工产业、采矿业和石材加工业，第三产业主要为世界地质公园石林风景区旅游业。2008 年，石林实现 GDP 27 亿元，地方财政一般预算收入 2.01 亿元；全社会固定资产投资 15.3 亿元，社会消费品零售总额 11.75 亿元；三次产业结构比为 30.4：25.9：43.7；农民人均纯收入为 4216 元；城镇居民人均可支配收入为 13 800 元。

将 1949～2008 年石林主要资源换算为太阳能值及宏观经济价值，制作石林主要资源的能值分析细表，经过一系列计算得到表 5-14。

表 5-14　石林县域生态系统主要能值指标一览表

指标	1949 年	1958 年	1968 年	1978 年	1988 年	1998 年	2004 年	2008 年
可更新能值总投入/10^{20} 太阳能焦耳	—	—	—	—	—	—	6.5	6.5
不可更新能值总投入/10^{18} 太阳能焦耳	—	—	—	—	—	0.94	1.4	2.8
输入总能值/10^{20} 太阳能焦耳	0.038	0.093	0.428	6.81	10.6	14.8	27.9	35.7
系统利用总能值/10^{20} 太阳能焦耳	6.55	6.60	6.93	13.4	17.2	21.4	34.4	47.4
石林国民生产总值/10^7 美元	0.12	0.34	0.29	0.41	2.38	6.86	15.5	27.3
能值货币比率/(10^{14} 太阳能焦耳/美元)	55.7	26.2	23.5	32.6	7.21	3.12	2.84	2.21
人均能值量/10^{15} 太阳能焦耳	6.30	6.28	5.33	7.70	8.64	10.1	15.0	22.3
石林人口/万人	10.4	10.5	13.0	17.4	19.9	21.1	22.9	24.5
环境承载力/10^5 太阳能焦耳	8.25	8.27	9.76	6.75	6.02	5.13	3.46	2.65
能值利用强度/(10^{11} 太阳能焦耳/米^2)	3.80	3.84	4.03	7.79	10.0	12.4	20.0	34.0
能值受益率	0.50	1.18	5.57	66.1	7.12	5.71	21.1	21.1
能值投入率	0.007	0.015	0.066	1.06	1.65	2.29	4.29	6.79
能值自给率	0.992	0.985	0.938	0.485	0.378	0.304	0.189	0.167
废弃物/可更新资源能值	—	—	—	—	—	0.0035	0.0052	0.0094

人均能值量为总能值使用量与该地区总人口的比值。人均能值量是从生态学的角度反映居民生活水平高低，这一指标比人均收入占有量更能反映一个国家或地区的人均收入水平。该值越高，表示该国（地区）人均享受的能值越高，一般来说，生活水平也越高。受总能值量和人口数量的制约，从整体看，1949～2008 年，石林人均能值量呈上升趋势，从 1949 年的 6.3×10^{15} 太阳能焦耳上升为 2008 年的 22×10^{15} 太阳能焦耳，这表明居民的生活质量在不断提高，比国内平均水平高很多。这一指标高于世界平均水平 3.86×10^{15} 太阳能焦耳，也比大多数国家和地区要高（波兰为 9.58×10^{15} 太阳能焦耳、西班牙为 1.56×10^{15} 太阳能焦耳、泰国为 3.18×10^{15} 太阳能焦耳、瑞士为 11.51×10^{15} 太阳能焦耳、美国为 29.25×10^{15} 太阳能焦耳、日本为 12.64×10^{15} 太阳能焦耳、意大利为 22×10^{15} 太阳能焦耳、瑞典为 48.35×10^{15} 太阳能焦耳、广州为 13.39×10^{15} 太阳能焦耳）。这说明石林的平均生活

水平较高。

能值利用强度描述了单位面积的能值流动情况，在一定时间内，单位面积能值量越大，则能值利用强度越高，可以知道该国家或区域的能值使用越集约。高度开发的国家或地区经济活动频繁，该值也必然高；具有非集约的、带浓厚农村经济特点的国家或地区该值较低。从整体看，石林能值利用强度呈上升趋势，从1949年的3.8×10^{11}太阳能焦耳/米^{2}增长到2008年的3×10^{12}太阳能焦耳/米^2，近60年翻了近10倍，说明石林的经济随着社会的进步正在飞速发展，能值利用强度已接近或达到某些发达国家或地区水平，如美国佛罗里达州1993年的能值利用强度为1.4×10^{12}太阳能焦耳/米^2，而台北1992年就达到53.2×10^{12}太阳能焦耳/米^2，新疆1996年为1.62×10^{11}太阳能焦耳/米^2。当然，能值利用强度与地区总土地面积大小有直接关系。

1. 环境人口承载量分析

随着人均能值量的增加，石林的生活水平显著提高，但石林自给的可更新资源有限，缺乏不可更新资源，导致在目前生活水平下可更新生态资产的人口承载量下降（不考虑进口）。按2008年的生活水平，石林的能值人口承载量为3.9万人，而实际人口超过24万人，超载6.1倍。如果考虑可更新资源和进口资产，其正常承载量为32.3万人，目前的人口只占承载量的75.2%，这说明石林的人口状况还在可持续发展状态下，可以考虑适当引进人才（图5-10）。

2. 能值自给率分析

能值自给率可以在一定程度上反映县域生态资产的可持续利用水平，能值自给率越高，则该系统的自给自足能力越强，对内部资源开发程度也越高，可持续发展潜力相对较大，反之则小。但同时，购买能值投入不够，可能会使本地资源得不到最佳利用，造成经济发展程度不高。1949～1968年石林几乎完全是自给自足，发展到2008年能值主要靠从外地进口，自给率还不到20%。这说明石林未来的发展还是要靠加大能值的输入。石林在资源利用方面由内部资源利用为主到逐渐依赖外界提供。同时随着经济的不断发展，人口的不断增长，石林自然环境负荷不断增加，环境潜力明显下降（图5-11）。

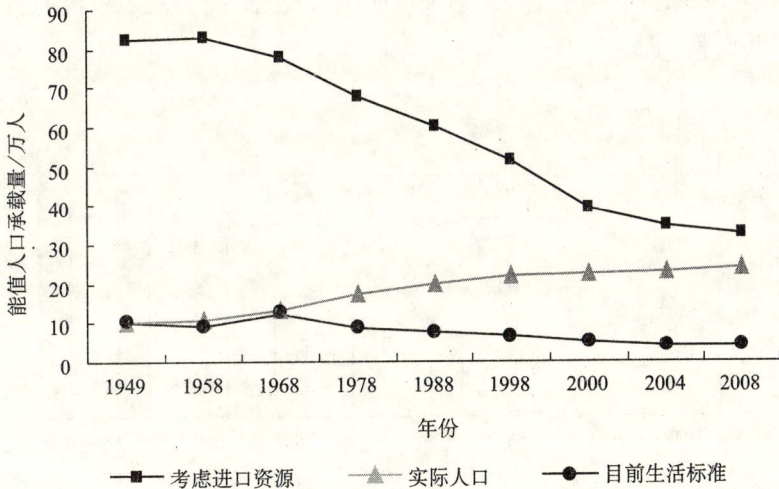

图 5-10 石林能值人口承载量

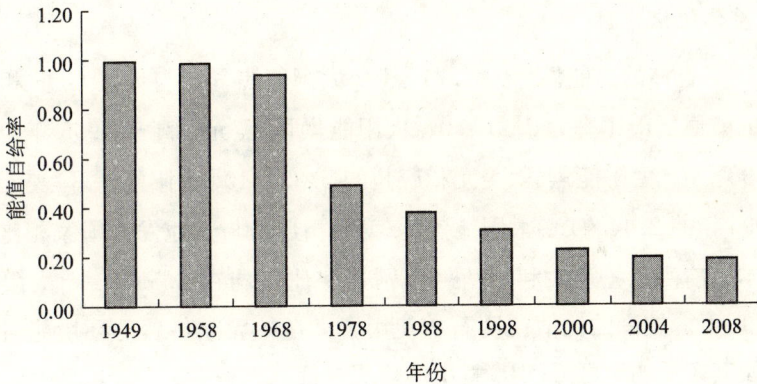

图 5-11 石林能值自给率

环境潜力直接决定的环境人口承载力，也相应呈下降趋势。石林的环境人口承载力理论值和实际人口分别为 1949 年为 82.5 万人和 10.4 万人，1988 年为 60.2 万人和 19.9 万人，2008 年为 32.3 万人和 24.5 万人。在目前生活标准下，实际人口数远低于理论上限承载量，仍然为自然环境所能承载的适宜人口。

环境承载率对经济系统是一种警示，2008 年石林环境承载率为 5.12，高于世界 1996 年平均水平 1.50。与发达国家比，低于美国的 7.06、西班牙的 7.20、瑞典的 9.03 和意大利的 9.47 等。这说明石林经济还主要依靠输入能值和不可更新资源，生产方式对环境的压力较大，对可更新资源的利用还处于较低水平（图 5-12）。

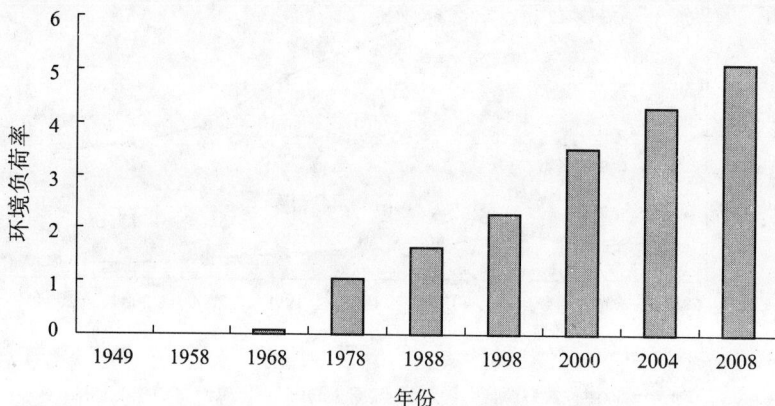

图 5-12　石林县环境负荷率

3. 整体能值分析

2008 年石林的总能值量为 $4.74×10^{21}$ 太阳能焦耳，与地区 GDP 相比得到石林的能值货币比率为 $2.21×10^{13}$ 太阳能焦耳/美元，高于 1995 年中国内地的 $7.38×10^{12}$ 太阳能焦耳/美元和广州的 $5.83×10^{12}$ 太阳能焦耳/美元，与新疆 1996 年的 $2.44×10^{13}$ 太阳能焦耳/美元相近，与其他发达国家相比，美国、日本、前西德、意大利和荷兰等国这一比值均在 $2.55×10^{12}$ 太阳能焦耳/美元以下。较高的比值说明石林使用了大量的无须付费的环境能值和人力能值及其较低的地区 GDP，货币的购买力低。

能值投入率是经济系统投入的能值与输入经济生产过程的自然环境系统可更新能值之比。该值用于决定经济活动在一定条件下的竞争力，过大的经济投入，输入大量购进的能值，将使生产的产品竞争力降低。世界范围的能值投入率为 2∶1，发达国家较高，如美国为 7∶1，这些国家需购买的各种能值较多。石林 2003 年为 4.29∶1，表明主要依靠外地资源，从外界输入的能值较多。较高的能值投入率将有利于石林吸引域外资金，从而带动本地资源的开发。

基于能值分析的 ESI 为净能值产出率与环境承载率的比值。石林 2008 年的 ESI 为 0.33，其经济系统为消费型，具有很大的发展潜力。

4. 石林发展对策建议

石林的总能值量主要由本地区的可更新资源、不可更新资源及购进燃料、商品劳务等构成。该县利用了比较多的无偿环境资源，环境资源对其经济的贡献大。2008 年总生态资产能值量为 47.4×10^{20} 太阳能焦耳，总量不算大，但由于人口数量相对不大，人均能值量较高，已经高于 1995 年广州的水平（13.39×10^{15} 太阳能焦耳）；人均能值量从 1949 年的 6.31×10^{15} 太阳能焦耳到 2008 年的 22.3×10^{15} 太阳能焦耳，明显上升，这表明石林的人民生活水平和居民的生活质量在不断提高。此指标远高于世界平均水平（3.86×10^{15} 太阳能焦耳）和国内平均水平（6.54×10^{15} 太阳能焦耳），也比大多数国家和地区要高。这与人口数量密切相关，同时说明其经济正在处于迅速发展时期。

（1）加快改革的步伐，增强开放的力度及其与外界的物质、能量和信息交流，发现并接收流入的能值财富，提高能值反馈率。石林的现有人口低于其生态经济系统的承载上限，可采取一系列优惠政策，适当地引进一些高素质人才与训练有素的劳动力，改善人才结构，提高石林人口素质，保持适度的人口增长。借用外来的力量，合理地开发利用人力资源和自然环境资源，石林的发展潜力将得到更大的发挥。但是，人口增长和人均物质消耗增长不能超过生态资产的可持续承载力，对自然资源的利用不能损害后代人的发展。

（2）积极鼓励内地和国外企业到石林投资，引进技术，逐渐提高现有的能值利用强度。通过接受外界高品质的能值财富反馈，使总的可利用的能值财富获得最大限度的增长，有效地利用流入系统内的生态资产，保持旺盛的竞争力。石林的经济繁荣，需要广泛地吸纳外界能量与信息，广泛引入外来能值，使能值获得更快增长。石林的能值利用强度高于世界平均水平 1.36×10^{11} 太阳能焦耳/米^2 和全国 1996 年的水平 7.54×10^{11} 太阳能焦耳/米^2，发展势头较好，应保持和逐渐提高投资速度，加快循环经济的转换，使原料在多次循环过程中得到充分利用，从而使原料消耗和废物排放减至最低、物质资源的投入产出比增至最大。

（3）2004 年石林的环境承载率为 4.31，与世界上发达国家和地区相差很远，如低于美国（7.06）、瑞典（9.03）和意大利（9.47）等发达国家，但高于世界平均值（1.5）。这说明石林经济整体上还主要依靠输入能值和不可更新资源，生产方式对环境的压力较大，对可更新资源的利用还处于较低水平。而环境潜力直接决定的环境承载力，也相应地呈下降趋势。石林生态系统的能值投入率一直呈上升趋势，废弃物与可更新资源能值投入比率也在上升，说明其经济的明显发展是建立在自然环境压力增加的基础上的，如果长期重经济效益轻生态效益，其经济发展效率和竞争力会下降。从长远利益和宏观角度出发，石林应充分发挥自身的资源优势，协调各种能值来源的比例，提高经济发展的竞争力和能值结构的合理性。

（4）生态经济系统为耗散结构，系统的持续发展必须保持开放，并不断从区外引入原材料、资金、劳动力、信息等负熵流，使系统内部的总熵减小，增加系统的有序性和自组织性。从目前的发展趋势和宏观考虑，石林应增加单位资源的产出率，降低单位产品的能值消耗量，更好地保护自然资源和生态环境，提高生态资产综合利用效率，扩大区域发展的环境容量；应扩大县域外贸易和经济合作，促进对外经济贸易的能值均衡；以最大限度和最优方式利用各类低品质的能量，保持并适当改变经济增长方式，优化产业结构，依靠科技进步，提高能值利用率，尽量减少对环境资源的破坏；建立生态资产评估、绿色 GDP 核算、可持续发展评价的机制和机构；有效防止人与自然对抗的不断加剧，防止资源环境压力加大。协调好系统总能值增长速度和人口增长速度，促进石林经济的可持续发展。

二、石林生态足迹分析

自然生态系统是人类赖以生存和发展的物质基础，人类要实现可持续发展，人类社会就必须生存于自然生态系统的承载力范围内，将一个地区的生态足迹（生态足迹需求）同该地区能提供的生物生产土地面积（生态承载力）进行比较，可以判断一个地区的生态消费是否处于生态承载力的范围内。

1. 数据和资料来源

石林地处昆明、曲靖、红河、文山四地州（市）交汇面上，距昆明 86 千米，全县国土面积为 1719 千米^2，可耕地为 54 万亩，牧草地有 75.3 万亩。该县主产水稻、玉米、烤烟、畜产品、果品等，是全国奶山羊基地县，全国烤烟基地县。境内拥有世界自然遗产、石林世界地质公园、国家重点风景名胜区、圭山国家森林公园等。

石林生态足迹分为两部分，一部分是当地居民生产生活所产生的石林生态足迹，另一部分是由来石林旅游的游客所产生的旅游生态足迹。石林生态足迹所需数据来源于各种生产供给面积、生物资源产量、能源生产及消耗、贸易数量及 2000~2004 年《中国统计年鉴》、《云南统计年鉴》、《昆明统计年鉴》,《石林统计年鉴》及石林土地局的调查；生物资源全球平均产量、全球平均能源足迹来源于相关研究文献。中国能源的净贸易的实物量和价值量来源于《中国统计年鉴》及相关金融资料。

石林旅游生态足迹计算所需数据中，如各类旅游交通、住宿、餐饮、娱乐、游览、购物等设施的总量及构成，能源消耗总量及构成，当地居民人均年生活消费食品类型、数量，各类生物生产土地的当地当年生产力水平、游客总量及其消费总支出等，均来源于《中国统计年鉴》、《云南统计年鉴》；各类旅游交通、住宿、餐饮、娱乐、游览、购物等设施的面积、各类旅游设施的使用率、游客构成、游客消费构成、游客区内平均旅行距离、游客交通工具选择、游客平均旅游天数等信息，来源于对游客与石林旅游局的调查；各种交通工具的单位平均距离的能源消耗量、世界单位化石燃料生产土地面积的平均发热量、均衡因子等数据来源于《交通统计年鉴》及相关研究文献。

2. 石林 2000~2004 年本地生态足迹分析

石林生产供给面积（生态承载力）的类型及数据见表 5-15，主要由三部分组成：生物资源的消费、能源的消费和贸易调整部分。

表 5-15　石林 2000~2004 各种类型土地的人均面积（单位：公顷）

土地类型	2000 年	2001 年	2002 年	2003 年	2004 年
可耕地	0.079 952	0.078 805	0.077 564	0.075 086	0.072 111
林地	3.870 645	3.816 022	3.783 600	3.765 149	3.779 175
牧草地	0.081 900	0.146 625	0.144 784	0.143 488	0.143 120
建筑用地	0.040 000	0.040 000	0.040 000	0.040 000	0.040 000
水域	0.117 571	0.116 537	0.115 178	0.114 249	0.113 636
合计	4.190 068	4.197 989	4.161 126	4.137 972	4.148 042

注：建筑面积取世界平均水平值，由于四舍五入，表中统计数据存在一定误差。

1) 石林的生物资源足迹

生物资源生产面积折算的具体计算中采用联合国粮农组织 1993 年计算的有关生物资源的世界平均产量资料（采用公共标准是为了使计算结果可以与其他研究数据比较），将石林 2000～2004 年的消费转化为提供这类消费需要的生物生产土地面积（表 5-16）。生物资源消费采用的计算方法如下：

$$EF_i = \frac{P_i + I_i - E_i}{Y_{average}}$$

式中，EF_i 为 i 种资源的消费的足迹；P_i 为 i 种生物资源的总生产量；I_i、E_i 为 i 种资源消费的进口和出口量；$Y_{average}$ 为世界上 i 种生物资源的平均产量。

表 5-16　2000～2004 年石林生态足迹计算中生物资源账户人均足迹

分类项目		全球平均产量/(千克/公顷)	人均足迹/公顷					生物生产土地面积类型
			2000 年	2001 年	2002 年	2003 年	2004 年	
农产品产量	谷物	2 744	0.161 042	0.004 257	0.004 419	0.004 279	0.005 034	可耕地
	稻谷	2 744	0.057 946	0.056 961	0.053 813	0.053 761	0.054 821	可耕地
	小麦	2 744	0.028 525	0.020 508	0.019 707	0.017 436	0.017 913	可耕地
	玉米	2 744	0.064 432	0.064 429	0.066 421	0.064 194	0.070 900	可耕地
	其他谷物	2 744	0.010 140	0.009 522	0.007 309	0.003 976	0.011 863	可耕地
	豆类	1 856	0.019 783	0.022 951	0.022 387	0.019 718	0.022 856	可耕地
	薯类	12 607	0.002 368	0.003 351	0.003 299	0.003 502	0.003 333	可耕地
	油料	1 856	0.003 044	0.002 641	0.002 324	0.002 061	0.001 657	可耕地
	烟叶	1 548	0.044 778	0.043 433	0.043 106	0.044 950	0.045 745	可耕地
	蔬菜	18 000	0.007 113	0.008 750	0.011 657	0.010 827	0.014 351	可耕地
	茶叶	566	0.000 032	0.000 079	0.000 078	0.000 090	0.000 100	林地
动物产品产量	猪肉	74	0.633 610	0.643 549	0.676 914	0.754 410	0.829 809	牧草地
	牛肉	33	0.052 220	0.069 284	0.073 405	0.088 954	0.103 048	牧草地
	羊肉	33	0.129 870	0.121 854	0.155 603	0.192 442	0.231 070	牧草地
	马肉	33	0.029 374	0.023 993	0.028 110	0.027 109	0.027 471	牧草地
	驴肉	33	0.000 136	0.000 135	0.000 133	0.000 132	0.000 394	牧草地
	骡肉	33	0.003 808	0.006 740	0.006 395	0.004 871	0.003 680	牧草地
	禽肉	457	0.006 697	0.006 619	0.008 023	0.008 045	0.008 390	牧草地
	兔肉	457	0.000 157	0.000 097	0.000 125	0.000 071	0.000 038	牧草地
	禽蛋	400	0.006 687	0.007 317	0.007 144	0.007 029	0.006 788	牧草地
	奶类	502	0.075 128	0.054 495	0.050 304	0.056 929	0.062 634	牧草地

分类项目	全球平均产量/(千克/公顷)	人均足迹/公顷					生物生产土地面积类型
		2000 年	2001 年	2002 年	2003 年	2004 年	
水产品产量	29	0.046 656	0.085 130	0.100 054	0.140 558	0.174 547	水域
林产品产量 核桃	3 000	0.000 169	0.000 172	0.000 166	0.000 174	0.000 194	林地
林产品产量 板栗	3 000	0.000 174	0.000 126	0.000 183	0.000 196	0.000 237	林地
木材采伐量	1.99	0.001 178	0.025 784	0.089 753	0.022 682	0.023 041	林地
总足迹	—	1.385 067	1.282 177	1.430 832	1.528 386	1.719 914	—

2）石林的能源足迹

表 5-17 中的能源平衡账户部分根据资料处理了如下七种资源：煤、焦炭、燃料油、原油、汽油、柴油和电力。计算足迹时将能源的消费转化为化石能源生产土地面积。以世界上单位化石能源生产土地面积的平均发热量为标准（徐中民等，2003），将当地能源消费所消耗的热量折算成一定的化石能源型生产面积。

表 5-17　2000～2004 年石林生态足迹计算中能源账户人均足迹

能源种类	全球平均能源足迹/(吉焦/公顷)	折算系数/(吉焦/吨)	人均足迹/公顷					生物生产土地面积类型
			2000 年	2001 年	2002 年	2003 年	2004 年	
原煤	55	20.934	0.042 080	0.037 107	0.053 266	0.077 938	0.128 173	化石能源地
焦炭	55	28.47	0.000 065	0.000 000	0.000 009	0.000 000	0.000 000	化石能源地
电力	1 000	11.84	0.001 260	0.001 240	0.001 345	0.000 186	0.000 216	建筑用地
汽油、煤油	93	43.124	0.000 210	0.000 167	0.000 187	0.000 166	0.000 160	化石能源地
柴油	93	42.705	0.000 134	0.000 173	0.000 173	0.000 118	0.000 138	化石能源地
合计	—	—	0.043 749	0.038 687	0.054 980	0.078 408	0.128 687	

3）石林水资源生态足迹

石林水资源消费的生态足迹如表 5-18 所示。

表 5-18　2000～2004 年石林水资源消费的生态足迹

项目	2000 年	2001 年	2002 年	2003 年	2004 年
单位面积水资源量/(米³/公顷)	6 107.181	6 107.181	6 107.181	6 107.181	6 107.181
水资源消耗量/10⁴ 米³	9 386.042 5	9 715.685	10 342.94	11 038.78	11 628.65
人均水资源足迹需求/公顷	0.068 9703	0.070 765	0.074 455	0.078 823	0.082 59

4）石林生态足迹贸易调整

由于生态足迹可以跨越地区界限，在生物资源和能源的消费额中进行贸易调整，能源部分贸易调整采用如下公式：

$$N_i = M_i \times \left(\frac{H_i}{G_i}\right) \times W_i$$

式中，W_i 为 i 种商品贸易的净价值量；H_i、G_i 为中国该类商品的净贸易的实物量和价值量；M_i 为该类商品的能值利用强度；N_i 为 i 种商品的能源携带量。由于贸易调整表格太长，这里仅将计算结果在表 5-19 中列出。

表 5-19　2000～2004 年石林足迹贸易调整 （单位：公顷/人）

生物生产土地面积种类	2000 年	2001 年	2002 年	2003 年	2004 年
可耕地	−0.145 819	−0.143 880	−0.141 938	−0.137 132	−0.162 141
林地	0.002 514	−0.021 790	−0.085 462	−0.018 299	−0.018 219
牧草地	−0.622 885	−0.621 761	−0.677 906	−0.762 435	−0.889 090
化石能源地	−0.140 614	−0.118 546	−0.201 499	−0.440 872	−0.754 586

3. 石林 2000～2004 旅游生态足迹

云南石林风景名胜区是我国首批国家重点风景名胜区、首批国家地质公园和首批世界地质公园。它不但是享誉国内外的旅游胜地，也是石林旅游业发展的基础，云南旅游业的龙头。石林风景名胜区范围广阔、景点众多，所属大、小石林，乃古石林，大叠水（飞龙瀑）、长湖、月湖、芝云洞、圭山国家森林公园等八大景区集中了世界喀斯特地质地貌的精华，遍布于石林境内，面积达 350 千米²。其景观资源十分丰富，不但具有世界喀斯特地貌的典型性、代表性和唯一性，还具有很高的美学、生态、科研、科普价值，被誉为"造型地貌天然博物馆"、"天下第一奇观"。

我国著名的世界自然遗产石林地质公园就坐落在石林境内。2004 年，石林风景区接待的国内外游客数达到 200 万人次。随着石林旅游业的快速发展，旅游流所引发的经济、社会、文化、环境、生态等方面的积极影响和负面影响都越来越受到人们的关注。旅游的可持续发展研究正成为旅游研究的重要领域。石林旅游生态足迹是指具有某一共同特征的旅游者群体或个人在旅游过程中所占用的生态空间。旅游者的生态足迹由一次旅游全过程中的交通、住宿、食物、游览观光与娱乐活动生态足迹构成。

1）交通足迹

旅游者交通足迹包括交通工具的能源消耗足迹及建筑空间占用足迹。计算能源足迹时将能源消耗转化为化石能源地面积。化石能源地是人类应该留出用于吸收交通工具在行驶过程中排放出的 CO_2 的森林土地面积。转化方法为，根据世界上单位化石能源生产性土地面积的平均发热量，将能源消费所消耗的热量折算成一定的化石能源地面积，再乘以均衡因子得到能源消耗生态足迹。本书中，由于汽车的型号很多，且各型号车辆的技术参数都不相同，在此以每辆小汽车消耗汽油量 90 毫升/千米，客车 220 毫升/千米计算，火车足迹以每辆火车消耗柴油量 36 千克/千米计算。

将为支持某类交通工具运行而建设的基础设施总面积转化为人均使用基础设施的平均建筑用地面积，再乘以均衡因子，即得建筑空间占用足迹。根据昆明 2001 年公路通车总里程和客运周转量，得出人均公路建筑空间占用足迹。旅游交通生态足迹计算模型为

$$FE_t = \sum (S_i \times R_i) + \sum (N_i \times D_i \times C_i / r)$$

式中，FE_t 为旅游者的总交通足迹；S_i 为第 i 种交通设施的面积；R_i 为第 i 种交通设施的游客使用率；N_i 为选择第 i 种交通工具的游客数；D_i 为选择第 i 种交通工具游客的平均旅行距离；C_i 为第 i 种交通工具的人均单位距离能源消耗量；r 为世界上单位化石能源生产土地面积的平均发热量。

经调查，旅客可以采用公路交通和铁路交通的方式到石林，但绝大多数乘客采用公路交通的方式出游，乘坐火车的乘客比重还不到 0.5%，公路交通相对于铁路交通十分便捷。旅客占用的生态足迹如表 5-20 所示。

表 5-20　2000～2004 年石林旅游交通人均足迹　（单位：公顷）

项目	2000 年	2001 年	2002 年	2003 年	2004 年
化石能源地人均足迹	0.000 293	0.000 293	0.000 293	0.000 293	0.000 293
建成地人均足迹	0.000 102	0.000 175	0.000 154	0.000 157	0.000 125
合计	0.000 395	0.000 468	0.000 447	0.000 45	0.000 418

2）住宿足迹和食物足迹

住宿足迹构成因子包括能源消耗、建筑用地、旅馆设施设备及客房用品消耗等。经调查，只有约 20％的人选择住宿；大多数旅游者为当日往返游客，不在外地住宿。一般而言，旅游者选择住宿多集中在几所三星级酒店（有一所酒店未评级，其设施达到三星级标准）。三星级、四星级酒店每个床位的建筑用地一般为 300 米^2，三星级、四星级酒店每个床位消耗的能量为 70 兆焦。旅游住宿生态足迹计算模型为

$$FE_a = \sum (N_i \times S_i) + \sum (365 \times N_i \times K_i \times C_i/r)$$

式中，N_i 为第 i 种住宿设施拥有的床位数；S_i 为第 i 种住宿设施每个床位的建筑用地面积；K_i 为第 i 种住宿设施的年平均客房出租率；C_i 为第 i 种住宿设施每个床位的能源消耗量；r 为世界上单位化石能源生产土地面积的平均发热量。

根据调查研究有关数据，可以得到旅游者住宿足迹如表 5-21 所示。

表 5-21　2000～2004 年石林旅游业人均足迹　　（单位：公顷）

项目	2000 年	2001 年	2002 年	2003 年	2004 年
住宿人均足迹	1.14×10^{-4}	1.18×10^{-4}	1.04×10^{-4}	9.96×10^{-5}	7.21×10^{-5}
旅游食物人均足迹	4.54×10^{-4}	4.39×10^{-4}	5.04×10^{-4}	5.41×10^{-4}	5.65×10^{-4}
旅游观光人均足迹	2.648 139	2.750 191	2.421 906	2.313 29	1.674 645

食物消费项目主要为农副产品、动物产品，属生物资源消费。根据调查，不过夜旅游者一般只用中餐，而过夜旅游者在石林旅游区的逗留时间大多数也是 1 天，在本研究中，不过夜旅游者的食物基本消费量，以 1/3 个旅游日计算，过夜旅游者的食物基本消量，以 1 个旅游日计算。根据公式，将旅游者食物消费转化为生物生产土地面积，再乘以均衡因子得到旅游者的食物足迹（表 5-21）。

$$EF_f = N \sum (C_i \cdot Q_i/P_i)$$

式中，EF_f 为旅游食物人均足迹，N 为人数；C_i 为 i 种食物的人均消费量；Q_i 为 i 种食物的平均生产力；P_i 为 i 种类型土地面积的均衡因子。

3）观光游览足迹和娱乐购物足迹

观光游览是旅游活动中的主要内容，包括足迹产生地活动过程中能源物质消耗及观光游览地相关设施的建筑空间占用，由于游客在石林游览过程中

能源消耗与物质很少，故忽略不计。因而在此游客观光游览足迹近似于其对游览设施建筑空间的占用足迹。

娱乐活动也是旅游活动的一项重要内容，其足迹产生于娱乐活动过程中能源、物质消耗及娱乐设施的建筑空间占用。但是，由于石林是一处典型的观光型旅游地，除附属于住宿设施内的少量娱乐设施（如歌舞厅）外，区内没有其他专门娱乐设施。而且，由于住宿设施内的娱乐设施能源消耗与物质消耗及建筑用地面积已计于住宿足迹内，所以在此不重复计算。旅游商品生产与销售的能源消耗相对较少，也可忽略不计。

4. 结果与讨论

各种生物资源和能源消费的足迹构成了石林地区 2000～2004 年的生态足迹（表 5-22）。石林 2000～2004 年生态足迹的计算结果，由生态足迹的需求和能供给的生物生产土地面积（生态承载力）两部分组成。由于单位面积可耕地、化石能源地、牧草地、林地等的生物生产能力差异较大，为了使计算结果转化为一个可比较的标准，有必要在每种生物生产面积前乘上一个均衡因子（权重），以转化为统一的、可比较的生物生产土地面积。均衡因子的选取来自世界各国生态足迹的报告。在供给方由于各国或地区的各种生物生产土地面积的产出差异很大，在转化成生物生产土地面积时分别乘了一个产出因子。例如，石林可耕地面积的产出因子取 1.49，表明石林可耕地的生物产出率是世界平均水平的 1.49 倍。同时出于谨慎性考虑，在生态承载力计算时扣除了 12% 的生物多样性保护面积。

表 5-22 石林 2000～2004 年生态足迹

项目	2000 年	2001 年	2002 年	2003 年	2004 年
生态承载力全球性公顷	3.391 994	3.356 489	3.327 209	3.307 779	3.314 065
本底生态足迹全球性公顷	0.452 144	0.441 099	0.472 747	0.540 584	0.595 618
旅游生态足迹全球性公顷	2.649 103	2.751 217	2.422 962	2.314 381	1.675 701
生态赤字或盈余全球性公顷	0.290 747	0.164 173	0.431 5	0.452 814	1.042 746
生态压力全球性公顷	0.91	0.95	0.87	0.86	0.69
旅游生态压力全球性公顷	0.78	0.82	0.73	0.70	0.51
GDP/万元	100 067	109 657	117 443	127 860	148 738
人均足迹全球性公顷	3.101 247	3.192 316	2.895 709	2.854 965	2.271 319
单位足迹产值/(元/公顷)	277.80	304.56	325.41	352.65	408.67

由以上计算可得，2000～2004 年石林都出现生态盈余，生态盈余的存在

表明人类对自然的影响在其生态承载能力的范围内。因此，可认为石林的发展模式处于一种可持续的状态，由于生态盈余连续继续增加，所以石林处于良性循环。

1）石林生态足迹与生态压力分析

生态足迹除实际面积的倍数，可作为生态压力的指标之一。表 5-22 显示了石林地区的生态压力和旅游业给当地造成的生态压力。可以看出，旅游业造成的生态压力是石林生态压力的主要来源，但是旅游业的生态压力比重呈逐年下降趋势，2004 年旅游业造成的生态压力是 2000 年的 1/3 左右。石林为发展旅游业付出的生态代价是在减弱的，这说明政府对生态旅游的重视有成效。

总的来说，石林的生态压力呈逐年递减的趋势，这是因为石林旅游生态足迹大部分由观光游览足迹构成，随着石林的旅游者人数的逐年增加，摊薄了人均生态足迹，也提高了旅游业的生态效率。

2）石林生态足迹与经济效益分析

表 5-21 显示出石林生态足迹的经济效率，单位足迹产值呈递增趋势，2004 年单位足迹产值比 2000 年增加了近 50%，这说明石林在利用自然生态资源方面的效率逐年快速增加。但与其他国家、地区相比，石林生态资源的利用仍然处于低效率水平。2001 年全球单位足迹产值为 9069 元，美国为 27 363 元，中国为 3386 元，是全球水平的 3.3%。

3）石林旅游生态经济效益分析

石林旅游情况如图 5-13 和图 5-14 所示。

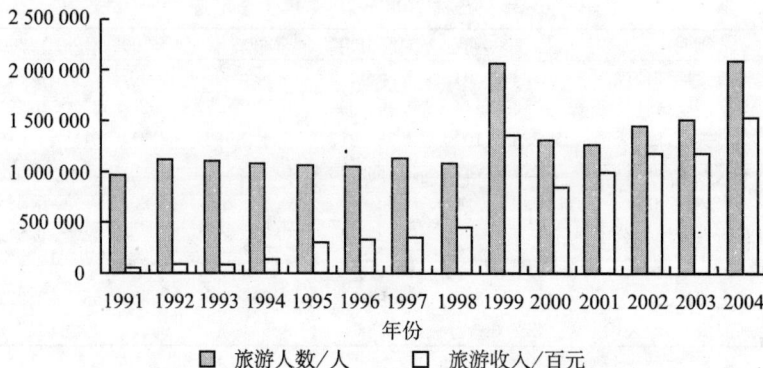

图 5-13 1991～2004 年石林旅游人数和收益情况

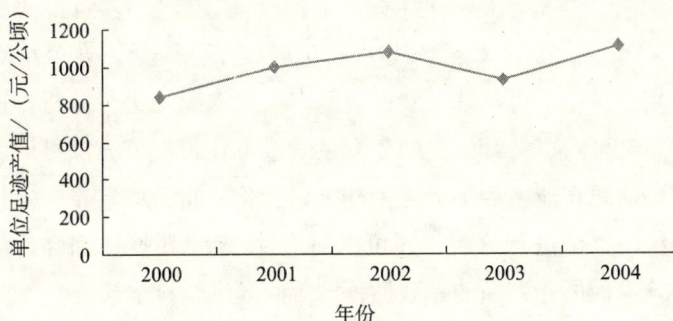

图 5-14　2000～2004 年石林旅游生态经济效率

　　图 5-14 显示出了石林旅游经济效率变化情况，与石林总体经济效率相似，石林旅游生态经济效益也呈现出快速增加趋势。2000 年单位足迹产值为 840 元/公顷，2004 年增长了 32%，达到 1113.12 元/公顷。世界平均旅游单位足迹产值为 9066 元/公顷，是世界平均水平的 11%。本研究认为其原因有以下两点：首先，虽然石林地区旅游资源丰富，但是 90% 的游客只游览大小石林景区，约有 11.92 千米²，这使其他景区处于低效率状态，是对自然旅游资源的极大浪费；其次，经调查，石林的旅游收入大部分来自门票收入，旅游者在其他方面的花费相对于其他旅游发达的地区来说偏低。

　　4）小结

　　生态足迹模型侧重于生态消费和生态承载力，忽略经济、社会、技术、环境和贸易方面对可持续发展的影响。从前面的分析可以看出，旅游业对石林产生了较大的生态压力，是影响石林可持续发展的重要因素。增加生态盈余的关键在于打造高效率的石林旅游业，高效的旅游业不仅可以增加人均生态盈余，而且还可以提高当地生态效率，提高当地人民的生活水平。另外，还可以高效利用现有资源存量，改变人们的生产和生活消费方式，建立资源节约型的社会生产和消费体系。采用高新技术，提高自然资源单位面积的生产产量也是改善石林生态关系的重要途径。

三、石林可持续发展层次法分析

1. 层次分析法简介

层次分析法（analytic hierarchy process，AHP）是 20 世纪 70 年代，美

国著名运筹学家萨蒂提出的一种用于多目标、多层次、多因素的决策方法（Saaty and Vargas，1982）。层次分析法的应用十分灵活。在可持续发展评价中，既可用于对影响可持续发展进程的多层次多因子进行分析排序以确定其重要程度，又可对可持续发展的复杂系统进行评价。该方法可以将一些量化困难的定性问题在严格数学运算基础上定量化；将一些定量、定性混杂的问题综合为统一整体进行分析；还可以对定性-定量转换、综合计量等解决问题过程中，人们所作判断的一致性程度等问题进行科学检验。

层次分析法在应用过程中，首先通过分析复杂问题所包含因素的相互关系，将待解决问题分解为不同层次的要素，构成递阶层次结构；然后对每一层次要素按规定的准则进行两两比较，建立判断矩阵；运用特定的数学方法计算判断矩阵最大特征值及对应的正交特征向量，得出每一层次各要素的权重值，并进行一致性检验；在一致性检验通过后，再计算各层次要素对所研究问题的组合权重，据此就可解决评分、排序、指标综合等一系列问题。层次分析法求解问题的整个过程体现了人大脑思维的基本特征：分解—判断—综合，使人们对复杂问题判断、决策的过程得以系统化、数量化。通过指数化和赋权，可以把量纲完全不同的多项指标综合为单一的指数。国外经常采用的赋权方法是专家调查法和层次分析法结合在一起。

层次分析法的步骤：①建立递阶层次结构；②构造判断矩阵；③层次排序，层次总排序的一致性检验；④指标权重的确定；⑤目标层权重排序和一致性检验。可持续发展是一个含有不同层次、多种因素的复杂系统，往往很难定量分析各种因素的重要程度。人们从不同的角度出发，很可能强调不同的因素，而忽略了从整体看实际上更为重要的因素。一方面，在可持续发展所涉及的各个领域中，不同领域往往都强调自己的重要性，同一领域的各个分支又都强调自己的特殊性。另一方面，有时由于特殊原因突出某个部分时，又掩盖了潜在的更为重要的部分。

事实上，一个复杂系统的各种因素都可以分为若干层次。一般说，较高的因素有较强的综合性，因而是具有战略性的因素；较低层次的因素往往是具体的对策、措施和指标。层次分析法首先将复杂系统中的各种因素划分成相互联系的有序层次，根据客观实际判断每一层次中各相关因素的相对重要性并给予定量表示，再利用数学方法确定每一层次全部元素相对于较高层次因素的重要权重，从而明确较低层次中每一层诸因素对较高层任一因素的相对重要性次序及对最高层的综合影响，作为分析决策的依据。

2. 石林可持续发展层次分析

本研究采用专家评判权重的方法，即将专家作为索取信息的对象，组织相关领域的专家，运用他们专业方面的经验和理论，对可持续发展指标进行评判的方法。它是在意见和价值判断领域内的一种延伸，它突破系统的数量分析限制，提供了更合理地选择多方案的可能性，以概率表示明确答案。据有关研究表明，专家人数太少，限制学科代表性，缺乏权威；人数太多，难以组织，对结果处理也比较复杂，15～50 位专家为宜，对预测精度最适合（叶正波，2003）。本研究选择了 40 位专家进行权重评判。专家分别为生态学、经济学、社会学、民族学、法学、石林党委和政府官员、石林各部委办局领导等。

通过收集整理石林 1978～2009 年的统计资料，可计算出各年的 ESI 值。因缺少较完整的发展规划指标，故采用相应年份昆明的各项指标平均值对石林指标值进行无量纲化，采用 SPSS 统计软件进行计算，得到各个子系统的主成分权重、特征向量及得分。根据各指标体系的权重，用前述综合评价方法模型进行各层的定量及定性分析，经计算得出 1978～2008 年石林各年份的 ESI 值（图 5-15）。

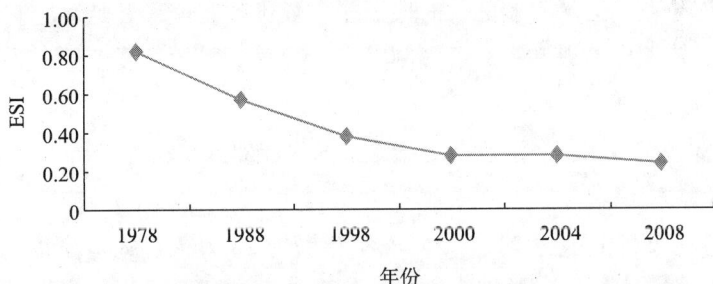

图 5-15 石林 ESI 走势图

综合评估结果图显示，石林在这 30 年的发展过程中，ESI 呈下降趋势，最突出的是 1986～1996 年有很大的下降，1998～2004 年基本维持，变化不大。2004～2008 年有改善，趋于良性发展，进入了弱可持续发展阶段。通过综合分析研究还可以看出，石林可持续发展的障碍主要来自以下五个方面：

人口素质偏低；人均文教卫经费不高，并且增长势头过缓；经济发展起点较低，且企业经济效益增长缓慢；资源利用效率不高，环境污染逐渐加重，环境综合治理力度不够、经费投入不够；城乡发展有待进一步协调。

ESI说明可持续发展程度分强、弱两个层次。经济、人口、资源消耗因子，环境质量因子等均得到改善，为强；经济发展可以补偿人口增长，资源消耗增加，环境质量恶化，为弱。从计算得出的喀斯特地区的ESI值来看，石林处于弱可持续发展阶段。其中生态环境、经济、社会都未达到理想状态。生态环境属于不可持续发展阶段，经济、社会属于弱可持续发展阶段，但可持续发展能力有所增长。区域发展水平、区域开放度、区域发展潜力均越来越大，而区域发展效率却呈下降势头，以过度消耗资源来获取经济增长、以损失环境效益来获取经济增长的局面应加强调控。

3. 石林人口资源与环境协调性分析

县域系统的发展是县域系统发展条件改善的结果，对于石林县域复合系统，在某一给定的时刻，必然存在某一发展条件成为系统发展的限制因子，在此根据克服限制因子所需时间的长短，将其分为长、中、短时段限制因子。就石林县域复合系统而言，区域的地质构造、气候条件、地貌形态、资源禀赋等是长时段因子；区域的文化传统、价值观念、行为方式、人口-资源结构等是中时段因子；区域的经济结构、技术结构、资源利用方式是短时段因子。对于制约区域发展的长时段因子，较难改变，最好是适应它；可以通过调整、克服中时段和短时段限制因子来改善区域的发展条件，为实现区域的可持续发展奠定基础。

对石林自然-社会-经济复合生态系统的发展实践分析如下。

1）人口方面

人口基本处于可持续状态（2004年年底为23万人，人口密度为132.7人/千米²），在本县可承载范围（2004年人口自然增长率为7.3‰）内；人口总体文化素质偏低，拥有大学学历人数仅占1.56％，拥有高中学历人数仅占3.48％，拥有初中学历人数占26.89％，拥有小学学历人数占48.86％，文盲人数还有8.62％（第五次人口普查数据），人口文化素质结构在县域内的区域差异突出；人口老龄化呈加速之势，将加剧未来的社会负担，制约经济结构的优化和社会发展的进程；智力支持系统薄弱，教育规模和成就较低，教育的资金投入和人才投入不足；科技能力弱，无论是科技资源、科技产出、科技贡献都很低，资金投入和人才投入不足。

2）社会经济方面

农业抗灾能力仍然较差；产业结构层次偏低；资源的开发加工深度不够；工业产品档次、技术含量、附加值及市场占有率偏低；主导产业优势不够明显，带动作用不强；企业经营管理水平较低，经济整体效益不高；粗放经营为主的产业体系和管理体系需进行改造；城乡贫富差距仍然较大，城乡发展仍需要协调；科学技术作为第一生产力的作用仍未得到充分发挥；居民医疗条件和消费水平尚需提高。

3）资源开发利用方面

水资源总量较少，且时空分配不均，区域性缺水严重；县域内缺乏具有大规模工业开采价值的矿产资源；一些具有开发价值的自然景观资源，在数量、质量和观赏价值方面有待提高；资源转化效率低，单位面积粮食产量较低，生存支持系统没有足够优势；自然资源匮乏是石林可持续发展的长时段限制因子，就自然资源禀赋而言石林矿产资源种类不多，可开采量有限。

4）环境方面

一是环境污染在加剧，全年工业烟尘排放量，二氧化硫排放量，废水排放量，工业固体废弃物年产生量，生活垃圾年产生量都在逐年增加；二是生态质量偏低，水域面积小，森林面积增加缓慢，农村生态也在逐步退化；三是环境综合治理能力偏低，环保投入仍然不够。土壤侵蚀率高，水土流失、石漠化严重，区域生态水平不容乐观。

分析石林的产业结构，长期以第一产业为主，第二、第三产业不发达。乡镇企业发展滞后，农业内部结构中，种植业比重大，林业、牧业、渔业比重小，农产品商品率低。在相当长的一段时间内，石林以发展第一产业为主（1949～1991 年），直到 20 世纪 90 年代第三产业兴起，农业比重才逐渐降低；第二产业发展一直比较降低，且以加工工业为主（如建筑石材加工和烤烟复烤），对各种原材料和能源的需求很大，而能源需求是区内无法满足的，因而经济发展与自然资源短缺的矛盾将日益尖锐。石林的短时段限制因子为经济结构、技术结构、资源利用方式。该县经济以资源劳动密集型产业为主导，今后应逐步转变经济增长方式，提高资源利用水平和经济效益，培植资金技术密集型产业群，并改善投资环境，做好招商引资工作。

以加工工业为主的性质和资源短缺的自然禀赋决定了石林经济的发展必然要大量调入能源和原材料，而本地需求的有限性又决定了产品的绝大部分将调出县域外。这种"两头在外"的市场结构，要求有发达的交通运输体系作支撑。另外，近年来石林旅游业的高速发展，对交通运输的需求也很迫切。要保证石林社会经济的快速和可持续发展，必须重视交通运输体系的建设，即中时段限制因子，做到超前发展。

4. 石林可持续发展的计量经济评价

一个地区要达到可持续发展的最终目标，必须认识到资源利用、生态环境、社会生活，以及经济发展是一个动态的、协调的统一体。区域可持续发展的计量经济模型是从宏观的、全局的概念出发，综合评价一个地区经济协调、长远发展的有效手段。由于社会经济现象和过程是错综复杂的，需要应用经济计量方法构造相应的经济计量模型，描述客观经济过程的运行机制，从而达到对经济现象和经济关系的结构分析、经济预测和政策评价的目的。

1) 资源支持能力的计量经济分析

自然资源的稀缺性和不可再生性决定其在可持续发展中具有重要作用。将某一地区自然资源各种指标进行量化分析，选取代表资源支持能力的主要指标作为变量。资源支持函数表达该区域自然资源对可持续发展目标的支持程度。该函数所包括的变量主要是区域的人均耕地面积、人均水资源量、主要矿种人均储量、人均能源生产量、人均森林面积。t 时刻资源支持函数可表示如下：

$$V_{1t} = f_{1t}(X_{1t}, X_{2t}, X_{3t}, X_{4t}, X_{5t}, X_{6t})$$

式中，V_{1t} 为 t 时刻资源支持数值；X_{1t} 为 t 时刻人均耕地面积（公顷/人）；X_{2t} 为 t 时刻人均水资源量（米^3/人）；X_{3t} 为 t 时刻主要矿种人均储量（吨/人）；X_{4t} 为 t 时刻人均能源生产量（吨/人）；X_{5t} 为 t 时刻人均森林面积（公顷/人）；X_{6t} 为 t 时刻人均用电量（千瓦时/人）。

根据经验，资源对区域的支持函数为对数线性关系，即

$$\ln V_{1t} = \beta_{1t}\ln X_{1t} + \beta_{2t}\ln X_{2t} + \beta_{3t}\ln X_{3t} + \beta_{4t}\ln X_{4t} + \beta_{5t}\ln X_{5t} + \beta_{6t}\ln X_{6t}$$

2) 生态支持能力的计量经济分析

生态支持对一个地区可持续发展数量分析，可将地区生态环境视为一种资源，将向环境排放污染物（包括废水排放、废气排放、工业固体废物产生

量）、水土流失（包括耕地减少面积、林木减少面积）沙土综合治理为计量指标。生态支持函数为

$$V_{2t} = f_{2t} (Y_{1t}, Y_{2t}, Y_{3t}, Y_{4t}, Y_{5t}, Y_{6t})$$

式中，V_{2t} 为 t 时刻生态支持数值；Y_{1t} 为 t 时刻污染物排放量；Y_{2t} 为 t 时刻水土流失量；Y_{3t} 为 t 时刻水土综合治理量；Y_{4t} 为 t 时刻污染物治理量；Y_{5t} 为 t 时刻人口密度；Y_{6t} 为 t 时刻自然保护区面积。

则生态对区域的支持函数应为对数线性关系，即

$$\ln V_{2t} = \gamma_{1t} \ln Y_{1t} + \gamma_{2t} \ln Y_{2t} + \gamma_{3t} \ln Y_{3t} + \gamma_{4t} \ln Y_{4t} + \gamma_{5t} \ln Y_{5t} + \gamma_{6t} \ln Y_{6t}$$

3）社会支持能力计量经济分析

社会支持能力对于可持续发展数量指标主要有每万人拥有的大、中专学生数，地区人均收入，地区登记失业率，刑事案件发案率。这些指标的变动反映了一个地区人口素质、生活质量和社会基本状况的综合水平，是地区可持续发展数量分析的重要因素。社会支持函数是

$$V_{3t} = f_{3t} (R_{1t}, R_{2t}, R_{3t}, R_{4t}, R_{5t}, R_{6t})$$

式中，V_{3t} 为 t 时刻社会支持数值；R_{1t} 为 t 时刻每万人拥有的大、中、专毕业人数；R_{2t} 为 t 时刻农民人均纯收入；R_{3t} 为 t 时刻地区登记失业率；R_{4t} 为 t 时刻地区刑事案件发案率；R_{5t} 为 t 时刻人口自然增长率；R_{6t} 为 t 时刻公路密度。

则社会对区域支持函数应为一般线性关系，即

$$V_{3t} = \lambda_{1t} R_{1t} + \lambda_{2t} R_{2t} + \lambda_{3t} R_{3t} + \lambda_{4t} R_{4t} + \lambda_{5t} R_{5t} + \lambda_{6t} R_{6t}$$

4）经济支持能力的计量经济分析

地区 GDP，总产值增长率，资金利税率及劳动生产率变量是衡量一个地区可持续发展经济支持能力的基本要素。以此来构造经济支持函数如下：

$$V_{4t} = f_{4t} (Q_{1t}, Q_{2t}, Q_{3t}, Q_{4t}, Q_{5t}, Q_{6t}, Q_{7t}, Q_{8t})$$

式中，V_4 为经济支持能力数值；Q_{1t} 为地区 GDP；Q_{2t} 为地区总产值增长率；Q_{3t} 为地区劳动生产率；Q_{4t} 为人均社会消费品零售额；Q_5 为第二产业占 GDP 比重；Q_{6t} 为第三产业占 GDP 比重；Q_{7t} 为人均固定资产投资；Q_{8t} 为人均社会消费品零售额。

假如经济对区域支持函数为线性关系，则有

$$V_{4t} = \omega_{1t} Q_{1t} + \omega_{2t} Q_{2t} + \omega_{3t} Q_{3t} + \omega_{4t} Q_{4t} + \omega_{5t} Q_{5t} + \omega_{6t} Q_{6t} + \omega_{7t} Q_{7t} + \omega_{8t} Q_{8t}$$

以上四组系数称为线性回归系数。可根据 t 时刻区域的有关各项数据，

利用线性回归原理计算出来。

区域可持续发展综合评价数量分析框架是在资源利用，生态保护，社会协调，经济发展四个基本方面数量分析基础上框算出来的。结合区域实际情况，测算出各自权重，通过三层分析，得出 t 时刻区域可持续发展计量评价结果。

采用以上方法和公式，计算了石林可持续发展能力的指数，结果见图 5-16 和图 5-17。

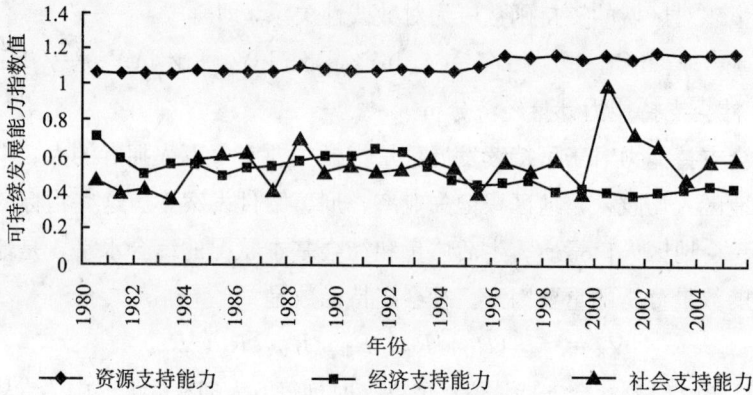

图 5-16　石林可持续发展能力走势图 (1)

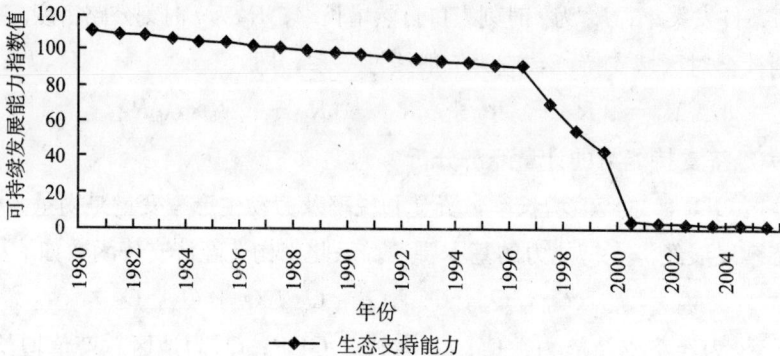

图 5-17　石林可持续发展能力走势图 (2)

5. 石林发展对策与建议

2004～2015 年，是石林由欠发达社会向小康社会迈进的重要时期，也是奠定可持续发展基础的关键时期。针对石林可持续发展的实际情况、限制因子及发展条件等，提出如下对策。

1) 确立"科教兴县"的主体战略地位

未来国家之间的竞争是人才的竞争，区域之间的竞争也不例外。依据地域分工的比较利益原则，生产产品花费的社会必要劳动时间越少，产品的竞争力就越强。石林自然资源短缺的劣势，必须以人才资源和高新技术来弥补，发展高、精、尖、特等科技含量高的产品。"人力资本"理论早已强有力地证明了知识、技能等对现代经济发展的决定性作用。因此，石林必须重视人口素质的提高，在经济迅速发展的同时，加大对科技和教育的投入，提高地方财政安排的科技、教育经费的增幅；同时，实行优惠政策，鼓励科技贷款和企业对新产品、新技术的科研投入，通过多渠道筹集资金，切实保证科技和教育经费的稳步增长。①完善教育体系。本区人口自然增长率不高，人口密度不大，但是人口素质低，已成为可持续发展的限制因素。石林已基本普及九年义务教育，要进一步缩小城乡中小学办学差距，促进义务教育均衡发展。②加强职业教育。职业教育以提高人口的科学文化素质和劳动技能为目标，逐步扩大和加强科技、技术和管理人才的培养。③实施以控制规模提高素质为宗旨的人口发展对策。④深化非义务教育投融资体制改革，支持民办非义务教育发展，扩大民办教育资源总量，努力增加县城优质教育资源。⑤建立健全科技创新激励机制和科技推广服务体系，加快科技成果转化和先进实用技术推广普及，提高全民科技素质，使科技对经济增长的贡献率进一步提高。

2) 经济发展应以提高经济效益的内涵式发展为核心，保持经济的适度增长

保持经济适度增长系统演化的目的在于功能的完善，而非组分的增长。一切组分的增长都必须服从系统整体功能的需要，任何对整体功能无益的结构性增长对系统都是无益的，区域发展也是如此。根据这一原则，1998～2008 年，石林的经济总量扩大趋势明显，地区 GDP 年均递增，发展速度较快。其一，近 10 年来石林固定资产投资年均递增 14.81%，尤其是近五年增长较快，年均递增 36.7%；2004 年全社会固定资产投资额增长过猛，较上年增长 73.39%，大大高于全省和全国水平（分别为 23.24%和 27.7%）。其二，加速发展要与产业结构的逐步调整和优化相结合。在目前产业结构层次不高、资源消耗型的传统产业尚占较大比重的情况下，经济的高速增

长必然大量增加资源消耗，这对石林这样一个资源短缺的县域来说，困难是显而易见的。其三，加速发展应同环境的承载力相协调，不能忽视环境保护。

3）优化产业结构，提高经济效益，实现经济增长由粗放型向集约型的转变、经济结构和机制的优化

石林产业结构已经从 1978 年落后的"一三二"模式，即由大农业占主导地位，逐渐扩大工业和旅游业规模，发展到 2008 年"三一二"模式，即三次产业结构比为 30.4：25.9：43.7。分析石林的各产业状况，给出以下建议。

（1）探索"顺向演替，循环利用"的生态农业模式。目前产业结构排序农业仍然为 30.4，农业人口占全县绝对主导地位，并且喀斯特生态区内的荒山区大多逆向演替。要改善这种恶性循环的生态经济系统，应用农业生态系统原理，合理利用农业资源，就必须积极探索一种高效的顺向演替模式，其关键在于选择适宜石灰岩土类生长的速生树种，以维护系统的生态平衡，促进生态保护和经济发展。今后应继续保持粮、烟、畜、果等优势项目，但应优化农业生态系统中物质、能量流动的有序性和效率。石林农业的优势在烤烟，要切实增强品牌意识，培育优良品种，以高等级、高合格率创品牌，促使农民增收、财政增收、社会稳定。积极培育云南知名圭山山羊品牌，做大做强羊产业，加快以羊产业为龙头的畜牧业发展，巩固生猪生产。同时，按照"树上山，粮下川，羊进厩"的思路，正确处理好山羊繁殖与生态建设的关系。积极发展以果品、蔬菜为主的绿色产业，扩大无公害、反季产品的生产规模，以市场为导向，优化品种，提高效益。运用物质循环再生原理建立"种（植）—养（植）—加（工）"、"种—养—沼（气）"和"林—粮—烟—果"高效农田生态模式和以沼气为核心的庭院立体经营等生态农业模式，使系统稳定性增强，生产力提高，促进物质与能量的多次循环，实现农、林、牧、副、果全面发展。

（2）提升旅游业，抓好工业园区开发。由于石林有世界自然遗产、世界地质公园的优势，旅游业是石林的绝对优势产业。石林要确立和实施旅游国际化战略，打造融自然生态与民族文化特色为一体的高品位康体休闲旅游区。同时，确立几个优势产业（如生态产业、畜牧业、新能源产业等），集

中人力、物力及扶贫资金和外资优先开发，形成支柱产业（或行业），通过支柱产业带动相关行业的"一条龙"发展，通过"辐射效应"和"榜样作用"推动整个地区的综合协调发展。必须加大以旅哺农力度，促进和谐发展。目前石林工业薄弱，工业化水平较低，应加快推进工业园区建设，走集约、规模、低耗、少排、高效之路。应加强技术改造和企业管理，把技术改造与技术引进结合起来，其重点是提高经济效益。扶持培育非公经济。石林的烟草复烤加工作为高附加值行业，要注意采用高新技术，通过产品的升级换代提高档次，从而有效地保持市场占有率。科学改进经济规模和结构，调整产业结构，改善产业布局，搞好城镇化建设，作好富余劳动力有序转移。实施开发战略，改善投资环境，制定优惠政策，吸引国内外投资，强化经济的外向性，增强石林县可持续发展的能力。

4）加快城市化进程和交通网络建设

按照石林县委县政府"完善规划、扩大规模、增强功能、提高品位、塑造特色"的总体要求，抓好城市规划、建设和管理，提升城市吸引力，提高城镇化率。同时提升城市综合管理水平。根据系统论的原理，一个有活力的系统必然是一个开放的系统。未来10年石林经济的快速发展和"两头在外"的市场结构，必然伴随着能流、物流的大进大出，给石林的交通运输体系造成巨大的压力。因此，必须大力发展交通运输，建设畅通便捷的交通运输网络。在交通运输体系的建设中，石林应充分利用其县内旅游风景区世界地质公园的品牌优势，以及云南发展旅游大省的势头，布局交通形态，实现交通运输能力的增强。同时，要做好高速公路石林段的管理工作，尽快形成对内、对外四通八达的公路网络。

5）以预防为主的环境建设政策

（1）要加大生态环境改善力度，同时促进经济和社会的发展。对农业节水、耕地保护、农药化肥减用、企业整顿等措施应加紧研究和实施。经济发展应以增长方式的转变为指针，这是最根本的环境建设战略。逐步走节材、节能、节水、高效、低排放、无污染的生产道路。

（2）应提倡适度消费、结构合理、资源节约、环境无害等现代消费模式。实行节约型国民经济，使社会经济稳定发展。

（3）强化环境保护意识和污染治理。石林的环境污染主要集中在镇区，所以环保主要是针对镇区的。但是，在加强污染控制和治理的同时，还应注重环境保护宣传和教育，避免"先污染后治理"的弯路。加快城市基础设施建设，加强工业"三废"处理能力，减轻环境污染。

（4）在水土流失严重的地区，要退耕还林还草，封山育林。总之，针对喀斯特地区的具体情况，综合治理生态环境，综合开发，协调发展，促进其生态经济的可持续发展。农村城市化中要加强村镇规划，节约土地资源，保护生态环境。

6）完善社会保障体系，保持社会稳定，促进社会事业稳步发展

加快医疗卫生体制改革，优化卫生资源配置，提高公共卫生服务质量；强化新型农村合作医疗监管，努力增加卫生技术人员数，提高居民享受的医疗服务水平，全面提高人民生活质量。逐步提高农民人均纯收入，进一步缩小城乡差别。要建立健全新农村社会保障体系。

伴随石林经济的迅速发展，在城市化进程中，首先，政府要宏观控制剩余劳动力的转移措施。对目前农村剩余劳动力应努力就地转移，这需要规模性的农副产品加工业作支持；其次，政府要积极组织对外劳务输出，调控剩余劳动力的有序流动，采用多种形式合理开发利用农村剩余劳动力资源。

总之，石林可持续发展的长期对策取向应该是依靠科技求发展。要保持社会经济的可持续发展，必须从拼资源、拼消耗的粗放型经营生产方式，转到依靠科技进步带动集约化经营轨道上来。要限制高消耗、高污染的产业，鼓励和促进技术密集型和劳动密集型产业的发展。依靠科技促进经济增长方式的转变。在发展过程中，必须善待生存支持系统，节约水资源，合理利用并不丰富的土地资源。对自然资源较少的索取，较多的保护，针对自然资源禀赋先天不足的问题，要依靠科技克服自然资源瓶颈。要控制环境污染和生态质量的退化，必须依靠科技进步。减少"废气、废水、废固"排放和污染，缓解土壤侵蚀和气候变异，进行环境治理和生态保护等，都离不开科学技术。要提高科技能力，从短期看，需加大对科技的直接投入，把以向固定资产等有形资产的投资为主，转为向科学技术投资；从长期看，要提高科技能力，必须提高教育水平，高素质的人才是未来发展的重中之重。培养人才，短期内可以眼睛向外，吸纳高水平和高素质的人才进来；长期看要眼睛向内，立足于培养自己的高水平人才。

第四节　资源型县域研究——华坪

一、华坪社会经济系统能值指标分析

1. 华坪概况

华坪位于云南西北部的金沙江中段北岸，北纬 $26°21'\sim26°58'$，东经 $100°59'\sim101°31'$。全县平均海拔为 1160 米，面积为 2200 千米^2，山区面积占 97%，森林覆盖率 50.2%，耕地 16.63 万亩。气候为亚热带低热河谷，年平均气温为 19.8℃，年平均降水量为 1060.7 毫米。

华坪境内矿产资源丰富，颇具开采价值的有煤炭、石灰石、铝矾土、石墨矿、白云石、花岗石等。华坪是全国 100 个重点产煤县之一，现已探明的煤炭资源可采储量为 1.3 亿吨，远景储量为 3.5 亿吨；石灰石储量约为 4 亿吨，花岗石储量约为 0.35 亿米^3，钒钛铁矿约为 0.3 亿吨；水能理论蕴藏量为 22.9 万千瓦，可开发利用 12.5 万千瓦。

全县辖 5 乡 3 镇，有汉族、傈僳族、傣族、彝族等 26 个民族。2008 年年末全县总人口为 16.45 万人，农业人口为 131 722 万人，占总人口的 81.3%；少数民族人口为 5.3 万人，占总人口的 33.0%；贫困人口为 4.7 万人，占总人口的 28.6%，人口自然增长率为 2.79‰。全县农业以种植亚热带作物和养殖畜禽为主；工业以煤炭、电力、化工、建材为主，个体私营经济相对发达，交通运输业发展较快。

依靠资源优势，华坪工业经济得到了快速发展，实现了社会经济的飞跃。1985 年实现 GDP 5679 万元，到 1998 年达到 4.62 亿元，2004 年比 1998 年约翻了一番，达到 8.43 亿元；2008 年，实现 GDP 18.92 亿元，比 1985 年增长了约 33 倍。全县工业总产值 1978 年为 579 万元，1988 年为 3508 万元，到 1998 年增加到了 5990 万元，2004 年为 85 000 万元，2008 年达到了 26.2 亿元，比 1978 年增长了约 452 倍。

华坪煤炭产业发展历经"七五"起步、"八五"发展、"九五"形成支柱的发展历程，"七五""八五""九五"期间，煤炭产量累计完成量分别约为 400 万吨、701.4 万吨、942.3 万吨，实现产量增、产值增、税费增的良好发展态势。煤炭产业的发展还带动了县内电力、交通运输、汽车修理、餐饮服务业等行业的发展，煤炭产业成为全县的第一经济支柱产业。华坪是典型的煤炭资源县。

2. 华坪能值分析

按照区域的系统理论，任何区域系统都是由社会、经济、人口、资源和环境 5 个子系统构成的相互联系、相互影响、相互依存的统一整体。在构建华坪可持续发展的能值指标体系时，选取了社会-经济-自然复合系统来综合评价整个研究区域的可持续发展情况，把人口系统归为社会子系统，资源和环境统一到自然子系统进行分析和评价。

根据前述的能值指标体系和华坪县各年的基础数据，计算出华坪 2004～2008 年的各项能值指标（表 5-23）。

表 5-23 华坪 2004～2008 年的能值评价指标体系

	项目	2004 年	2005 年	2006 年	2007 年	2008 年
基础能值指标	可更新资源利用/太阳能焦耳	5.15×10^{20}	5.79×10^{20}	4.97×10^{20}	5.25×10^{20}	5.19×10^{20}
	不可更新资源使用/太阳能焦耳	4.37×10^{21}	4.9×10^{21}	6.64×10^{21}	7.48×10^{21}	9.70×10^{21}
	输入能值/太阳能焦耳	7.51×10^{20}	7.37×10^{20}	7.38×10^{20}	1.11×10^{21}	1.16×10^{21}
	输出能值/太阳能焦耳	3.65×10^{21}	4.30×10^{21}	5.93×10^{21}	6.87×10^{21}	8.49×10^{21}
	总能值用量/太阳能焦耳	5.63×10^{21}	6.27×10^{21}	7.87×10^{21}	9.12×10^{21}	1.14×10^{22}
	不可更新资源能值比率/%	77.5	79.0	84.3	82.0	85.3
社会亚系统评价指标	人均能值量/太阳能焦耳	3.71×10^{16}	4.10×10^{16}	5.08×10^{16}	5.56×10^{16}	6.90×10^{16}
	能值利用强度/(太阳能焦耳/米²)	2.56×10^{12}	2.85×10^{12}	3.58×10^{12}	4.14×10^{12}	5.17×10^{12}
经济亚系统评价指标	能值货币比/(太阳能焦耳/美元)	4.58×10^{13}	3.73×10^{13}	4.06×10^{13}	3.96×10^{13}	4.11×10^{13}
	能值投入率	15.4	13.3	10.3	13.9	11.3
	净能值产出率	7.50	8.51	10.7	8.19	9.82
	能值受益率	0.206	0.171	0.125	0.162	0.137
	电力能值比/%	4.38	2.99	2.41	2.38	2.21

续表

	项目	2004 年	2005 年	2006 年	2007 年	2008 年
自然亚系统评价指标	可更新资源能值比率/%	9.14	9.24	6.31	5.76	4.56
	废弃物与可更新能值比/%	1.27	164	201	112	168
	废弃物与总能值比/%	0.116	15.2	12.7	6.47	7.64
	能值自给率/%	86.7	88.2	90.6	87.8	89.8
	环境承载率	9.94	9.83	14.8	16.4	20.9
	人口承受力	1.11×10^5	1.13×10^5	7.83×10^4	7.55×10^4	6.02×10^4
	ESI	0.155	0.148	0.0895	0.0811	0.0641

3. 社会子系统能值分析

1）人均能值量与生活质量

华坪 2004～2008 年的人均能值量呈上升趋势，从 2004 年的 3.71×10^{16} 太阳能焦耳，上升为 2008 年的 6.90×10^{16} 太阳能焦耳，表明全县居民的整体生活质量在不断提高。从 2008 年华坪人均能值量与其他国家或地区相比较的情况（图 5-18），可以看出华坪的人均能值量明显处在一个较高的水平，不但高于广州、上海等经济发达的城市，而且高于美国、瑞典等发达国家，但华坪居民的实际生活水平远低于这些国家和地区。由此，单凭这一指标来判断区域居民的生活水平是不科学的。出现计算数据与现实差距，有两个方面的原因：一方面，华坪的数据比较新，是 2008 年的，而其他国家和地区的研究数据都相对年限较早，如果使用同一年限的比较更科学；另一方面，华坪人口数量不大，每年增长 2000 人左右，2008 年全县人口达 16.5 万人，但自然资源相对比较丰富，丰富的资源相对于较少的人口，就产生了较高的

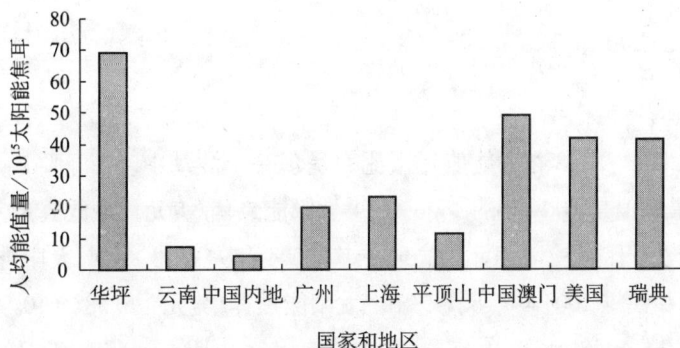

图 5-18　华坪人均能值量与其他国家和地区的比较

人均能值。另外，从生态经济学的观点来看，华坪拥有丰富煤炭、石灰石等资源，这也是一种福利，资源开发确实给华坪带来了经济发展，人民生活水平也得到了一定的提高，但这种资源带来的福利是有限的，从更广泛、更全面的比较来看，人均能值量不能完全代表人们的实际生活水平，仅能代表其中某些侧面。

2）能值利用强度

华坪的能值利用强度由 2004 年的 26.5×10^{11} 太阳能焦耳/米^2 增加到 2008 年 51.7×10^{11} 太阳能焦耳/米^2，增加了近一倍，说明华坪能源利用集约程度大幅度的提升，经济发展迅速。根据 Odum 的研究，能值利用强度在 $1.3 \times 10^{11} \sim 4 \times 10^{11}$ 太阳能焦耳/米^2 的地区属于农业社会，在 $7 \times 10^{11} \sim 11 \times 10^{11}$ 太阳能焦耳/米^2 的则表示进入了工业社会。由此可见，华坪的经济发展已经进入了主要依靠工业发展的阶段，2008 年，华坪第二产业对经济增长的贡献率达到了 76.9%，也说明了这一点。华坪的能值利用强度与云南平均能值利用强度（8.26×10^{11} 太阳能焦耳/米^2）相比要高得多，这与华坪利用资源优势发展工业是密切相关的。

但与一些发达地区与国家相比，华坪的能值利用强度仍然较低，低于 2003 年广州（116.4×10^{11} 太阳能焦耳/米^2）、1992 年台北（522.0×10^{11} 太阳能焦耳/米^2）和 1993 年美国佛罗里达州迈阿密（135×10^{11} 太阳能焦耳/米^2），这说明华坪资源型的经济发展比较粗放，工业化程度并不高，对煤炭资源的开发利用，还造成了土地破坏和浪费现象。另外，这些资源并没有留在本地使用，只是大量的资源输出，由此可见，资源型的区域，能值利用强度并不高。

4. 经济子系统能值分析

1）能值货币比率

华坪 2004～2008 年的能值货币比率呈现一个波动中略有下降的状况（图 5-19）①，最高值是 2004 年的 45.8×10^{12} 太阳能焦耳/美元，最低值为 2005 年的 37.3×10^{12} 太阳能焦耳/美元，高于云南 2004 年（2.23×10^{12} 太阳能焦耳/美元）、玉溪和镇雄 2004 年（8.74×10^{12} 太阳能焦耳/美元、5.68×10^{12} 太阳能焦

---

① 计算华坪能值货币比率时采用的是 GDP 数据。

耳/美元），以及全国（6.54×10^{12}太阳能焦耳/美元）、北京（5.22×10^{12}太阳能焦耳/美元）、广州（5.83×10^{12}太阳能焦耳/美元）的水平。这说明华坪的经济虽然在不断增长，但还是以大量低质能值投入为代价的，丰富的自然资源、低廉的生产成本，使得单位货币能够购买到的能值财富较多，但缺乏高能质的科技投入，导致资源的综合利用效率并不高。

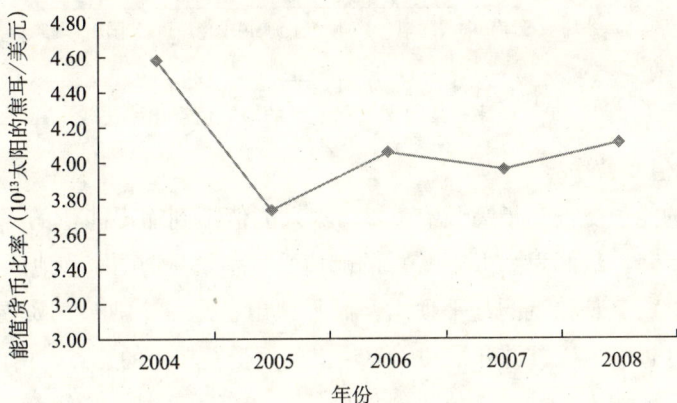

图 5-19　华坪 2004～2008 年能值货币比率

2）能值投入率

全球平均能值投入率约为 2，发达国家比不发达国家的能值投资率要高，如美国和西班牙为 7，印度为 2.4，利比里亚为 0.1。华坪 5 年来的能值投入率都在 0.10～0.15，大大低于发达国家和世界平均水平，这表明华坪对本地资源的依赖程度非常高，环境压力大，而来自外部的科技、信息、资金等反馈输入能值太低，不利于经济的发展。

3）净能值产出率

华坪 5 年来的净能值产出率总体呈上升趋势，最大值为 2006 年的 10.7，最小值是 2004 年的 7.5。与其他国家和地区比较（图 5-20），华坪的净能值产出率较高，与中国的平均水平相近，这说明其生产的能值较高，对外界输出的能值量较大，属于资源输出的地区，像中国澳门、美国、瑞典这样主要依靠进口大量资源的国家和地区，其净能值产出率就很低。净能值产出率的持续升高，说明输出的资源相对增多，华坪输出的主要产品是原煤和水泥，2004～2008 年输出量逐年上升，这样的发展是不可持续的，一旦华坪的煤炭、石灰石等矿产资源枯竭，经济的发展必将陷入困境。

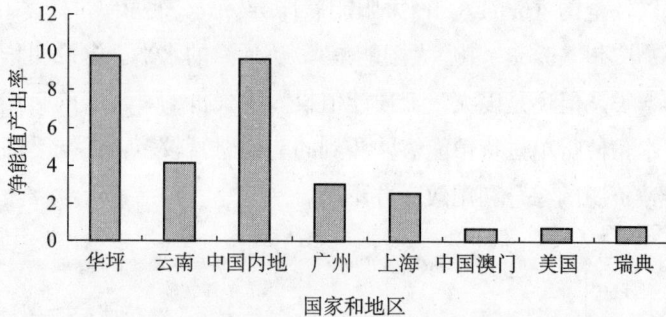

图 5-20 华坪与其他国家和地区的净能值产出率比较

4）能值受益率

华坪的能值受益率最高只有 0.2，输入能值不到输出能值的 1/5，并且逐年波动下降，最低为 0.12。华坪的能值受益率是几个国家和地区中最低的（图 5-21），与其最接近的是平顶山，而平顶山也是一个典型的资源型城市，资源型地区过度依赖资源开采和资源输出，而受益较差的特点，由此证实。

华坪主要输出的是高能值、低价格的矿产资源产品，如煤炭、水泥等，得到的货币价值远低于输出的能值财富，致使本地的能值严重流失，在贸易中处于不利的位置。相反，经济发达的国家和地区能值交换率大，在贸易中得到的能值就多，实际上是得到了较多的价值财富，拥有了更多的资源，经济的发展也就得到了较多的刺激和驱动力，在贸易中所处的地位就更有利。

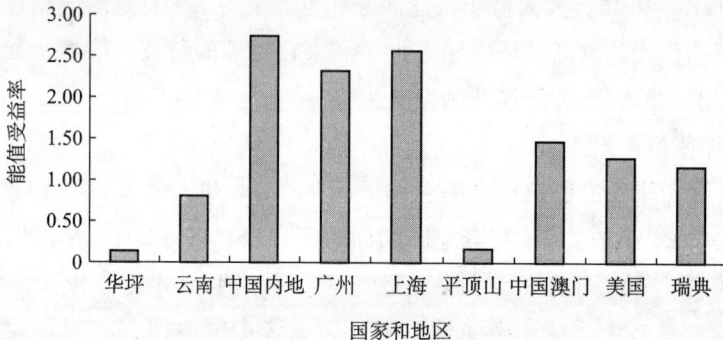

图 5-21 华坪与其他国家和地区的能值受益率比较

5）电力能值比

华坪本地没有火电，电力供应一是依靠本地水力发电，另外就是在枯水季节要从外地购入电力，电力能值比不高，而且逐年下降，从 2004 年的

4.38%下降到 2008 年 2.21%，低于中国澳门的 4.93%和瑞典的 14.0%，这说明本地区的科技和电气化水平还比较低。几年后，县内观音岩水电站将建成投产，华坪的电力利用程度将会有一定程度的提高。

5. 自然子系统能值分析

1）能值自给率

华坪属于资源型地区，自然资源丰富，能值自给率较高，各年间变化不大，在 2006 年高达 90.6%，最低为 2004 年的 86.7%，高于美国的 72.3%、瑞典的 17.1%，广州的 67%和上海的 61%，大大高于像中国澳门（1.8%）这样自然资源匮乏、几乎完全依赖外界资源供应的地区。这也说明，华坪的经济发展主要依靠开发和利用本地资源，这必然会造成本地资源的过度使用，如此发展下去，当资源枯竭后，经济的发展势必要陷入"资源诅咒"的困境。

2）环境承载率

2004～2008 年华坪的环境承载率除 2005 年略有下降外，均呈上升趋势，且增幅明显，最高为 2008 年的 20.9，高于 2001 年北京（8.42）、2004 年云南（4.29）和 2004 年玉溪（0.75）等地区，同属资源型地区的平顶山环境承载率也高达 37.53，但与环境承载率最高的中国澳门（813）情况又有所不同。中国澳门的是本土资源匮乏地区，大量的资源进口和频繁的经济活动，给环境造成了巨大的压力。云南 2004 年环境承载率只有 4.29，远远低于其他国家和地区，经济发展对环境的压力还不明显。华坪的环境压力较大，主要原因是本地的原煤、石灰石等不可更新资源开采强度不断加大，环境负荷呈加重趋势，所以，如何实现资源的可持续利用，关系到整个地区资源环境经济系统的可持续发展。

3）废弃物与可更新能值比

由于 2004 年华坪废弃物排放数据不全，所以该年的比值较小。从 2005 年起，废弃物与可更新能值比都超过了 100%，2006 年甚至高达 201%，是可更新资源能值的 2 倍，这说明华坪每年的废弃物排放较多，资源开发利用对环境造成的负面影响很大。华坪没有污水处理厂，垃圾处理的手段就是填埋，废弃物没有得到有效的处理和再利用，对环境造成了极大的压力。华坪每年的废气排放量还不在统计之列，数据不全，如果将此项加入，废弃物与可更新能值比的值将更高。

4）ESI

2004～2008 年，华坪的 ESI 呈逐年下降的趋势，从 2004 年的 0.155 下降到 2008 年的 0.064，这说明华坪的经济发展是不可持续的，而且不可持续的状况正在进一步恶化。资源开发带来的环境压力，造成的环境承载率较高，资源输出的特征又使得能值受益率处于一个低水平上，虽然净能值产出率有小幅度的增长，但 ESI 仍然一路走低，这说明华坪对本地不可更新资源的利用较大，系统生产活动消耗的能值过多，可持续发展能力很低。

6. 华坪能值综合评价

一个国家或地区的发展依靠的是本地的资源能值（包括可更新资源与不可更新资源）和购买的输入能值（主要包括输入的能源能值、其他商品或劳务），系统的资源能值结构决定了该地区的发展的类型、方向和水平。

华坪总能值量逐年上升（表 5-24），其中可更新资源利用情况变化不大，不可更新资源利用逐年增加，总能值量中不可更新资源能值所占的比重相当大，从 2004 年的 77.5% 逐年递增到了 2008 年的 85.3%，这表明华坪县能值的持续增加主要来源于不可更新资源利用的增加。进一步来看，在总能值量和不可更新资源利用中，所占比重最大的是原煤，最高占到了 64.6% 和 78.8%，最低也达到了 56.9% 和 67%，尽管原煤绝对产量逐年增加，但由于水泥产量的相应增加，原煤所占的比重呈现逐年波动下降趋势，所以，不可更新资源利用仍然是增加的，华坪是以煤炭作为经济发展的主要驱动力（图 5-22）。

表 5-24　华坪 2004～2008 年能值结构

指标	2004 年	2005 年	2006 年	2007 年	2008 年
可更新资源利用/太阳能焦耳	5.15×10^{20}	5.79×10^{20}	4.97×10^{20}	5.25×10^{20}	5.19×10^{20}
不可更新资源利用/太阳能焦耳	4.37×10^{21}	4.95×10^{21}	6.64×10^{21}	7.48×10^{21}	9.70×10^{21}
输入能值/太阳能焦耳	7.51×10^{20}	7.37×10^{20}	7.38×10^{20}	1.1×10^{21}	1.16×10^{21}
输出能值/太阳能焦耳	3.65×10^{21}	4.30×10^{21}	5.93×10^{21}	6.87×10^{21}	8.49×10^{21}
总能值量/太阳能焦耳	5.63×10^{21}	6.27×10^{21}	7.87×10^{21}	9.12×10^{21}	1.14×10^{22}
可更新资源能值比率/%	9.14	9.24	6.31	5.76	4.56
不可更新资源能值比率/%	77.5	79.0	84.3	82.0	85.3
（输入能值/总能值）/%	13.3	11.8	9.38	12.2	10.2
原煤占总能值的比重/%	61.1	56.9	64.6	62.0	57.2
（原煤/不可更新资源）/%	78.8	72.1	76.6	75.6	67.0
（输出原煤/输出能值）/%	87.3	77.0	81.1	79.1	69.9

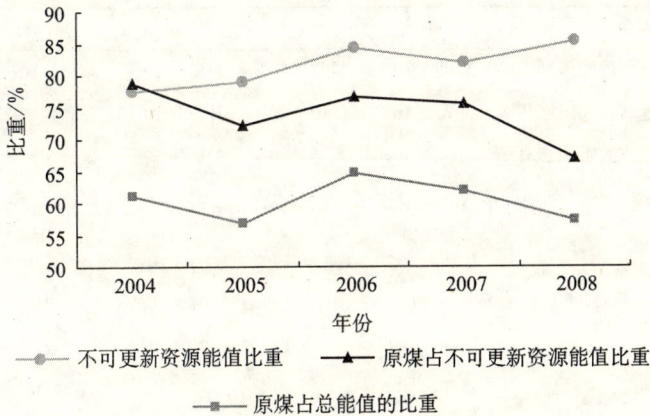

图 5-22 华坪 2004~2008 年能源能值比率趋势图

虽然华坪总能值量逐年上升，但系统的输出能值远远大于输入能值，2004~2008 年两个指标都有所增长，其中输出能值增长速度较快，输出能值与输入能值的差额逐年加大，2008 年达到 7.33×10^{21} 太阳能焦耳，换算成宏观经济价值为 1.78×10^8 美元，即因资源输出损失的财富达到了 178 万美元。

二、华坪可持续发展主成分分析

在对某一事物进行实证研究的过程中，为了更全面准确地反映出事物的特征及其发展规律，通常要考虑相关的多个指标，在多元统计分析中也称之为变量。因为这些变量都是对同一事物的反映，就不可避免地会出现大量信息重叠的现象，使我们难以看清事物的真正特征与内在规律。

为了更好地分析与评价华坪的可持续发展状况，我们进一步选取了华坪 2004~2008 年系统能值指标中具有代表性的部分指标作为原始数据（表 5-25），进行主成分分析。

表 5-25 华坪 2004~2008 年社会经济系统主要能值指标数据

项目	2004 年	2005 年	2006 年	2007 年	2008 年
可更新资源利用 X_1/太阳能焦耳	5.15×10^{20}	5.79×10^{20}	4.97×10^{20}	5.25×10^{20}	5.19×10^{20}
不可更新资源使用 X_2/太阳能焦耳	4.37×10^{21}	4.95×10^{21}	6.64×10^{21}	7.48×10^{21}	9.70×10^{21}

项目	2004 年	2005 年	2006 年	2007 年	2008 年
总能值用量 X_3/太阳能焦耳	5.63×10^{21}	6.27×10^{21}	7.87×10^{21}	9.12×10^{21}	1.14×10^{21}
人均能值利用量 X_4/太阳能焦耳	3.71×10^{16}	4.10×10^{16}	5.08×10^{16}	5.56×10^{16}	6.90×10^{16}
能值利用强度 X_5/太阳能焦耳	2.56×10^{12}	2.85×10^{12}	3.58×10^{12}	4.14×10^{12}	5.17×10^{12}
能值货币比 X_6/（太阳能焦耳/美元）	4.58×10^{13}	3.73×10^{13}	4.06×10^{13}	3.96×10^{13}	4.11×10^{13}
能值投入率 X_7	1.54×10^{-1}	1.33×10^{-1}	1.03×10^{-1}	1.39×10^{-1}	1.13×10^{-1}
净能值产出率 X_8	7.50	8.51	1.07×10.7	8.19	9.82
能值交换率 X_9	2.06×10^{-1}	1.71×10^{-1}	1.25×10^{-1}	1.62×10^{-1}	1.37×10^{-1}
电力能值比 X_{10}	4.38×10^{-2}	2.99×10^{-2}	2.41×10^{-2}	2.38×10^{-2}	2.21×10^{-2}
废弃物与可更新能值比 X_{11}	1.27×10^{-2}	1.64	2.01	1.12	1.68
环境承载率 X_{12}	9.94	9.83	1.48×10	1.6×10	2.09×10

主成分分析（principal component analysis）是由霍特林（Hotelling）在 1933 年首次提出的一种统计分析方法。主成分分析是利用降维的思想，在尽可能多地保留原始变量信息的前提下，通过对原始变量相关矩阵或协方差矩阵内部结构的研究，把多个指标转化为几个综合指标的多元统计方法（何晓群，2000），转化生成的综合指标就成为主成分，每个主成分都是原始变量的线性组合，但各个主成分之间没有相关性，主成分比原始变量具有某些更优秀的反映问题实质的性能，研究复杂的经济问题时就更容易通过主成分找出主要矛盾。

1. 主成分分析的模型

假设所研究的实际问题中，有 n 个样本，涉及 p 个指标，分别用 X_1，X_2，…，X_P 来表示，得到原始数据资料矩阵 $X=(X_{ij})$，$i=1$，2，…，n；$j=1$，2，…，p，即

$$X=\begin{bmatrix} x_{11} & x_{12} & \cdots & x_{1p} \\ x_{21} & x_{22} & \cdots & x_{2p} \\ \vdots & \vdots & & \vdots \\ x_{n1} & x_{n2} & \cdots & x_{np} \end{bmatrix}$$

对 X 进行正交变换，寻找原指标的线性组合 Y_i，形成新的综合变量，即

$$Y_1 = u_{11}X_1 + u_{21}X_2 + \cdots + u_{p1}X_p$$
$$Y_2 = u_{12}X_1 + u_{22}X_2 + \cdots + u_{p2}X_p$$
$$\vdots$$
$$Y_p = u_{1p}X_1 + u_{2p}X_2 + \cdots + u_{pp}X_p$$

Y_i 满足下列条件：

每个主成分的系数平方和为 1，即

$$u_{1i}^2 + u_{2i}^2 + \cdots + u_{pi}^2 = 1$$

各个主成分之间相互独立，没有重叠信息，即

$$\mathrm{Cov}\ (Y_i,\ Y_j)\ = 0,\ i \neq j,\ i,\ j = 1,\ 2,\ \cdots,\ p$$

主成分的方差依次递减，也就是随重要性依次递减，即

$$\mathrm{Var}\ (Y_1)\ \geqslant \mathrm{Var}\ (Y_2)\ \geqslant \cdots \geqslant \mathrm{Var}\ (Y_p)$$

由以上条件确定的综合变量 Y_1，Y_2，$\cdots$，Y_p 就称为原始变量的第一、第二……第 p 个主成分，其中，各综合变量在总方差中所占的比重依次递减，在实际研究中，通常挑选前几个方差最大的主成分，以达到简化系统结构的目的。

2. 主成分分析的步骤

1) 原始指标数据的标准化

采用 z-score 法对原始数据进行标准化：

$$Z_{ij} = (x_{ij} - \bar{x}_j)/S_j$$

式中，$\bar{x}_j$ 为第 j 项指标的均值；S_j 为第 j 项指标的标准差。

2) 求特征值和特征向量

原始数据经过标准化变换后，计算出相关系数矩阵 R，根据特征方程 $|R - \lambda_j E| = 0$，可求出 R 的 p 个特征根 λ_j（$j = 1$，2，$\cdots$，p），以及相应的特征向量 $U_j = (u_{1j}$，u_{2j}，$\cdots$，$u_{pj})$（$j = 1$，2，$\cdots$，p）。

提取的主成分为 $Y_j = Zu_j$，即

$$y_i = z_{k1}u_{1j} + z_{k2}u_{2j} + \cdots + z_{kp}u_{pj}\ (k = 1,\ 2,\ \cdots,\ n;\ j = 1,\ 2,\ \cdots,\ p)$$

计算方差贡献率 $v_k = \lambda_k/P$。

3) 提取主成分

提取累积贡献率 $\geqslant 85\%$ 的前 m 个主成分，即这 m 个主成分包含的信息量占总体信息量的 85%，包含了绝大部分的信息，后面的其他主成分就可以

舍弃了。

4）计算主成分的综合得分

采用公式 $F_j = \sum\limits_{j=1}^{k} v_j Y_j$ 计算主成分的综合得分，得到的 F_j 是以 m 个主成分的方差贡献率为权数，进行加权求和所得出的最终评价。

3. 分析过程

1）能值指标标准化处理[①]

对原始指标进行同趋势化处理，将不可更新资源利用、能值货币比率、废弃物与可更新能值比、环境承载率等负向指标进行取倒数处理，然后对所有指标进行标准化处理，消除指标之间变化趋势、量纲的不一致及数量级的差异等现象，建立变量的相关系数矩阵 $\boldsymbol{R}$，使用 SPSS 软件得出标准化后的数据（表 5-26）和相关系数矩阵（表 5-27）。

表 5-26　标准化后的数据

均值	2004 年	2005 年	2006 年	2007 年	2008 年
ZX_1	−0.388 51	1.683 562	−0.971 29	−0.064 75	−0.259 01
ZX_2	1.274 954	0.750 526	−0.255 15	−0.585 94	−1.184 39
ZX_3	−1.049 12	−0.772 58	−0.081 23	0.458 882	1.444 054
ZX_4	−1.076 89	−0.768 08	0.007 918	0.387 998	1.449 053
ZX_5	−1.050 84	−0.773 8	−0.076 42	0.458 549	1.442 518
ZX_6	−1.516 84	1.240 145	0.032 695	0.377 338	−0.133 34
ZX_7	1.252 437	0.225 047	−1.242 65	0.518 587	−0.753 42
ZX_8	−1.116 32	−0.335 51	1.357 521	−0.582 9	0.677 215
ZX_9	1.449 265	0.341 748	−1.113 85	0.056 958	−0.734 13
ZX_{10}	1.688 589	0.130 064	−0.520 26	−0.553 89	−0.744 5
ZX_{11}	1.788 838	−0.448 33	−0.451 54	−0.440 22	−0.448 74
ZX_{12}	1.024 2	1.070 582	−0.336 9	−0.608 49	−1.149 4

表 5-27　相关系数矩阵

	X_1	X_2	X_3	X_4	X_5	X_6	X_7	X_8	X_9	X_{10}	X_{11}	X_{12}
X_1	1.000	0.340	−0.304	−0.321	−0.306	0.664	0.315	−0.397	0.320	0.074	−0.217	0.517
X_2	0.340	1.000	−0.969	−0.974	−0.970	−0.269	0.668	−0.620	0.806	0.897	0.712	0.978
X_3	−0.304	−0.969	1.000	0.998	1.000	0.153	−0.559	0.508	−0.682	−0.790	−0.586	−0.953
X_4	−0.321	−0.974	0.998	1.000	0.998	0.159	−0.605	0.556	−0.718	−0.804	−0.602	−0.957

---

① 本节表中的数据是经 SPSS 软件处理得出。

续表

	X_1	X_2	X_3	X_4	X_5	X_6	X_7	X_8	X_9	X_{10}	X_{11}	X_{12}
X_5	−0.306	−0.970	1.000	0.998	1.000	0.153	−0.561	0.510	−0.684	−0.791	−0.587	−0.954
X_6	0.664	−0.269	0.153	0.159	0.153	1.000	−0.341	0.253	−0.423	−0.632	−0.848	−0.078
X_7	0.315	0.668	−0.559	−0.605	−0.561	−0.341	1.000	−0.993	0.965	0.766	0.703	0.623
X_8	−0.397	−0.620	0.508	0.556	0.510	0.253	−0.993	1.000	−0.944	−0.704	−0.627	−0.596
X_9	0.320	0.806	−0.682	−0.718	−0.684	−0.423	0.965	−0.944	1.000	0.897	0.812	0.759
X_{10}	0.074	0.897	−0.790	−0.804	−0.791	−0.632	0.766	−0.704	0.897	1.000	0.944	0.809
X_{11}	−0.217	0.712	−0.586	−0.602	−0.587	−0.848	0.703	−0.627	0.812	0.944	1.000	0.572
X_{12}	0.517	0.978	−0.953	−0.957	−0.954	−0.078	0.623	−0.596	0.759	0.809	0.572	1.000

2）提取主成分

由 SPSS 软件得出的方差分解主成分提取分析表（表 5-28）可知，前三个成分的特征值分别为 8.206、2.557、1.137，都大于 1，且累计贡献率达到 98.166%，其余的成分对方差的影响很小，因此，提取前三个成分作为主成分。

表 5-28　方差分解主成分提取分析表

成分	初始因子			提取因子		
	总数	方差贡献率/%	累计/%	总数	方差贡献率/%	累计/%
1	8.206	68.379	68.379	8.206	68.379	68.379
2	2.257	18.812	87.192	2.257	18.812	87.192
3	1.317	10.975	98.166	1.317	10.975	98.166
4	0.220	1.834	100.000			
5	4.701×10^{-16}	3.918×10^{-15}	100.000			
6	1.923×10^{-16}	1.603×10^{-15}	100.000			
7	1.605×10^{-17}	1.338×10^{-15}	100.000			
8	-8.091×10^{-17}	-6.743×10^{-16}	100.000			
9	-1.364×10^{-16}	-1.137×10^{-15}	100.000			
10	-1.801×10^{-16}	-1.501×10^{-15}	100.000			
11	-3.447×10^{-16}	-2.873×10^{-15}	100.000			
12	-7.074×10^{-16}	-5.895×10^{-15}	100.000			

从初始因子荷载矩阵（表 5-29）可知，在第一主成分上，不可更新资源利用（X_2）、能值受益率（X_9）、电力能值比（X_{10}）和环境承载率（X_{12}）

有较高的负荷，说明第一主成分主要反映了华坪资源与环境、城市发展与对外贸易等方面的发展状况，其中不可更新资源利用（X_2）的荷载量最大，说明华坪的发展主要是依赖于不可更新资源的利用。在第二主成分上荷载较高的是可更新资源利用（X_1）和能值货币比（X_6），反映的是华坪自有的财富基础和生活水平。第三主成分上荷载较高的是能值投入率（X_7），反映的是自然对经济活动的容受力。

表 5-29　初始因子荷载矩阵

主成分	成分		
	1	2	3
X_1	0.301	0.837	0.374
X_2	0.967	0.133	−0.210
X_3	−0.902	−0.229	0.348
X_4	−0.921	−0.223	0.295
X_5	−0.903	−0.229	0.346
X_6	−0.376	0.916	0.099
X_7	0.830	−0.107	0.524
X_8	−0.786	0.034	−0.601
X_9	0.926	−0.118	0.357
X_{10}	0.947	−0.279	−0.047
X_{11}	0.805	−0.580	−0.015
X_{12}	0.923	0.325	−0.170

3）综合评价

通过 SPSS 软件可得到三个主成分的得分系数矩阵（表 5-30），从而推出主成分表达式

表 5-30　主成分得分系数矩阵

主成分	成分		
	1	2	3
X_1	0.037	0.371	0.284
X_2	0.118	0.059	−0.159
X_3	−0.110	−0.101	0.264
X_4	−0.112	−0.099	0.224
X_5	−0.110	−0.101	0.263
X_6	−0.046	0.406	0.075

续表

主成分	成分		
	1	2	3
X_7	0.101	-0.047	0.398
X_8	-0.096	0.015	-0.457
X_9	0.113	-0.052	0.271
X_{10}	0.115	-0.124	-0.036
X_{11}	0.098	-0.257	-0.012
X_{12}	0.112	0.144	-0.129

$$F_1 = 0.037X_1 + 0.118X_2 - 0.110X_3 - 0.112X_4 - 0.110X_5 - 0.046X_6$$
$$+ 0.101X_7 - 0.096X_8 + 0.113X_9 + 0.115X_{10} + 0.098X_{11} + 0.112X_{12}$$

$$F_2 = 0.371X_1 + 0.059X_2 - 0.101X_3 - 0.099X_4 - 0.101X_5 + 0.406X_6$$
$$- 0.047X_7 + 0.015X_8 - 0.052X_9 - 0.124X_{10} - 0.257X_{11} + 0.144X_{12}$$

$$F_3 = 0.284X_1 - 0.159X_2 + 0.264X_3 + 0.224X_4 - 0.263X_5 + 0.075X_6$$
$$+ 0.339X_7 - 0.457X_8 + 0.271X_9 - 0.036X_{10} - 0.012X_{11} - 0.129X_{12}$$

综合评价 $F = (68.379 \times F_1 + 18.812 \times F_2 + 10.975 \times F_3)/98.166$

由此得到各主成分得分和综合得分，用 SPSS 软件计算，结果见表 5-31。

表 5-31　各主成分得分、综合得分及排名

年份	F_1	F_1 排名	F_2	F_2 排名	F_3	F_3 排名	F	综合排名
2004	1.440 122	1	$-1.036\ 87$	5	$-0.033\ 35$	4	0.800 71	1
2005	0.534 585	2	1.624 005	1	0.071 02	3	0.691 529	2
2006	$-0.574\ 4$	4	$-0.077\ 84$	3	$-1.622\ 23$	5	$-0.596\ 39$	4
2007	$-0.294\ 01$	3	0.020 817	2	1.023 355	1	$-0.086\ 4$	3
2008	$-1.106\ 3$	5	$-0.530\ 11$	4	0.561 208	2	$-0.809\ 45$	5

综合评价的结果是，华坪社会经济可持续发展的综合能力在波动中呈现下降的趋势，如图 5-23 所示。由于第一主成分对综合评价的贡献率达到了68.379%，且各年排名情况与综合评价相同，说明其反映的资源与环境、城市发展与对外贸易等方面的状况，是影响华坪可持续发展的主要因素。不可更新资源的大量开发利用，环境承载率的上升，对外贸易中的能值财富大量损失，科技和电气化水平低下，是华坪可持续发展的综合能力下降的主要原因。

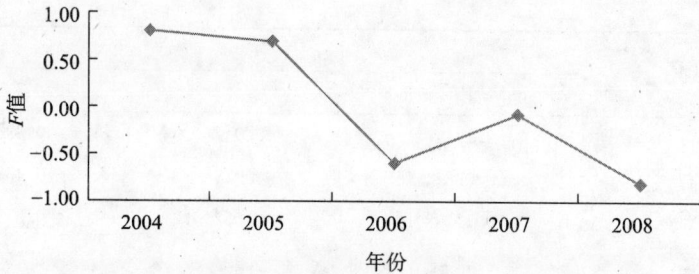

图 5-23 华坪主成分 F 综合评价示意图

4. 分析结论

1）能值分析评价

从华坪的几项主要能值指标来看，2008 年的人均能值量为 6.90×10^{16} 太阳能焦耳，处于一个较高的水平，这说明华坪所拥有的丰富煤炭、石灰石等资源，是一种区域福利，资源开发带动了华坪的社会经济发展，人民生活水平也得到了提高。华坪能值利用强度 2008 年比 2004 年增加了将近 1 倍，达到 51.7×10^{11} 太阳能焦耳/米^2，说明近年华坪经济发展迅速，但由于经济发展的方式比较粗放，资源带来的福利是有限的。

2004～2008 年，华坪经济的增长、能值财富的增加主要来源于不可更新资源利用的增加，不可更新资源能值比从 2004 年的 77.5％增加到了 2008 年的 85.3％，在总能值量和不可更新资源利用中，所占比重最大的都是原煤，最高占到了 64.6％和 78.8％，华坪是以煤炭作为经济发展的主要驱动力的。

华坪 2004～2008 年的能值投入率都在 0.10～0.15，大大低于发达国家和世界平均水平，表明丰富的煤炭资源、低廉的生产成本，使得经济的发展对本地资源的依赖程度非常高，但是，因为缺乏高能质的科技投入，资源的综合利用效益并不高。同时，华坪的能值受益率最高只有 0.2，输入能值不到输出能值的 1/5，表示华坪大量地向外输出资源，其中最主要的产品就是原煤，原煤占输出能值的比重在 70％左右，相比之下，来自外部的科技、信息、资金等反馈输入能值太低。这样的发展是不可持续的，一旦华坪县的煤炭、石灰石等矿产资源枯竭，经济的发展必将陷入困境。

随着原煤、石灰石等本地不可更新资源开采强度加大，华坪的环境压力也逐年增大，环境承载率的增幅明显，2008 年最高达到了 20.9。同时，废弃物与可更新资源能值比率又很高，从 2005 年起，就超过了 100％，2006 年甚至高达 201％，华坪每年的废弃物排放较多，又没有得到有效的处理和再利用，给环境带来了极大的负担。

自 2004 年以来，资源开发带来的环境压力，造成华坪环境负载率较高，资源输出的特征又使得能值受益率处于一个低水平上，虽然净能值产出率有小幅度的增长，但 ESI 仍然一路走低，从 0.155 下降到 0.064，这说明华坪对本地不可更新资源的利用较大，系统生产活动消耗的能值过多，经济的发展是不可持续的，而且不可持续的状况正在进一步恶化。

2）主成分分析结论

通过对华坪的能值指标进行主成分分析，得到三个主成分。在第一主成分上，不可更新资源利用、能值受益率、电力能值比和环境承载率有较高的负荷，说明第一主成分主要反映了华坪资源与环境、城市发展与对外贸易等方面的发展状况，其中不可更新资源利用的荷载量最大，说明华坪的发展主要是依赖不可更新资源的利用。在第二主成分上荷载较高的是可更新资源利用和能值货币比率，反映的是华坪自有的财富基础和生活水平。第三主成分上荷载较高的是能值投入率，反映的是自然对经济活动的容受力。

从主成分分析综合评价的结果可以看出，华坪社会经济可持续发展的综合能力在波动中呈现下降的趋势，与能值指标的分析结果是一致的。

5. 华坪发展建议

虽然华坪近几年来经济发展迅速，但这种经济的快速发展建立在大量开采煤炭资源的基础上，以资源的大量输出换取了短时间内经济的快速增长，造成了生态环境的严重破坏，同时也引发了一系列的社会问题，这样的发展是不可持续的。因此，为了实现华坪生态和经济的可持续发展，走上社会经济环境和谐发展之路，结合华坪的实际情况提出下列建议。

（1）建立公共发展基金，作为华坪将来资源萎缩和枯竭时实现其可持续发展的资金保障。华坪的经济发展依赖于对煤炭资源的开采，一旦资源枯竭，建立在资源产业基础上的县域经济发展将难以持续。在经济仍然繁荣的时期，就要未雨绸缪，建立公共发展基金，为将来的发展提供资金保障。公共发展基金的运作可由政府部门负责管理和监督，其用途：培育和发展接续产业或者替代产业；环境保护投入和环境损害赔偿；促进社会公平发展，加强对弱势群体的社会保障，缩小贫富差距，构建和谐社会；发展培养人才或引进人才。

（2）加强对居民社会心理问题的关注，引导人们树立正确的价值观，建设和谐的社会心理。煤炭资源开发蕴藏着巨大利益，很多人因煤迅速致富，而农村人口及弱势群体仍然在贫困线上挣扎，贫富差距的扩大造成了华坪社会成员利益格局失衡。同时，富裕阶层的经济生活水准带来的示范效应及持续增长的经济拉高了社会成员对生活的期待，导致许多人在心理上产生不公平感和相对剥夺感，进而引起社会摩擦，导致矛盾增多，频繁的上访事件、资源开采企业和居民之间摩擦不断就是心理失衡的一种反映。各种新价值观念的冲击，传统的文化被解构，而符合社会经济发展的文化形态又没有构建起来，社会成员出现了信仰缺失、价值观扭曲的状态。因此，必须改变严重失衡的利益格局，建立合理的利益共享机制，承认合理差别的同时也要确保社会成员都能共享改革发展的成果，改革收入分配制度，进一步完善社会保障体系，加强对社会成员利益的保障，减少社会心理落差和被剥夺感。要加强人文关怀，引导人们建立正确的价值观，培养理性平和、积极向上的良好社会心态，促进社会心理和谐。

（3）发展循环经济，降低废弃物能值比。对于资源型县域华坪来说，在未来的发展中仍然要发挥本地区的比较优势，发挥自然资源要素禀赋在县域经济中的作用，同时又要改变资源产业带来的生态环境负效应，发展循环经济就是一个理想的选择。华坪已经建立了石龙坝新型生态工业示范园区，在2007年被列为全省10个重点产业循环经济示范园之一，主要以电力产业、煤炭产业、有色金属冶炼产业、石灰石精深加工产业、新型建材产业和化工产业为主。从废弃物能值比来看，2007年确实有所下降，但2008年又大幅回升，这说明该园区在发展循环经济上虽有示范作用，但全县的污染仍然十分严重，而且园区内引进的产业大部分都是高污染、高能耗的产业，要真正实现经济和环境效益的双重优化，还需要政府和企业的共同努力，进一步推广循环经济，实现废弃物再利用。

（4）加强生态环境保护和执法力度，建立资源开发补偿制度，降低环境承载率。与华坪工业经济迅速发展相对应的是环境承载率的一路走高，而环境保护一直没有得到应有的重视，环保投入也不够，许多企业的环保意识也不强，2008 年还发生了居民与企业之间因环保纠纷引发的群体性事件。可见，一方面，政府应加强对高污染企业的监管，加大惩处力度，拓宽惩罚的方式，鼓励公民合法地利用法律手段来维护良好的生活环境，促使企业减少对生态环境的破坏；另一方面，要建立资源开发补偿制度，明确企业是资源补偿、生态环境保护和修复的责任主体，实行污染者付费制度，对资源开采过程中形成的生态环境破坏和资源损失等外部问题，资源开发企业应承担相应的责任。

（5）发展低碳经济，培育绿色接续产业，降低不可更新资源利用的比重，协调社会经济发展。发展低碳经济，就是要实现以更少的能源消耗和温室气体排放来支持经济社会的可持续发展，低碳并不意味着贫困，低碳经济是要保证低碳条件下的高增长。对于资源型县域来说，发展低碳经济，调整和优化产业结构，培育绿色接续产业，有着十分重要的意义。

华坪重点发展资源型产业，以煤化工、有色金属冶炼、石灰石为依托的建材产业为主要产业，下一步的发展中，要重点发展高新技术产业，促进资源型产业的高度加工，控制高能耗和高污染行业，淘汰落后产能，提高有色、建材、化工和电力等行业的准入条件，发展再生资源产业和环保产业，大力提高第三产业比重。

近年来，按照"畜—沼—果"的生态产业发展模式，华坪芒果产业的发展已经初具规模，成效显著，已是我国纬度最北端的晚熟芒果产地，进一步推动了芒果产业的发展，进而将此模式推广到茶产业、竹产业等有发展潜力的产业。这些绿色产业的发展壮大，对华坪的社会经济持续发展是非常有益的。

华坪正处于经济快速发展的时期，城镇化进程加快，居民的居住、生活、消费等方式都发生了极大的变化，煤炭资源开发带来的经济收入，使许多人走向了过度消费和奢侈型消费。实现低碳减排的有效方式就是消费理念和行为的转变，政府应推行低碳价值理念，使华坪向节约型、低碳可持续的社会迈进。

第六章

未 来 之 路

第一节　推进云南人口资源环境协调发展

一、云南非协调因素分析

（一）非协调人口因素

人口因素是人口、资源环境协调发展的关键，也是可持续发展及建立和谐社会的关键因素。人口基数、人口素质及人口结构是人口因素的主要组成部分。

1. 人口基数大

人口基数大、相对过剩增加了人们摆脱贫困、提高社会经济水平的艰巨性。区域人口数量过多，使一部分人成为与社会能提供的劳动就业岗位比较而言的多余人口。这种相对过剩既造成了劳动资源的浪费，又造成了消费基金的浪费，同时又堵截了人口增长对经济发展的正效应。而且，巨大的人口基数对自然生态造成了巨大的压力，不利于人与自然和谐发展。

人口素质对经济发展有巨大的影响。低素质的人口必然使科技存量少，缺乏革新意识和开创精神，劳动生产率低，提供的剩余产品少，每个劳动力为各项经济指标增长的贡献小，整个国民经济发展速度缓慢。低素质的人口对经济发展也起着双重的制约作用，它一方面不利于作为分子的各项经济指标的迅速增大；另一方面又会促使人们多生多育，加大分母的存量，降低各项经济指标的人均水平。

　　人口结构对经济、社会发展也起很大的制约作用。尽管在正常情况下，由人类的生物学因素和人口学因素所决定的出生性别比总是恒定在 105 ± 2，但由于深受社会生活条件影响的人口分年龄段死亡率不同，其性别比会表现出很大的差异。出生人口性别比失衡会使经济社会产生一系列广泛而深刻的负面作用，导致社会畸形发展，增加家庭、社会的不安定因素，这不仅影响人们身心健康，也影响人类社会可持续发展目标的顺利实现。人口老龄化意味着老年人口在总人口中所占的比重逐渐增大，青壮年人口和少年儿童的比例则逐渐缩小。随着老龄人口的增加，一方面，劳动适龄人口就相对减少，从而可能导致部分生产资料和技术设备的闲置，影响到社会生产的进一步发展；另一方面，老年劳动力在总劳动力中的比例上升也会影响经济的发展。老龄化对社会经济造成负担的同时也对现有的社会保障体制提出了巨大的挑战。

　　目前，还没有明确的人口指标体系来反映人口素质状况。大多数学者以人口的文化素质来体现人口的素质，主要通过各种教育程度人口占 6 岁以上人口的比重来体现。本研究选用"大专及以上人口占 6 岁以上人口比重"和"高中和中专人口占 6 岁以上人口比重"两项指标作为反映人口文化素质的指标，选用"专业技术人员占从业人员比重"作为反映人口科学素质的指标并与全国其他省区进行对比来反映云南人口素质的情况。

　　人口的性别结构一般采用出生婴儿性别比作为重要指标。我们采用出生婴儿性别比及全国分孩次的出生性别比来研究云南人口性别结构。

　　年龄结构是人口系统基本特征的重要组成部分，一般通过研究各年龄组在人口中所占的比重来判断一个国家或一个地区是否存在老龄化或将会出现老龄化问题。陈友华（2004）把中国人口与所对应的生命表人口（目前死亡率水平下的期望静止人口）在年龄结构上进行对比，发现有重大的差异，并且根据生命表推测出未来 50 年中国人口年龄结构的变化情况。人口金字塔又称人口性别年龄金字塔，是直观地表示人口性别和年龄结构的横列式条形图，便于说明和分析人口现状、类型和未来发展趋势。人口年龄构成和人口金字塔基本上可分三种类型：年轻型、成年型、年老型。通过人口金字塔可以看出该人口以往百余年来的发展历史和未来数 10 年的发展趋势。人口金字塔是人口学上常用的研究方法，本研究根据人口普查资料，利用人口金字塔分析出云南人口 1990~2000 年 10 年年龄结构的变化情况。

自 20 世纪 70 年代以来，我国在人口控制上已经取得了很大的成绩，近 40 年的计划生育工作，减轻了很大的人口的压力。但由于云南人口基数过于庞大，人口总量每年仍快速增加。1995~2008 年（表 6-1），云南人口从 1995 年的 3990 万人增长到 2008 年的 4543 万人，增长了 553 万人，平均每年增长 42.5 万人，每年增加的人口相当于海南三亚的总人口。从人口的自然增长率来看，云南人口自然增长率在近 10 年间一直高于全国同期水平。但是，从 1998 年开始云南人口自然增长率逐步下降。

表 6-1 1995~2008 年云南人口状况

项目	1995 年	1998 年	2001 年	2004 年	2005 年	2008 年
人口总数/万人	3990	4144	4287	4415	4450	4543
云南人口自然增长率/‰	12.72	12.10	10.94	9.00	7.97	6.32
全国人口自然增长率/‰	10.55	9.53	6.95	5.87	5.89	5.08

资料来源：根据 1995 年、1998 年、2001 年、2004 年、2005 年、2009 年《中国统计年鉴》相关资料整理得出。

如图 6-1 所示，1953~2005 年，云南人口总数从 1713.3 万人上升至 4543 万人，增长了 2.6 倍。巨大的人口基数及不断增长的人口将给可持续发展目标的实现带来一系列困难，如就业困难、贫困人口增加、老龄化严重。近年来，由于国有企业改革的深化，经济增长速度下降，就业变得越来越困难。农村过剩人口不断增加，要为这庞大的劳动适龄人口提供充分的就业机会，无疑是一件困难的事情。

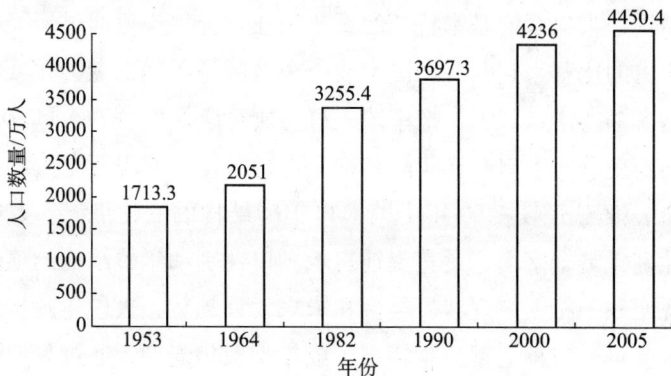

图 6-1 云南各普查年的人口数量

资料来源：根据云南人口普查办公室，1953~2006 年相关数据整理而得出。

2. 人口素质偏低

云南的人口素质较低，是制约其社会经济发展的重要因素。同1990年第四次人口普查相比，2000年第五次人口普查中云南文盲率由25.44％下降为11.39％，下降了14.05个百分点，但形势不容乐观，仍然是全国文盲率6.72％的近1倍。为了较详细地说明云南的人口素质状况及其与其他地区的差异，下面分别列表6-2和表6-3，选用2000年"大专及以上人口占6岁以上人口比重"和"高中和中专人口占6岁以上人口比重"两项指标作为反映人口文化素质的指标，选用"专业技术人员占从业人员比重"作为反映人口科学素质的指标。

表6-2　2000年各地区大专及以上、高中和中专人口
占6岁以上人口比重及排名

地区	大专及以上人口		高中和中专人口	
	占6岁以上人口比重/%	排名	占6岁以上人口比重/%	排名
全国	3.88	—	11.96	—
北京	17.55	1	24.12	1
天津	9.44	3	21.85	3
河北	2.85	24	11.34	20
山西	3.74	14	12.62	14
内蒙古	4.06	12	14.69	5
辽宁	6.52	4	13.93	8
吉林	5.18	6	15.86	4
黑龙江	5.06	7	14.63	6
上海	11.34	2	23.87	2
江苏	4.13	9	13.76	9
浙江	3.4	18	11.46	18
安徽	2.47	28	8.21	27
福建	3.17	19	11.27	21
江西	2.81	25	10.71	24
山东	3.55	16	11.75	17
河南	2.88	23	10.79	22
湖北	4.12	10	13.3	11
湖南	3.12	20	11.84	16

续表

地区	大专及以上人口		高中和中专人口	
	占6岁以上人口比重/%	排名	占6岁以上人口比重/%	排名
广东	3.88	13	14.03	7
广西	2.59	27	10.37	25
海南	3.47	17	13.69	10
重庆	3.03	21	9.28	26
四川	2.67	26	8.2	28
贵州	2.14	30	6.34	30
云南	2.23	29	7.27	29
西藏	1.41	31	3.85	31
陕西	4.43	8	13.1	13
甘肃	2.91	22	10.76	23
青海	3.63	15	11.44	19
宁夏	4.11	11	12.14	15
新疆	5.64	5	13.27	12

资料来源:根据第五次人口普查资料编制。

由大专及以上学历的人口比重,可以看出高素质人才状况,这一指标对社会经济发展具有更重要的作用。从表6-2中可以看出,2000年云南有大专及以上人口占6岁以上人口的比重为2.23%,低于全国平均3.88%的水平,与东部各省区相比,有相当大的差距。北京的大专及以上人口比重是云南的7.87倍,上海的大专及以上人口比重是云南的5.09倍。即使与西部各省区相比,云南大专及以上人口比重也处于低水平,是陕西及宁夏的近1/2。从全国来看,云南大专及以上人口比重仅高于贵州和西藏,排名倒数第三。

云南高中和中专人口比重在全国也处于低水平,为7.27%,低于全国水平11.96%,相差4.69个百分点。云南是全国高中和中专人口比重低于10%的6个省区之一,在全国的排名也是倒数第三。

由此可见,云南人口的整体文化素质远远不能与东、中部地区相比,就是在西部省区中也是整体文化素质比较低的省份。各种专业技术人员是各种职业人口中科学文化素质最高的一个群体,各种专业技术人员占在业人口比重基本可以反映出在业人口的科学文化素质状况,也是这个地区劳动生产的体现。云南各类专业技术人员占在业人口的百分比，可以看出云南与东、中部地区的差距在整体上仍很明显。

表 6-3 显示出 2000 年云南专业技术人员占从业人员比重为 3.80%，在全国排名第二十三位，在西南地区 4 省区中排名第一，尽管如此，仍然低于全国平均 4.3% 的水平，与东西部地区，特别是与发达省区相比，仍有较大差距，是北京的 1/5，上海的 1/3。可见，云南的人口素质与东、中部地区相比存在着很大差距。人口的科学文化素质是经济发展的重要制约因素，在今后的经济发展中人才发挥着重要的作用，进入知识和信息经济时代的今天，一个低素质的劳动群体是根本无法保持经济持续快速发展的。

表 6-3　2000 年各地区专业技术人员占从业人员比重及排名

地　区	从业人员数量/万人	专业技术人员数量/万人	专业技术人员比重/%	排名
全国	71 150.0	3 060.2	4.30	—
北京	622.1	119.2	19.16	1
天津	406.7	53.4	13.12	2
河北	3 441.2	154.7	4.50	20
山西	1 419.1	87.8	6.19	10
内蒙古	1 016.6	71.3	7.02	7
辽宁	1 812.6	148.8	8.21	6
吉林	1 078.9	94.2	8.73	5
黑龙江	1 635.0	114.6	7.01	8
上海	673.1	80.3	11.94	3
江苏	3 558.8	168.3	4.73	18
浙江	2 700.5	109.9	4.07	22
安徽	3 372.9	107.0	3.17	29
福建	1 660.2	83.1	5.01	14
江西	1 935.3	83.8	4.33	21
山东	4 661.8	231.9	4.98	15
河南	5 571.7	184.4	3.31	28
湖北	2 507.8	119.2	4.75	17
湖南	3 462.1	130.4	3.77	24
广东	3 861.0	191.3	4.95	16
广西	2 530.4	93.1	3.68	26
海南	333.7	17.0	5.08	13

续表

地区	从业人员数量/万人	专业技术人员数量/万人	专业技术人员比重/%	排名
重庆	1 636.5	60.3	3.68	25
四川	4 435.8	160.5	3.62	27
贵州	2 045.9	58.1	2.84	31
云南	2 295.4	87.2	3.80	23
西藏	123.4	3.5	2.88	30
陕西	1 812.8	95.3	5.26	12
甘肃	1 182.1	53.3	4.51	19
青海	238.6	13.3	5.57	11
宁夏	274.4	17.3	6.30	9
新疆	672.5	67.6	10.06	4

资料来源：根据第五次人口普查资料编制。

因此，云南要加快发展，必须大力提高人口素质、开发人力资源，将沉重的人口负担转化为巨大的人力资源。增加对直接为西部发展提供智力支持和人才支持的西部教育投资已成当务之急。

3. 人口结构隐患

1) 人口性别比问题

云南出生性别比 2000 年人口普查时为 110.57，超出国际公认正常范围约 10 个百分点（出生性别比的正常范围为 103~107）。其中，一胎出生性别比基本保持在正常值范围内；而二胎及其以上出生性别比分别为 117.62 与 128.92，远远高出正常范围。云南的性别比呈逐年上升趋势，从 1990 年的 105.67 上升至 2000 年的 109.92，2008 年的 108.30。总的来说，云南出生性别比偏高的原因一般来说有以下两点。

（1）男孩偏好意愿增强。在目前社会经济状况下，尤其是在农村地区，生育男孩首先是生产上的需要，其次是养老的需要。中国是一个有着 2000 年封建历史的国家，尤其是农民"养儿防老"、"传宗接代"的观念根深蒂固，在控制人口出生数量的前提下，渴望生育男孩的愿望有增无减。此外，农村社会保障体系尚未完全建立，养老主要依靠自己的儿子和孙子。

（2）B 超鉴定和终止妊娠新技术的广泛普及，为性别选择提供了极大方便。当前出生人口性别比升高问题，如果不能及时引导和调整，将造成男女的性别失衡现象，且数量庞大，涉及面广，必将造成家庭和社会的不安定。

2) 人口的社会结构问题

A. 城乡结构

在人口普查中，城乡人口结构是按照三级指标来统计的。据 2000 年云南人口普查结果，云南人口的乡城结构有了较大的变化，具体数据见表 6-4。

表 6-4　2000 年云南人口的乡城结构

地区	年份	市		镇		乡	
		绝对数/人	比重/%	绝对数/人	比重/%	绝对数/人	比重/%
云南	1990	2 401 251	6.50	3 111 018	8.41	31 460 318	85.09
	2000	4 652 662	10.98	5 250 176	12.39	32 457 251	76.62
全国	2000	292 632 692	23.55	166 138 291	13.37	783 841 243	63.08

　　资料来源：根据 2000 年全国人口普查资料，1990 年、2000 年云南人口普查资料得出。1990 年的数据采用第二种口径。两次人口普查的统计口径不一致，不能直接比较。

　　云南在 20 世纪 90 年代的经济发展带动了人口地域结构的转变。从 2000 年的人口数据看，在人口城乡分布的属性上云南仍然属于传统的乡村社会，尽管在程度上比 1990 年有所减轻。云南的乡村人口比全国多出 13.54 个百分点，即云南的农村人口比全国平均水平少转移了 573.56 万人到城镇就业与居住。按照云南城乡劳动生产率之间的客观差异判断，这种城乡人口转移的滞后状态，在很大程度上导致了云南经济产出减少和劳动生产率的降低。

　　在以城镇人口为统一指标的内部结构上，城镇人口所占的比重达到 53.02%，城市人口则为 46.98%，即市镇人口仍然是以县域建制镇人口居多的结构。与全国同类指标相比，全国城镇人口的内部结构在层次上比云南高出很多。在全国城镇人口中，市人口占 63.79%，镇人口只占 36.21%。云南市镇人口结构与全国的差异，反映了各自已经获得的经济社会发展的差异，而且又是各自今后经济社会发展的高低不同的起点。作为现代产业依托的云南，人口聚居功能仍然非常微弱，不能有力带动云南人口的乡城转移，也就不能有力支撑云南的经济社会的发展。

　　云南城市体系发育不均衡，具有承上启下的人口经济聚居与扩散效应的大城市、中等城市缺失和低度发育，导致城市首位度过高。2000 年，昆明（含四区）集中了全省市人口的 51.93%。区域过于集中，对环境的压力超过了环境的承载能力，导致严重的环境后果。而且，在云南 16 个州（市）中，有 5 个州（市）的市人口为零，这证明市人口在全省的分布是非常不均衡的。

除昆明外，云南市人口的地理分布基本集中在州（市）政府的所在地（表 6-5），除省会外，各州（市）人口占全省市人口的比重都不超过 10%，其单一城市的市人口规模非常小，虽然多数州（市）所在地都成为区域性的经济、政治、文化与通信交通等的中心，但是由于城市发展和人口集聚在很大程度上依赖于政府行政性资源的推动，所以市人口规模与扩张受到了非常大的约束。

表 6-5　云南市镇人口地区分布及比较

地区	市人口数/人	市人口占全省市人口的比重/%	市人口占各地总人口的比重/%	镇人口/人	镇人口占全省镇人口的比重/%	镇人口占各地总人口的比重/%	市镇人口占总人口的比重/%	市人口占市镇人口的比重/%
昆明	2 635 349	56.64	45.58	541 031	10.31	9.36	54.94	82.96
曲靖	412 049	8.86	7.54	617 559	11.76	11.30	18.84	40.02
玉溪	153 564	3.30	7.41	424 117	8.08	20.46	27.87	26.59
昭通	174 586	3.75	3.80	339 035	6.46	7.38	11.18	33.99
楚雄	173 587	3.73	6.83	343 045	6.53	13.49	20.32	33.61
红河	369 853	7.95	8.95	686 331	13.07	16.62	25.57	35.00
文山	0	0	—	496 968	9.47	15.20	15.20	0
思茅	143 525	3.08	5.79	310 260	5.91	12.51	18.30	31.64
西双版纳	106 371	2.29	10.71	122 491	2.33	12.33	23.04	46.48
大理	203 116	4.37	6.16	420 490	8.01	12.76	18.92	32.56
保山	97 556	2.10	4.15	135 013	2.57	5.75	9.90	41.92
德宏	183 106	3.94	16.91	288 287	5.49	26.63	43.54	38.84
丽江	0	0	—	184 204	3.51	16.35	16.35	0
怒江	0	0	—	72 353	1.38	14.71	14.71	0
迪庆	0	0	—	56 357	1.07	15.94	15.92	0
临沧	0	0	—	212 635	4.05	9.12	9.12	0
合计	4 652 662	100.00	—	5 250 176	100.00	—	—	—
平均值	—	—	10.08	—	—	12.39	23.37	46.98

资料来源：2000 年云南人口普查资料。

在各地区的城镇化发展水平的比较中，各地城镇化发展严重不均衡，排除昆明由于是省会城市而具有其他州（市）不可比拟的城镇化发展优势条件，其他州（市）的发展差异性也非常大（表 6-5）。城镇化水平最高的地区（德宏）与最低的地区（临沧）相差 4.77 倍。除此以外各地城镇化发展的内涵是不同的，有些地区的城镇化以市人口占的比重较高，如西双版纳、曲靖与保山人口在市镇人口中占的比重达到 40% 以上；一些地区的城镇化发展全部是由镇人口构成的，如丽江、文山、怒江、迪庆和临沧。除了省会城市昆明外，其他地区的城镇化都是由镇人口为主体构建的，这充分反映了云南城镇化发展的低层次性。

镇人口规模最大的地区是红河，排在次席的是曲靖。省会所在地的昆明，没有如想象的那样依托大都市的经济辐射、文化渗透和人口集聚功能，大量形成由卫星城、小城镇及集镇等层级式浸润的城市圈落，由此导致昆明市镇人口之间 4.87：1 的巨大落差，两者之间配置的严重不均衡更难以形成相互的互动和支撑。

镇人口集中度太低，过于分散，平均人口规模小，不足于形成具有人口经济规模效应的区域产业中心，人口经济运行依赖的根基仍然深深根植于传统的乡村土壤，在本质上没有发育为现代产业扩展和延伸、城市改造传统农村带动农村发展的"前沿阵地"。

云南城镇化发展水平和规模是严重不均衡的，这种不均衡提示我们必须认真考虑在有限资源的条件下的城镇化战略选择问题。按照城镇化的规律，城镇化依托的是区域发展，特别是现代产业为基础的经济聚落的形成，因此是否是行政权力中心并不是城镇发展水平的客观判断依据。云南以行政区划而统计的城镇化水平的差异性，并不意味着是有悖现代化发展规律的现象，而且恰恰表明这种差异性是客观规律使然。因此，在城镇化战略的规划上，如果不尊重发展规律与科学，单纯地以行政区划来分配和占有城镇发展地的资源，而不是以区域经济社会发展的客观性来配置资源，将会导致云南城镇化战略选择的重大失误。

不同的地区，城镇化发展战略的选择应该与其经济社会长远发展和资源环境条件的禀赋具有内在的一致性。例如，很多地区依托于自身良好的人文地理条件，实施了以旅游经济为主导的经济社会发展战略，如果在进行城镇化发展战略的选择时，不相宜地选择了人口高度集中、城市规模庞大的战略，必然会对自身的人文自然旅游资源造成损害，从而使经济社会发展战略落空，而如果根据自身的人文自然环境进行人口小聚落城镇发展的建设，既推动了城镇化的发展，又有力地支撑了经济社会发展和人文环境自然环境保护的目标。在以现代产业发展为基础的城镇发展战略中，高度集中的人口和经济资源是实现规模效应与集聚效应的必要条件，是大城市甚至是大都市的建设应该追求的目标。

B. 行业结构

据 2000 年人口普查资料，从在业人口分布的性质角度判断，在业人口行业构成显示了云南仍然是一个以农业为主的"农业省"（见表 6-6）。农林牧渔业在业人口占 79.33%，其他 15 个行业门类一共才占 20.67% 的份额，而且单个行业所占的比重都低于 5%，任何非农产业都没有显示出具有突出地位或者优势发展潜力的迹象。只有"制造业"和"批发和零售贸易、餐饮业"两个行业门类的在业人口规模较大，集中了超过 4% 的在业人口。非农产业中的行业门类中，在业人口低于 1% 的行业门类有 8 个。按照全省 16 个行业门类划分指标，虽然可以说云南的行业门类是齐全的，但是发展程度是低层次的，不能满足云南全面建设小康社会目标的需求。

表 6-6 2000 年云南在业人口行业结构

门类	云南		全国	
	人口数/人	比重/%	人口数/人	比重/%
农林牧渔业	1 957 235	79.33	43 051 661	64.38
采掘业	21 274	0.86	697 862	1.04
制造业	106 506	4.32	8 333 044	12.46
电力、燃气及水的生产与供应业	9 210	0.37	418 822	0.63
建筑业	45 362	1.84	1 794 657	2.68
地质勘查业、水利管理业	3 086	0.13	84 500	0.13
交通运输、仓储及邮电通信业	43 271	1.75	1 724 636	2.58
批发和零售贸易、餐饮业	115 218	4.67	4 474 040	6.69
金融、保险业	8 845	0.36	394 752	5.90
房地产业	1 912	0.08	154 814	0.23
社会服务业	35 291	1.43	1 438 738	2.15
卫生、体育和社会福利业	18 992	0.77	709 875	1.06
教育、文化艺术和广播电影电视业	51 993	2.11	1 710 824	2.56
科学研究和综合技术服务业	3 569	0.14	149 861	0.22
国家机关、党政机关和社会团体	42 180	1.71	1 572 764	2.35
其他行业	3 299	0.13	164 039	0.25
总计	2 467 260	100.00	66 874 889	100.00

资料来源：根据 1990 年、2000 年全国与云南人口普查资料整理得出。

　　将现代经济社会发展的需求与全国行业门类的发展已经达到的水平进行比较和判断，云南在业人口行业构成具有相当重的传统性质，发展层次与水平较低。在业人口的行业结构中，从事农林牧渔业的比重高达79.33%，比全国水平高出14.95个百分点。其他的行业既因为农业富余劳动力转移不畅，又由于行业自身发展不足而远远低于全国发展水平。

　　在与全国的比较中，云南只有"地质勘查业、水利管理业"达到了全国的水平，其他一些行业与全国相差一定的距离，一些行业与全国发展水平相距甚远。其中，已经达到全国水平的80%～90%的行业有"采掘业"、"教育、文化艺术和广播电影电视业"；达到全国水平的70%～80%的行业有"卫生、体育和社会福利业"、"国家机关、党政机关和社会团体"；达到全国水平的60%～70%的行业有"科学研究和综合技术服务业"、"社会服务业"、"批发和零售贸易、餐饮业"、"交通运输、仓储及邮电通信业"和"建筑业"；达到全国水平的50%～60%的行业有"电力、燃气及水的生产与供应业"和"其他行业"；达到全国水平的30%～40%的行业有"制造业"、"房地产业"；"金融、保险业"发展最差，只有全国水平的6.07%。因此，一方面云南行业门类发展层次全面低于全国水平，发展差距较大；另一方面存在着很多薄弱环节，特别是"金融、保险业"和"制造业"的落后性成为制约云南经济发展的瓶颈。

　　云南在业人口三次产业结构与全国相比具有非常突出的落后性。其落后性表现为三个方面：一是第一产业异常的高位特征，约占64%的比例；二是第二产业就业人口容量太低，只吸收了11.32%的在业人口，比全国平均水平低15.92个百分点；三是第三产业欠发展，所占比重少于全国平均数的8.12个百分点。就在业人口的三次产业的分配比重与全国的差距而言，云南三次产业发展的重点应该是劳动力从第一产业大幅度向第二产业转移，并在这种转移过程中培植和形成第三产业对整个国民经济的支撑作用。否则，第二产业发展的"短边"效应将极大地限制经济持续发展，并更加落后于全国工业化发展水平，特别是失去中国成为"世界制造中心"提供的发展机遇。

　　按照三次产业结构进行分类，云南与全国有较大的发展差距。如图6-2所示。

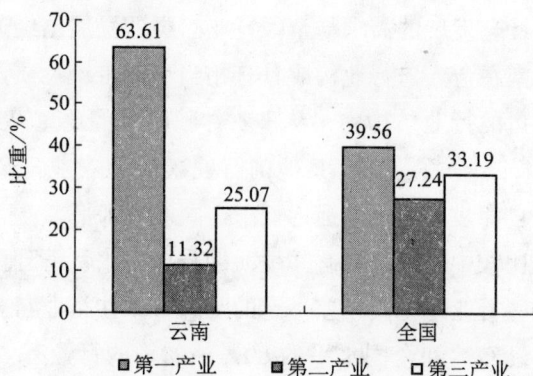

图 6-2　2008 年云南在业人口三次产业结构及与全国的比较

资料来源：根据 2009 年《中国统计年鉴》与《云南统计年鉴》数据整理得出。

（二）云南生态环境现状

生态环境是人口存在的最基本的条件，是实现可持续发展的物质基础。目前，云南生态环境的现状主要表现为自然生态系统退化现象仍然较为严重，生态功能衰退明显；环境污染排放仍然远远高于环境承受能力。

1）自然生态破坏严重，水土流失、滑坡泥石流频繁发生

云南一直以来都是我国主要的森林资源分布区，木材蓄积量达 1.3×10^9 米^3，居全国的第三位。但是长期以来人们对云南高原山区生态环境特点和脆弱性认识不足，加之 20 世纪 50 年代以后人口过度增长产生的巨大压力，迫使人们对森林过度垦殖和开发，导致林地被大量砍伐，地表植被遭到极大破坏。1975 年全省天然林面积为 9.12×10^6 公顷，1985 年降至 8.14×10^6 公顷，森林覆盖率从 20 世纪 50 年代的 50％下降至 20％。局部地区森林破坏更为严重，西双版纳地区曾经有我国保存最为完好的热带原始森林，但是由于农业刀耕火种和各种破坏，森林合格率由新中国成立之初的 69.4％减少到了 80 年代的 26％左右，近 20 余年来每年仍有 $1.0 \times 10^4 \sim 1.4 \times 10^4$ 公顷的森林毁于刀耕火种；滇中昆明地区森林覆盖率也由新中国成立时的 50％下降至目前的 24％左右，滇中地区地带性植被——亚热带常绿阔叶林基本上已被完全破坏。

地表植被系统的损坏，直接大大增加了水土流失的发生频率和损害程度。严重的水土流失在云南部分地区已经成为社会经济发展的重大制约。云

南全省水土流失面积达 14.13 万千米^2，占全省土地总面积的 36.88%，全省多年平均土壤侵蚀总量达 5.14 亿吨，年均侵蚀规模数高达 1340 吨/千米，年均侵蚀深度为 1 毫米。严重的水土流失加剧了云南滑坡、泥石流等地质灾害的发生频率。据统计，云南有崩塌、滑坡、泥石流等自然灾害 20 多万处，具有一定危害规模的近 8000 处；全省有 35 个县城、160 多个乡镇、3000 多个自然村、150 余个大中型厂矿、480 千米铁路、3000 千米公路受到滑坡、泥石流的直接威胁。

2）系统功能衰退

由于植被的破坏、水土流失等灾害的频繁发生，云南自然生态系统功能已经明显衰退。

（1）森林生态系统退化。随着生态破坏所导致的一系列问题日益凸显和严重，国家相关部门和云南各级地方政府对植树造林和恢复生态越来越重视，并相继开展了"长防"、"长治"工程，天然林保护工程，退耕还林还草工程等大型生态建设工程，全省林地面积、森林覆盖率和木材蓄积量都有所增长，但对森林生态系统的结构和功能改善有限。在全省森林构成中，天然林所占比重很小，不到森林总面积的 20%，大量地带性天然植被已被次生林、灌丛、人工林所取代。例如，滇中地区的地带性植被为亚热带常绿阔叶林，目前这种天然植被除了局部沟谷地区和少数自然保护区有一定面积的连续分布外，已基本上被破坏。目前，全省林地面积的 62.3% 为针叶林，其中云南松林和思茅松林就占了 80% 以上。天然林面积的缩小、人工林比重的增大、树种的单一化、结构的简单化，使得森林群落结构复杂性降低，森林生态系统各项生态功能不断降低。

（2）水体生态系统功能退化。由于水土流失、湿地破坏、水体萎缩，云南江河、湖泊等水体生态功能趋于退化，水体调蓄洪水、抵御干旱能力下降，旱灾、水灾频繁发生，许多地区旱涝灾害交替发生，"大旱之后接大涝，大涝之后又大旱"的现象频繁出现，一些地区甚至是"有雨则涝，无雨则旱"。例如，滇池流域，据 1988 年的调查，流域内森林覆盖率已由 1951 年的 37.5% 下降到 21.2%。森林锐减，导致水土流失日益严重，目前流域内水土流失面积已达 965 万千米^2，占总面积的 36.83%，侵蚀量最高可达每年 100 万吨。据估计 40 年来，水土流失导致进入湖内的泥沙总量高达 5610 万米³，致使湖盆抬高了 0.47 米，湖泊蓄水量大为下降，流域的调蓄能力也随之减弱，昆明和滇池的防洪标准只能达到 20 年一遇的洪水防洪量，滇池出水口螳螂川仅达到 10 年一遇的洪水防洪量。每年昆明不得不投入大量的人力物力来消除由此带来的洪灾隐患。又如，珠江源头 20 世纪 50 年代建成的胡家坟水库，随着流域森林的退化和消失，到 80 年代已有 94％ 的库容淤积萎缩，目前已被填平报废。全省因泥沙淤积而萎缩，失去生态功能的水库库容为 2.39×10^8 米³，湖泊坝塘为 1.17×10^8 米³。

3）环境压力大

目前，云南每年产生的工农业废弃物总量较大，对生态环境造成了极大的污染。1999 年，全省工业固体废弃物产生量为 3117.38 万吨，排放量为 567.37 万吨，历年累计储存量达 2.07 亿吨，在工业固体废弃物中，危险废物产生量为 110.99 万吨，排放量为 0.10 万吨；工业废气排放量为 2157.24 亿标准立方米，废气中二氧化硫排放量为 33.87 万吨，烟尘排放量为 30.76 万吨，工业粉尘排放量为 20.99 万吨；全省废水排放总量为 6.65 亿吨，其中，工业废水排放量为 3.71 亿吨，生活污水排放量为 2.94 亿吨，生活污水已占废水排放总量的 44.2％。云南对于各种废弃物的处理率和综合利用率都还较低，1999 年工业固体废弃物的处置率仅为 7.7％，综合利用率不到 30％。2005 年，全省工业固体废弃物产生量为 4661.49 万吨，排放量为 70.66 万吨，在工业固体废弃物中，危险废物产生量为 30.41 万吨，排放量为 0.25 万吨；工业废气排放量为 5444.20 亿标准立方米，废气中二氧化硫排放量为 52.19 万吨，烟尘排放量为 22.67 万吨，工业粉尘排放量为 15.53 万吨；全省废水排放总量为 7.52 亿吨，其中，工业废水排放量为 3.29 亿吨，生活污水排放量为 4.23 亿吨，生活污水已占废水排放总量的 56.2％，大大超过了工业污水量。云南对于各种废弃物的处理率和综合利用率都还较低，2005 年工业固体废弃物的综合利用率不到 35％。2008 年，全省工业固体废弃物产生量为 7986.42 万吨，排放量为 39.42 万吨，在工业固体废弃物中，危险废物产生量 53 万吨；工业废气排放量为 8316.08 亿标准立方米，废气中二氧化硫排放量为 50.17 万吨，烟尘排放量为 817.6 万吨，工业粉尘排放量为 12.2 万吨；全省废水排放总量为 8.39 亿吨，其中，工业废水排放量为 3.29 亿吨。云南对于各种废弃物的处理率和综合利用率都还较低，2008 年工业固体废弃物的综合利用率为 47.8%。而且，由于农业废弃物分布零散及经济上的问题，其处理率和综合利用率更是远低于此。

大量排放的污染物质导致了云南水体环境的全面恶化。2008 年，对全省 120 条河流监测断面中，水质清洁，符合Ⅰ～Ⅱ类标准的断面仅占 32.0%；污染较重，符合Ⅳ～Ⅴ类标准的断面占 20%；污染严重，水质劣于Ⅴ类标准的断面占 22%。云南九大高原湖泊中滇池、程海、星云湖、杞麓湖、异龙湖水质都受到了较为严重的污染，其中滇池已经成为了Ⅴ类水质。水体污染导致的水资源的短缺已经严重制约云南经济的持续发展。例如，云南经济发展的中心地带，位于"高原明珠"滇池之畔，本来有着丰富的水资源，但是由于滇池水体的严重污染，不得不舍近求远，到距离较远的地区调水。滇池的污染问题已经对昆明构成了严重威胁，给社会经济发展沉重的回击。

随着云南经济的发展，对能源的需求量增长很快，各种能源物质尤其是非脱硫煤炭等低质非环保能源的使用量迅速增加，使得云南空气污染严重，酸雨发生率增高。昆明、曲靖、玉溪、个旧、开远、楚雄、昭通七城市尤为严重，已经被列入全国酸雨控制区。

（三）资源环境非协调因素分析

造成云南在 1995 年、2000 年、2005 年生态环境形势和变化趋势严峻的原因是多方面的，包括政府机制、产业发展、人口等方面。云南缺乏有效的监督和约束机制、产业的非生态化发展、城镇人口数量的增长和生活方式改变，使得点源污染并没得到有效遏制，而面源污染在不断加剧。

（1）政府缺乏意识及有效的监督约束机制。虽然"十五"期间政府不断投入大量资金建设治污防污工程和自然生态保护区，对云南生态环境的恶化起到了一定的抑制作用，但由于政府仍然在引导产业发展的过程中缺乏有效的监督和约束机制，仍未能有效促进产业布局朝着生态化的方向发展，所以未能从根本上遏制对生态环境破坏。

（2）产业发展的非生态化。云南工业的排污效率低于全国平均水平；农业面源污染加重，化肥的过量使用，导致土壤养分失调与衰竭、土壤有机肥质缺乏、土地资源退化，影响了农业生产的持续发展和水体富营养化，使水质下降，破坏了生态系统的养分平衡；旅游业迅速发展加重生态环境的恶化。

（3）人口数量的增加。人口数量增加导致城镇生活废水、废气和垃圾的产生量的增加，使得向生态环境摄取的自然资源增加，向生态环境排放的污染物也增加。

1. 资源消耗型发展

云南依靠资源消耗发展经济的局面没有改变，资源对可持续发展的支撑能力弱。云南资源消耗与产出之比为 1：1.3，2/3 以上的大型企业都依靠自然资源消耗（胡桐元，2004）。2008 年，全省单位 GDP 能耗高达 1.562 吨标准煤/万元，全国省份中排名第二十一位（北京 2008 年单位 GDP 能耗为全国最低，每单位 GDP 能耗为 0.66 吨标准煤/万元）。全省工业用水重复利用率仅为 50%。土地供需矛盾突出，全省坝区面积仅占国土面积的 6%，耕地质量低，中低产田地比重大，水利化程度低于全国 10 个百分点，靠天吃饭的生产方式没有改变，土地产出率、农业劳动生产率低。矿产后备资源不足，不少重点企业依赖进口矿产原料才能满足产能需求，矿产资源利用方式粗放，开发布局不够合理，大矿小开，开发回采率和资源综合利用水平低，局部地方乱采滥挖、采富弃贫、采主矿丢伴生矿现象严重。矿产资源调查评价和勘察程度偏低，主要矿产储量增长滞缓，后备资源储量不足。矿山复垦和环保工作薄弱，诱发地质灾害和生态破坏的现象突出。水资源供求矛盾尖锐，水资源开发利用率仅为 6.2%，人均供水量为 314 米^3，低于全国平均水平。经济发达的滇中地区资源性缺水严重，全省工程性和城市缺水问题突出，水资源开发难度大、投资大、增加供水难度大。电站等重大工程建设对生态环境保护、移民补偿安置等重视不够、投资不足。生态资源开发保护、培育、利用程度低，很多地方仍处于直接以野生资源开发为主的初级阶段，野生资源保护与持续利用的前期研究滞后。旅游资源开发和民族文化资源开发层次低，局部地方粗放开发、低水平重复建设问题严重。

通过对云南与全国物耗能耗水平的比较发现，云南在物耗能耗方面存在较大差距，如表 6-7 所示。

表 6-7　1990～2008 年云南与全国能源利用经济效益指标比较

年份	亿元 GDP 能耗/万吨标准煤		吨能创造GDP/元		亿元工业产值耗能/万吨标准煤		吨能创造工业产值/元	
	全国	云南	全国	云南	全国	云南	全国	云南
1990	5.32	4.33	1 879	2 311	9.22	5.66	1 084	1 766
1991	4.8	3.79	2 083	2 637	8.22	4.98	1 217	2 006
1992	4.01	3.26	2 440	3 068	6.93	4.23	1 443	2 366
1993	3.35	2.68	2 986	3 729	5.45	3.03	1 835	3 302
1994	2.62	2.34	3 810	4 267	4.25	2.41	2 353	4 156
1995	2.24	2.19	4 458	4 570	3.62	2.15	2 763	4 658
1996	2.05	1.89	4 886	5 291	3.24	2.18	3 083	4 580
1997	1.85	2.09	5 404	4 795	2.86	2.38	3 495	4 200
1998	1.69	1.88	5 926	5 332	2.65	2.24	3 772	4 468
1999	1.59	1.77	6 307	5 644	2.43	2.11	4 123	4 748
2000	1.46	1.72	6 866	5 799	2.14	1.44	4 665	6 933
2001	1.39	1.75	7 213	5 716	2.05	1.45	4 887	6 890
2002	1.41	1.79	7 096	5 598	2.07	1.48	4 832	6 736
2003	1.43	1.74	6 988	5 744	1.85	1.42	5 418	7 031
2004	1.27	1.69	7 867	5 916	—	1.51	—	6 606
2005	1.23	1.73	8 155	5 765	—	1.35	—	7 402
2006	1.16	1.66	8 605	6 043	—	1.19	—	8 418
2007	1.03	1.52	9 688	6 596	—	1.03	—	9 691
2008	0.948	1.33	10 549	7 522	—	0.99	—	10 149

资料来源：根据《中国统计年鉴 2009》和《云南统计年鉴 2009》得出。

能源生产弹性系数是研究能源生产增长速度和国民经济增长速度之间关系的指标，计算公式为

$$能源生产弹性系数 = \frac{能源生产总量年平均增长速度}{国民经济增长速度}$$

表 6-8　1997～2007 年云南与全国能源加工转换效率比较

项目	1997 年	1998 年	1999 年	2000 年	2001 年	2002 年	2003 年	2004 年	2005 年	2006 年	2007 年
全国	69.23	69.44	70.45	70.96	70.41	69.78	71.37	70.71	71.16	71.24	71.25
云南	67.87	68.06	68.01	68.33	68.22	68.41	68.73	93.17	93.43	94.78	94.08

注：能源加工转换率指　定时期内能源经计加工、转换后，产出的各种能源产品的数量与同期内投入加工转换的各种能源数量的比率。该指标是观察能源加工转换装置的生产工艺先进与落后、管理水平高低等的重要指标。

计算公式为

$$能源加工转换效率 = \frac{能源加工转换产出量}{能源加工转换投入量} + 100\%$$

资料来源：根据 2009 年云南统计局，国家统计局相关数据整理得出。

从表6-7、表6-8和表6-9的资料不难看出，云南在降低消耗水平推动经济增长方面仍存在较大的潜力，如果云南能达到全国能源利用的平均水平，将实现更快的经济增长。

表6-9　1990～2008年云南与全国能源生产弹性系数与消费弹性系数比较

年份	能源生产弹性系数		能源消费弹性系数	
	全国	云南	全国	云南
1990	0.58	0.48	0.47	0.54
1991	0.10	0.48	0.55	0.51
1992	0.16	—	0.37	—
1993	0.26	0.48	0.45	0.48
1994	0.53	0.53	0.44	0.50
1995	0.80	0.57	0.63	0.56
1996	0.28	0.57	0.59	0.57
1997		0.57		0.65
1998	—	0.51	—	0.61
1999	0.18	0.45	0.16	0.58
2000	0.29	0.48	0.42	0.58
2001	0.80	0.49	0.41	0.60
2002	0.51	0.58	0.66	0.63
2003	1.39	0.60	1.53	0.64
2004	1.42	0.67	1.59	0.64
2005	0.95	0.72	1.02	0.71
2006	0.64	0.73	0.83	0.71
2007	0.50	0.72	0.60	0.70
2008	0.58	0.75	0.44	0.70

资料来源：根据云南省统计局《云南统计年鉴2009》相关资料整理得出。

2. 环境破坏型发展

1）农业经济发展模式：从过度垦殖到环境污染

20世纪末期以前，云南一直是农业经济占主导的社会，是典型的农业社会，农业生产提供了支撑社会运转的主要物质资料，全省农业人口占多数，70%以上的人口仍然完全或部分依赖农业生产进行生活。以较长的历史空间尺度来看，农业经济是对云南社会发展影响最为深远和深刻的经济形式，同时农业经济对于环境的破坏也是最严重的，主要表现为传统农业的过度垦殖和现代农业的环境污染。

云南农业经济的起源较为久远，几千年前就出现了原始农业。自公元前3世纪楚国将军庄蹻率领一支楚国军队在滇池流域建立古滇国以来，云南与中原的人员往来和各种交流越来越密切，中原成熟的农业生产技术随着大量的移民传入云南，云南农业经济规模和能力有了很大的发展，长期的农业开发给云南带来了大量的物质财富。然而随着人口的增多，云南省适宜耕作的平坝、河谷等平地越来越显得不足，只有通过毁林开荒、进行坡地耕作以增加种植面积，从而出现了土地的过度垦殖的现象，这直接导致了植被覆盖率下降。先秦时期，云南地区的森林覆盖率高达 80%～90%，20 世纪 50 年代下降到了 50%左右，到了 80 年代不足 20%。

过度垦殖的现象在曲靖、昭通等开发较早的地区尤为突出。昭通是云南开发最早、开发程度最高的地区，一直以来人口压力都比较大。尤其是近100 年来随着人口急速的增加，不得不通过毁林开荒，进行坡地和陡坡地垦殖来增加耕地，这直接导致了坡耕地和陡坡耕地比重过高。目前全市 25°以上的陡坡耕地已达 150 600 公顷，占可耕地总面积的 22.57%，30°以上陡坡耕地比例也达到了 6.69%；昭通垦殖指数已高达 26.08%，少数地区已达50%以上。过度垦殖使得昭通境内天然植被遭受到了毁灭性的破坏，原始森林很少幸存，目前仅在绥江中村、水富铜锣坝、大关三江口、彝良朝天马、海子坪、永善蒿枝村、镇雄毛坝、威信高田和巧家的药山等地有较完整的大面积森林。昭通森林覆盖率极低，据林业资料记载，1951 年第一次森林资源清查，全市有林地面积 444 500 公顷，森林覆盖率为 19.8%；1973 年降低到了历史最低点，林地面积仅有 141 300 公顷，覆盖率仅为 6.7%；90 年代中后期随着"长防"、"长保"、天然林保护工程、退耕还林、还草工程的实施，昭通森林覆盖率有所增加；2000 年增加到 17.8%，仍然比 1951 年低 2 个百分点。

长期的过度开垦和坡耕地耕作使云南大部分地区陷入了"毁林陡坡开荒—单产低—广种薄收—毁林陡坡开荒"和"越垦越穷、越穷越垦"的恶性循环中，也使云南许多地区成为全国水土流失最严重的地区。1987 年和

1999 年两次土壤侵蚀状况的普查结果显示，云南土壤侵蚀面积比重分别达到 40.36％和 36.88％，昭通、楚雄土壤侵蚀最严重时，侵蚀面积比重甚至超过了 60％。

新中国成立以后，云南传统农业生产方式发生了重要的改变，以化肥、农药的投入获得农产品高效产出为特征的现代农业生产方式逐步被推广。大量化肥、农药、农膜的使用使农业生产的环境污染越来越严重，在一些区域农业污染甚至是最主要的污染源。例如，滇池领域是云南农业经济最发达的地区，其化肥、农药的使用水平也是我国较高的区域之一，2008 年全流域年化肥使用量已超过了 16.8 万吨，流域内单位面积土地化肥使用量达 981 千克/公顷，远远高于全国平均水平 258.45 千克/公顷。高密度的化肥、农药的使用会导致大量的营养元素和农药残留污染水体，这也使得农业污染占滇池污染来源比重超过了 50％。

2）现代工业经济发展模式：粗放式和非生态化

随着工业化进程，传统产业向现代产业转变，传统的农业已经不再是经济生产的主要产业。云南这一转变是在新中国成立以后才全面展开的，本来这是一次调整经济发展与环境矛盾的良好契机，但是由于种种原因，云南的工业化却走上了粗放式和非生态化发展的道路，不仅没有使原有的传统农业与环境的矛盾得到缓解，还进一步加大了经济发展的环境破坏性。

3. 产业构成非生态化

由于经济基础薄弱及国家的战略安排，云南工业化是以原料型初级资源性产业发展为主导的，产业发展的资源消耗和环境破坏都较为严重。

表 6-10 为 20 世纪 60 年代以来云南资源工业产值占工业总产值的比重的变化情况。由表可以看出，云南资源工业产值占工业总产值的比重是非常惊人的，最高的年份 1990 年达到 74.43％，最低的年份 1980 年也达到 67.88％。这个指标反映了云南资源型工业在工业中的绝对地位。实际上，云南工业化初期就被定位为各种资源工业基地，资源工业产值比重高也是必然的结果。云南在 50 年的工业化过程中向国家提供了大量的资源，同时也承受着环境恶化的结果。例如，木材资源的供给，直接导致云南森林覆盖率由 50％以上降到不足 20％。新中国成立时，云南属于森林资源较为丰富的地区，国家把云南定位为重要的木材资源供给区，对森林资源进行了长时

间、大规模的砍伐。据统计，云南自新中国成立以来，建立了 42 个森林工业企业，有职工 4 万人，形成年产 115 万米^3 的生产能力，向国家提供商品材超过 2400 万米^3。

表 6-10　20 世纪 60 年代以来云南资源工业产值占工业总产值的比重

（单位：%）

项目	1965 年	1975 年	1980 年	1985 年	1990 年
资源工业产值占工业总产值的比重	71.90	69.32	67.88	70.65	74.43

此外，还可以用工业产品布局的部分指标来反映资源型工业的数量和质量水平。从表 6-11 中可以清楚地看到，无论资产所占的比重、产品销售收入所占的比重还是利润所占的比重，采掘和初级原材料加工工业在云南重工业中都占有绝对的比重，是重工业的主体；以农产品为原料的轻工业也是轻工业的主体。

表 6-11　2001 年云南工业产品布局的部分指标　（单位：%）

指标	资产所占比重	产品销售收入所占比重	利润所占比重
重工业中采掘和初级原材料加工工业	75.0	71.8	80.3
规模以上轻工业中农产品为原料的轻工业	92.0	93.1	96.2

资料来源：根据云南省统计局 2003 年《云南省社会和经济发展情况》整理制成。

由以上资料可以充分看出，云南工业对自然资源的极大依存性不仅反映在数量上，而且反映在质量上。云南的资源型工业除了在数量上占有绝对的比重外，其产业结构几乎停留在上游的采掘和初级原材料加工上。这种以原材料和初级产品生产和输出为主的工业结构不仅工业附加值低、经济效益差，而且会对自然资源造成进一步依赖，最终导致对自然资源的过度开采和对生态环境的严重破坏。

以原料型初级资源性产业发展为主导的工业化，导致云南工业产业结构十分粗放和不合理，能源和物质资源的利用水平较为低下。从表 6-12 可以看出云南的能耗水平较高，2008 年单位 GDP 能耗为 1.56 吨标准煤/万元，高于全国同期平均水平，在全国处于第二十一位。尽管与全国平均差距不大，但与能源利用效率最高的北京相比，云南每创造 1 万元的 GDP 所消耗的能源数量是北京的 2.36 倍。从表 6-13 可以看出云南水资源和木材资源等基础性资源的消耗水平也是全国较高的。2004 年全省消耗水资源 146.9 亿米³，耗水强度为 0.05 亿米³/亿元，居全国各省区的第十一位，是用水效率最高的北京的 5 倍以上；木材消耗量为 179.77 万米³，占全国消耗量的 3.78%，远高于同期云南 GDP 占全国 2.16% 的比重。

表 6-12 云南 2008 年单位 GDP 能耗与全国及其他省市的比较

地区	GDP/亿元	能耗总量/万吨标准煤	单位 GDP 能耗/(吨标准煤/万元)	排序	地区	GDP/亿元	能耗总量/万吨标准煤	单位 GDP 能耗/(吨标准煤/万元)	排序
全国	300 670	285 035.16	0.948	—	山东	31 072.06	34 179.27	1.10	11
云南	5 700.1	8 903.56	1.56	21	河南	18 407.78	22 439.08	1.22	14
北京	10 488.03	6 943.08	0.66	1	湖北	11 330.38	14 888.12	1.31	18
天津	6 354.38	6 017.60	0.95	9	湖南	11 156.64	13 666.88	1.23	15
河北	16 188.61	27 957.73	1.73	23	广东	35 696.46	25 522.97	0.72	2
山西	6 938.73	17 721.52	2.55	27	广西	7 171.58	7 931.77	1.11	12
内蒙古	7 761.8	16 757.73	2.16	26	海南	1 459.23	1 276.83	0.88	7
辽宁	13 461.57	21 767.36	1.62	22	重庆	5 096.66	6 457.47	1.27	16
吉林	6 424.06	9 276.34	1.44	20	四川	12 506.25	17 271.13	1.38	19
黑龙江	8 310	10 719.90	1.29	17	贵州	3 333.4	9 583.53	2.88	28
上海	13 698.15	10 972.22	0.80	4	西藏	395.91			
江苏	30 312.61	24 341.03	0.80	5	陕西	6 851.32	8 344.91	1.22	13
浙江	21 486.92	16 802.77	0.78	3	甘肃	3 176.11	6 393.51	2.01	25
安徽	8 874.17	9 539.73	1.08	10	青海	961.53	2 822.09	2.94	29
福建	10 823.11	9 123.88	0.84	6	宁夏	1 098.51	4 049.11	3.69	30
江西	6 480.33	6 013.75	0.93	8	新疆	4 203.41	8 251.29	1.96	24

表 6-13 2004 年云南资源消耗与全国及其他省区的比较

地区	GDP/亿元	水耗总量/亿米³	水耗强度/(亿米³/亿元)	木材消耗/万米³	万元 GDP 木材消耗/万米³
全国	136 875.90	5 547.80	0.04	4 758.87	347.68
云南	2 959.48	146.90	0.05	179.77	607.44
北京	4 283.31	34.60	0.01	2.57	6.00
天津	2 931.88	22.10	0.01	—	—

续表

地区	GDP/亿元	水耗总量/亿米³	水耗强度/（亿米³/亿元）	木材消耗/万米³	万元 GDP 木材消耗/万米³
河北	8 768.79	195.90	0.02	38.61	44.03
山西	3 042.41	55.90	0.02	4.60	15.12
内蒙古	2 712.08	171.50	0.06	327.92	1 209.11
辽宁	6 872.65	130.20	0.02	130.08	189.27
吉林	2 958.21	99.20	0.03	376.51	1 272.76
黑龙江	5 303.00	259.40	0.05	709.26	1 337.47
上海	7 450.27	118.10	0.02	—	—
江苏	15 403.16	525.60	0.03	38.24	24.83
浙江	11 243.00	207.80	0.02	204.24	181.66
安徽	4 812.68	209.70	0.04	278.83	579.37
福建	6 053.14	184.90	0.03	518.33	856.30
江西	3 495.97	203.50	0.06	354.14	1 012.99
山东	15 490.73	214.90	0.01	42.59	27.49
河南	8 815.09	200.70	0.02	60.01	68.08
湖北	6 309.92	242.70	0.04	107.00	169.57
湖南	5 612.26	323.60	0.06	412.10	734.29
广东	16 039.46	464.80	0.03	308.24	192.18
广西	3 320.10	290.80	0.09	444.84	1 339.84
海南	769.36	46.30	0.06	70.65	918.30
重庆	2 665.39	67.50	0.03	0.27	1.01
四川	6 556.01	210.40	0.03	50.76	77.43
贵州	1 591.90	94.30	0.06	29.25	183.74
西藏	211.54	28.00	0.13	20.00	945.45
陕西	2 883.51	75.50	0.03	14.93	51.78
甘肃	1 558.93	121.80	0.08	0.70	4.49
青海	465.76	30.20	0.07	2.19	47.02
宁夏	460.35	74.00	0.16	0.14	3.04
新疆	2 200.15	497.10	0.23	32.00	145.44

4. 产业发展的污染化

工产业发展与环境的关系是由产业结构特点和水平决定的，它同时反映出工业的增长方式。从世界各国工业结构与污染的相关分析中可以得出这样的结论：污染程度与资源密集型经济呈正相关，即资源的密集度越高，"三废"排放量就越高，污染越严重。云南的工业是资源密集型工业，是以资源开发和原材料粗加工为主的工业，这种工业结构必然直接导致"三废"排放量的增加，以及对矿产资源的过度开发和森林资源的过度砍伐及水土流失与生态破坏等环境恶果（表6-14）。

表 6-14　云南工业产业"三废"排放强度指数及分类

序号	工业产业名称	废水排放强度	废气排放强度	废固排放强度	平均排放强度	类型
1	采掘业	0.858	0.414	7.354	2.875	I
2	食品、饮料和烟草加工业	0.191	0.369	0.055	0.205	IV
3	纺织业	11.932	2.268	1.054	5.085	I
4	皮革毛皮羽绒及其制品	5.982	0.889	1.145	2.672	I
5	造纸及纸制品业	9.188	1.063	0.64	3.63	I
6	印刷业记录媒介的复制	0.029	0.012	0.005	0.015	IV
7	石油加工及炼焦业	31.445	28.91	8.445	22.936	I
8	化学原料及制品制造业	2.575	0.963	0.881	1.472	II
9	医疗制造业	0.596	0.149	0.099	0.279	IV
10	化学纤维制造业	4.982	4.587	0.717	3.429	I
11	橡胶制品业	1.636	1.109	0.333	1.026	II
12	塑料制品业	0.157	0.141	0.032	0.11	IV
13	非金属矿物制品业	0.448	3.526	0.369	0.389	IV
14	黑色金属冶炼及压延加工业	2.403	3.075	2.868	2.878	I
15	有色金属冶炼及压延加工业	0.326	1.235	0.737	0.766	III
16	金属制品业	0.771	0.542	0.175	1.311	II
17	机械、电气、电子设备制造业	0.885	0.495	0.211	0.532	III
18	电力正气热水生产供应业	1.467	4.762	2.149	2.792	I
19	其他	1.714	1.097	1.895	1.569	II

　　云南以原料型初级资源型产业发展为主导的工业化，除了资源的大量消耗外，工业排放污染对云南生态环境的直接破坏作用也十分明显。云南除烟草加工业外，绝大多数产业集约化程度低、污染排放强度高。若以全国工业"三废"排放水平来测评云南工业的污染强度，那么大部分云南工业的污染排放强度超过全国水平，表6-15中：云南工业中大部分是污染强度较高的

工业，其中 I 类污染强度工业有 8 个，接近一半，这些工业大部分是原材料工业；在云南低度污染 IV 类工业有 6 个，其中以烟草加工业强度最小。

表 6-15　1999 年全国平均、发达五省直辖市、西南地区和
云南的综合"三废"排放指数比较

污染强度	指标范围	级别	全国平均	发达五省市	西南地区	云南
高度污染	>2	I	—		—	—
上中度污染	1~2	II	1.37		1.93	1.31
下中度污染	0.5~1	III	—	0.65		
低度污染	<0.5	IV				

注：①产业或区域污染强度指数＝污染排放结构系数/增加值结构系数；②全国平均是指 30 个省（直辖市、自治区）的平均水平；③发达 5 省（直辖市）包括北京、上海、江苏、浙江和广东，西南地区包括云南、贵州、四川、西藏和广西。

近年来，云南工业污染强度有 9 个工业升级，8 个工业的污染级别不变，2 个工业降级；烟草工业污染强度在下降，但绝大多数工业污染强度级数的数值都有不同程度提高。

云南的工业污染的严重性还可以通过与全国平均、发达 5 省（直辖市）、西南地区横向比较中得到说明。表 6-15 的资料显示，与全国平均、西南其他省区相比，云南综合"三废"排放指数虽然处于相对较低的水平，但是均属于"上中度污染（II）"，如果与发达的 5 省（直辖市）相比，云南的综合"三废"排放指数却高出 1 倍。

云南以资源开发和原材料粗加工为主的工业发展模式必然导致水体空气污染、森林砍伐、水土流失、生态破坏、经济竞争力逐步衰退。这种工业发展模式最终必然步发达国家"先发展、后治理"的后尘，使经济无法实现可持续发展。

5. 环境保护政策问题

1）环境保护及政策的弱势地位

目前，我国大部分地区仍处于工业化进程之中，工业化、现代化任务远未完成，经济发展与发达国家还比较落后，为了增强经济实力，提高人们的生活水平和生活质量，各地政府普遍把发展经济作为首要任务，因此经济发展政策往往是一种强势和刚性的政策，相对而言环境保护部门及政策处于一种弱势地位，环境保护规划是一种"软指标"，一旦经济发展计划与生态环

境保护规划发生冲突，环境保护往往让位于经济发展。此外在产业政策等宏观社会经济发展政策和规划的制定的过程中环境政策处于次要位置，只是总体规划和经济政策的一部分，甚至只是社会发展事业的一部分，与经济政策并不直接相关，环境政策无法在宏观层面对经济活动的环境影响及保护做出遏制和规范。

云南处于西部边疆，是集山区、边疆、民族、贫困为一体的欠发达地区，经济发展滞后和贫困问题十分严重。2008 年年底全省经济总量为5700.1 亿元，位列全国第二十三位，人均 GDP 为 12 500 元，仅为全国平均水平的 55.42%；同时全省有贫困县 73 个，占总县数的 58%，贫困人口255 万人，占全省总人口的 6.15%，扶贫攻坚乡 506 个，占全省总乡镇数的32.2%。因此，生存和发展问题更加迫切，再加上云南地处边疆、民族众多，经济发展、社会稳定、扶贫等问题成为了各级政府的主要关注点。由于云南产业发展落后，在解决上述问题时就不可避免地出现降低环境保护标准、绕开环境保护政策的现象，一些技术落后、资源消耗大、污染强的不符合国家产业政策的"15 小"① 产业能够上马，并成为一些地方的支柱产业，造成了极大的污染和环境破坏，环境政策往往无法发挥应有的效果。

2）政策协调性不足

目前云南在生态环境管理中出现了管理失灵的现象，主要表现为各种政策在各部门间的协调不够，缺乏足够强的手段和强制措施以达到政策目标，缺乏在经济运作过程中实施有关政策的力量。首先，政府经济部门和环境保护部门的不协调，许多地区政府经济部门与环境部门发生目标冲突时，往往以放弃环境目标作为确保经济目标的代价；其次，环境保护部门间缺乏协调，环境保护涉及林业、农业、水力、能源、城建等多个部门，在开展环境保护工作时各部门往往从各自领域出发，造成了力量分散，无法形成合力，有时还会因为部门利益的原因无法协调与合作。所以，应该增强环境保护管理部门的权利，增强其在各部门间的协调能力，把原来分散在各部门中的与环境保护相关的工作，更多的由环境主管部门统一指导和协调。云南在针对

① "15 小" 产业指所有工艺、技术和装备落后；资源、能源消耗、浪费大；对生态和环境有严重影响和破坏；危害人体健康；难以形成经济规模和产业规模的企业，包括造纸、制革、染料、土焦、土硫黄、电镀、漂染、农药、选金、炼油、炼铅、石棉、放射、炼汞、炼砷的小企业。

于滇池流域环境保护的"十五"计划中已经明确，在涉及滇池流域环境保护和生态恢复的工作，统一由滇池保护委员会协调管理，这已经为加强生态环境保护综合管理做出了有益的尝试，但是这种环境管理上的改变还需要在更多地区进行更加深入的开展从而克服环境管理失效、环境目标软化、环境治理工作受到冲击而最终导致环境治理效率低下的难堪局面。

3）环境政策执行力度不够、空白点较多

"九五"和"十五"期间云南加大了对污染源的治理力度，对污染重、影响大的 100 家工业污染企业实施了限期治理，依法对 1916 家污染严重的"15 小"企业进行了关、停、并、转；同时大力兴建"三废"处理设施，对九大高原湖泊所在地投资 44.6 亿元进行了 17 项污水处理和排污干管工程建设；对机动车尾气排放、城市噪声等建立了监管制度。这在一定程度缓解了云南环境恶化的趋势。

但目前全省环境保护机构不是十分健全，机构缺失、能力薄弱的问题仍然存在，尤其是县级机构问题更加突出，全省大部分县级区域的环保机构是在"十五"之中才独立设置的，而且普遍存在着机构设置不健全、监督管理能力弱、执法行为不规范的现象，这极大地限制了监督管理的力度，使得环境政策执行过程中仍存在较多空白点。主要的问题包括排污标准不够明确和细化、排污收费范围有待拓宽、收费方式有待健全。

（1）排污标准不够明确和细化。云南是生物多样性及生态环境多样性最为丰富的地区之一，其中有不少是生物多样性保护的具有重要价值或是生态环境非常敏感的区域。这些区域对污染物质的环境承载力相对较低，在外界污染物较低水平胁迫下，就可能产生较为明显的环境损害，该区域生物多样性和生态环境就会遭受到较大威胁。因此，云南应该因地制宜，根据不同地区的生态重要性和环境承载力的不同，制定不同的排污标准。在诸如高原湖泊区、区域生物多样性中心这样一些地区实行更为严格的排污标准。

（2）排污收费范围有待拓宽。目前云南排污收费工作仅限于第二产业及宾馆、饮食服务等第三产业，除此之外的其他的部门的排污行为却没有得到很好的约束。随着云南经济发展、经济结构的变化，污染源构成也发生了较大的变化。由于加大了治理力度，工业污染所占比重不断下降，而生活污染和农村面源污染却越来越严重。例如，污水排放量，1989 年生活污水量仅为污水排放总量的 23.4%，远低于工业污水 76.6% 的比重，而到了 2002 年生活污水量已占到了 49.2%，与工业污水比重几乎持平；在某些区域农业面源污染比重上升迅速，如在滇池流域水体富营养化污染中，农村生产生活所造成的面源污染所占比重越来越大，目前已经超过了 50%。因此，生活污染物和农村面源污染已经成为了污染控制的重点，原有的排污收费的范围已经不能适应当前污染源构成的变化，排污收费范围有待拓宽，应该根据具体行业的环境污染危害大小和行业承受能力对第一产业和第三产业逐步征收排污费；对有经济承受能力地区的居民生活污染物排放也可尝试进行收费。

（3）收费方式有待健全。目前云南的排污收费实行的是"浓度超标收费"和"单因子收费"，随着社会经济的发展，这两种收费方式已经越来越显示出其弊端。对于"浓度超标收费"，由于只是对超过规定浓度的排污行为才收取排污费，并没有排污总量的限制，所以经营者可以通过稀释污染物的浓度，来降低或是逃避上缴排污费。经营者只需要通过稀释污染物就可以免去排污费的支出，而无须花大力气去改进技术减少污染物排放，通过排污收费来刺激生产者自觉削减污染物的目的也就失去了意义。"单因子收费"是仅对其中一种收费较高的污染物因子收费，而不考虑其他。这样，排污单位在治理污染时，往往仅注意那种被收费的污染因子的治理，而不顾及其他污染物的削减。由于生产者排放的污染物的种类与浓度或数量是多种多样的，一般是多种污染因子综合影响作用的产物。显然单因子不能真正代表或反映其对环境污染与影响的程度，不利于排污单位积极全面地治理污染和政府实施污染物总量控制目标，切实削减污染物，改善环境质量，也不符合"排放同种等量的污染物支付等额排污费"和"多排污就得多付费"的市场原则。因此，要更好地实现排污收费制度对生产者排污行为的约束，必须由现行的以浓度控制为目标的"浓度超标收费"和"单因子收费"向以总量控制为目标的"排污总量收费"和"多因子收费"转变。

4）环境管理手段单一

（1）环境保护政策以行政管理手段为主，缺乏经济管理手段。目前在云南环境管理中主要是采取许可证、"三同时"政策、环境影响评价制度、环境保护目标责任制及排放标准等行政手段控制环境质量保护环境，而通过税收优惠、补贴、财政资助等经济手段鼓励企业自觉改进技术，减少污染、提高资源重复利用率以达到良好的环境效果的环境经济手段使用较少，污染者主动减少污染的动力不足，整个社会的环境治理效率不高。

（2）生态环境保护投资主体单一，缺乏多种渠道。目前云南环境保护投资主体单一。在某种程度上，"经济发展靠市场，环境保护靠政府"的现象十分严重，除政府外的环保投资主体几乎没有。由于政府财力有限，不利于环保投资的持续迅速增长，难以满足经济迅速增长对环境保护的要求。尽管近年来云南在生态环境保护上的投资逐年增加，但是总量仍显得不足。根据许多发达国家和地区环境治理的经验，要基本控制一个区域的环境污染和生态破坏，环保投资需占 GDP 的 1%；要基本解决环境问题，环保投资需占 GDP 的 1.5%；环保投资占 GDP 的 2%以上才可能明显改善环境质量。目前云南对环境保护的资金投入还处于较低水平，2000 年以前投入不足 GDP 的 1%，在 0.8%左右徘徊；投入最高的 2001 年也仅占 GDP 的 1.19%。这个投资比重明显低于全国平均水平，远远落后于东部发达省区，即使在西部省区中也处于较低水平。因此，按照目前的环保投资水平，还很难较为彻底地解决云南的环境问题，使生态环境质量有一个较为明显的改观。生态环境融资渠道的缺乏、投资主体的单一，是制约云南生态环境改善的一个重要因素。

二、促进协调的路径选择

1. 云南总体情况分析

根据中国科学院可持续发展研究组《2003 中国可持续发展战略报告》中的数据进行分析，可以得出以下结论。

（1）云南可持续发展能力处于全国的低层次水平，可持续发展能力显著不足。云南可持续发展能力指数位列第 25 位，可持续发展能力指数只达到可持续发展能力指数最高的北京的 41.2%。云南可持续发展能力的比较优势体现在"环境支持系统"和"生存支持系统"上，表明云南在自然资源与生态环境上具有先天优越性，但"智力支持系统"、"发展支持系统"和"社会支持系统"三个系统，云南"负债"远远大于"资产"。这说明云南在经济发展、社会进步与教育科技文化发展上处于低层次和低水平。云南可持续发展能力净资产为负的 13.87%，在全国排在倒数第七位，后六位按序分别为黑龙江、甘肃、宁夏、吉林、内蒙古和新疆。

（2）云南人口系统严重地制约了社会系统对可持续发展能力形成的支撑。综合而言，云南在人口的产业结构、人口的城乡结构及家庭结构方面的发展，大大低于全国水平，成为严重影响社会可持续发展的阻碍因素。云南的高人口自然增长率与相对较低的预期寿命使云南的人口发展水平滞后于全国水平。人口系统对可持续发展目标的制约作用还体现在云南的社会进步动力基础薄弱。云南成人文盲率高，劳动者中低文化程度人口（小学）比例高、高文化程度人口（中学与大学）比例低，导致云南的社会潜在效能指数处于非常低的水平。成人文盲人口、第二产业从业人员和国企专业技术人员构成的社会创造能力指数表明，云南社会创造能力处于全国末位。

（3）云南可持续发展能力的环境系统是云南可持续发展能力支持系统中具有相对优势的领域，但是仅仅排位列全国第十五位，还未能完全对云南可持续发展战略的实施提供坚实的环境支撑。全国各地环境系统的基本状况差异较小，环境系统支持系统由"区域环境水平"、"区域生态水平"和"区域抗逆水平"三个状态层的众多要素指标构成。云南的生态与环境的水平低于中间值。在我国的区域抗逆水平普遍低下的情况下，云南的区域抗逆能力同样十分微弱，区域抗逆水平也低于中间值。显然，云南环境支持系统对实现云南可持续发展目标的强度不够，特别是环境治理与生态保护的力度与成效需要大幅度提高，才能形成对云南可持续发展目标的强有力支撑。

（4）云南资源系统主要提供对区域可持续发展能力形成的资源基础，以及支撑长期稳定的发展态势的资源潜力。可持续发展生存支持系统包括生存资源禀赋、农业投入水平、资源转化效率和生存持续能力。云南生存资源禀赋指数值较高，位列全国第三，高出中间值 7.84 点；生存持续能力位列全国第八，高出中间值 13.58 点；但农业投入水平非常低，位列全国倒数第三，低于中间值达 48.65 点；资源转化效率指数，位列全国第 24 位，低于中间值达 12.19 点。以云南所处的生存资源条件而言，云南的生存资源的禀赋条件较好，生存持续能力较强，但是对生存资源的开发程度和资源价值的转化效率非常低下。云南的资源禀赋远还没有转化为强有力的可持续发展的支撑。加大生存资源的开发力度和提高资源的转化效率，大力发展循环经济、生态经济和功能经济，是提高云南可持续发展能力和实现可持续发展战略目标的首要选择。

2. 云南发展路径选择

1) 进一步推进云南人口数量素质结构协调发展，实现人口安全，提升云南可持续发展的人力资源基础

第一，进一步降低人口增长速度，减小云南人口峰值规模，提前实现云南人口零增长有利于云南人口安全目标的实现。经过近 40 年的有效控制，云南人口出生率由 1971 年的 38.11‰下降到 2010 年的 12.6‰；人口自然增长率由 1971 年的 30.09‰下降到 2010 年的 6.3‰，已经进入低生育水平时期。尽管每年新增人口压力在持续减轻，但可以预期，未来较长时期内云南人口总量仍然会持续增长，云南经济社会的发展仍然面临一个较为庞大人口增量带来的压力。云南总人口占全国人口总量的比重由 1949 年的 2.94％上升到 2010 年的 3.35％，建议对实现人口安全的数量关系（包括人口数量增长速度、稳定低生育目标、零增长目标及峰值规模等）进行规划与控制，使其成为新时期人口与计划生育工作的政策目标、工作方案与任务。

第二，进一步降低人口死亡率和文盲率，提高云南的人口健康素质和人口文化素质。云南人口健康素质仍然较低，主要体现在人口预期寿命较大程度地低于全国水平以及婴儿死亡率仍然较高。云南人口死亡率的下降速度一直低于全国水平，还存在改善的空间。另外，提高人均收入水平和改善社会保障体系将有利于降低云南的人口死亡率。云南的文盲率由 2000 年的 11.39％降至 2010 年的 6.03％，成绩可喜，但云南各分年龄的文盲率仍然处于较高水平，减少和最终彻底遏制新生文盲人口的产生是提升云南人口文化素质的重要环节。人口素质较低，特别是高层次人才的短缺导致了云南人力资源丰富却不能形成人力资本优势。人口素质较低的问题已成为制约云南省可持续发展的瓶颈之一。

第三，加快云南的工业化与城市化进程是促进云南人口结构转变的根本途径。云南人口社会结构的突出问题表现在城乡人口结构严重滞后（2010 年末云南农村人口与非农人口比例分别为 83.41％和 16.59％）；城镇化层次

低下，城市首位度过高，市人口区域分布严重不均；州（市）城镇化缺乏现代产业和完备的城镇体系支撑，镇人口集中度太低，过于分散，平均人口规模很小，人口的行业结构仍然高度集中在农业，云南三次产业结构在业人口与全国相比具有非常突出的落后性。人口社会结构发展滞后充分反映了云南在工业化与城市化方面与全国和其他地区的差距，因此加快工业化与城市化将从根本上改进云南人口的社会结构，有利于"三农"问题的缓解，有利于云南人与自然关系的改善。

2）全面改善云南的生态环境质量，在科学生态环境安全底线之上实施经济发展目标

第一，通过发展循环经济、提高污染物综合利用率，加大生活污染物和农村面源污染控制，明确和细化排污标准，加大对生态重点保护区排污标准控制力度，健全排污收费范围及方式，达到强化环境污染控制的主要目标。①制定有效政策引导和鼓励社会资金、技术投入以废物循环利用、减少资源消耗为特点的循环经济中；对于经营废弃物资源化及资源循环利用率达到一定比例的企业给予税收和其他方面的政策优惠。②根据云南生产与生活污染控制的情况，在继续加大生产污染控制的同时，加大生活污染物和农村面源污染控制。同时，明确和细化排污标准，加大对生态重点保护区排污标准控制力度，在诸如高原湖泊区、区域生物多样性中心这样一些地区实行更为严格的排污标准。③健全排污收费范围及方式。目前云南的排污收费实行的是"浓度超标收费"和"单因子收费"。要更好地实现排污收费制度对生产者排污行为的约束，必须由现行的以浓度控制为目标的"浓度超标收费"和"单因子收费"向以总量控制为目标的排污总量收费和多因子收费转变。

第二，针对云南生态工程实施区减收返贫现象突出，科技支撑体系建设投入不足，退耕林种比例失调，生态公益林缺乏补偿，生态环境保护投资主体单一，投资总额少等问题，云南生态建设应加强生态环境保护综合管理，加强经济管理手段，加大对生态环境保护与建设的投入。①政府与有关部门应积极为工程实施区寻找替代产业，优先给予小额信贷资金扶持，同时广泛寻求扶贫资金和扶贫项目，对退耕还林、天然林保护和各种扶贫工程统筹进行。②加大对针对云南典型地区（如滇中高原水土流失区、滇西北高海拔山区）和退耕难点地区（如干热河谷地区）的退耕模式及退耕关键技术研究，

特别要对退耕还林后的替代技术、替代产业提供具有针对性和实际操作意义的政府指导、市场培植和人员培训。③在生态恢复和环境保护方面有着重要意义的地区率先试点实施生态补偿政策，切实作好对退耕户今后生产生活的安排，采用多种手段对农户退耕还林后的减产及转产进行利益补偿，并以此为契机引导农户进入市场，实现农业产业化。④强化生态环境保护综合管理，建立政府职能部门间的工作协调机制；增强环境保护管理部门的权利，增强其在各部门间的协调能力，把原来分散在各部门中的与环境保护相关的工作，集中起来由环境主管部门统一指导和协调。⑤制定和健全云南环境保护资金投入与经济同步增长体制，保证实现对环境保护资金占 GDP 的比重达到全国平均水平，并根据云南环境保护的特定需要，加大对环境保护的投入，真正实现在确保生态环境质量的基础上实施经济社会发展战略。

3）在提高资源配置效率、建立完善的替代资源、替代技术的基础上，实现云南的资源安全与资源有效开发

第一，水能资源是云南能源资源中最具优势、最具活力的重要组成部分，要加快水能资源的开发，并重视水资源的保护。应该大幅度提高水电比重，积极增加水电配合容量，充分发挥水能资源优势，提高电力质量和效率，大力培育以水电为主的电力支柱产业，同时要发展小水电，加快农村电气化的步伐。加大水能资源的开发，可减少高煤耗、低效率、环境污染严重的火电开发。

第二，以提高利用效率为目标，解决云南水资源时空分布不均、区域性和部分城市的缺水问题，并逐步进行省内丰水区与缺水区水资源的合理调配，实现水资源在省内的优化配置。同时应发挥市场机制的作用，使资源的价格与它的机会成本一致。对水的价格进行相应调整，如生活用水、工业用水、农业用水、污水处理等应有不同水价，在生产生活各个领域实行有偿用水，并控制单位产品的用水定额，是提高重复水利用率的重要措施。

第三，形成资源再生增殖及换代补给相协调的资源开发利用机制。要加快太阳能利用步伐，积极开发有利于生态环境的农村太阳能资源。争取云南早日可利用风能电，并且使风电装置和其年发电量达到产业化标准。地热能是世界市场上最清洁的廉价能源之一。目前云南热水资源多用于沐浴、旅

游、灌溉和水产养殖，在热水资源的农业利用、工业利用方面，要实行合理开发，防止对自然资源的浪费与破坏。

第四，耕地资源是云南实现可持续资源利用的最为重要的因素，也是云南经济可持续发展目标体系中最为薄弱的环节。在云南人口数量持续增长、退耕还林还草政策和城镇化工业化加速的条件下，云南人均可耕地在将来一定时期内将逼近人均 0.8 亩的警戒线，这是危及云南资源安全，并终将危及云南经济安全和社会安全的隐患，其影响不仅局限于"三农"，因此必须进一步加强耕地管理，重视人地矛盾。

第五，在可持续发展目标的要求之下，必须积极进行产业结构的调整，把原来的以资源高消耗、环境高污染、经济低收益的产业模式逐步转变为资源利用效率高、环境友好程度高、经济效益好的产业结构和发展模式。加快旅游业等第三产业的发展。

4）在产业结构调整中实现产业生态化，是云南实现人口资源环境协调发展的关键环节

第一，充分认识产业构成的非生态化和产业发展的污染化，是导致云南物耗、能耗水平居高不下，经济发展质量仍然较为粗犷的重要因素，也是制约区域社会经济持续发展的重要障碍。因此，在可持续发展目标的要求下，必须积极进行产业结构的调整，把原来以资源高消耗、环境高污染、经济低收益的产业结构模式逐步转变为资源利用效率高、环境友好程度高、经济效益好的产业结构和发展模式。

第二，实现这种转变，要依靠科技，积极引进和研发合适技术，实现对传统低效支柱产业的技术改造和技术升级。通过加强规划指导和推进产业结构调整，明确需要鼓励、限制、淘汰的产业清单，促进节约型产业项目发展，淘汰技术水平低、资源消耗高、环境污染严重的企业。另外，积极推动知识产业等新兴产业的发展，促进产业结构的优化升级。

第三，基于可持续发展的要求与云南产业发展的条件，有选择地发展既能充分利用云南资源优势、提升云南产业竞争力，又能保护生态、实现可持续发展的产业，应该鼓励发展具有发展潜力和较高生产率，并有利于保护生态环境的产业。例如，生态农业、清洁能源产业、花卉产业、环保产业、优势生物技术产业和信息产业。

第四，在可持续发展目标的要求下，加快旅游业发展。以当地民族文化资源优势与自然优势为一体，充分开发特色旅游资源，促进"软资源"发挥更大的经济效益，减少对不可再生资源开发，为少数民族地区的经济可持续发展提供一条可行的途径。同时要大力发展生态农业和绿色特色产业。

5）在战略方针、社会体制、产业发展模式及科技发展上推动发展方式转型，为实现两型社会奠定基础

第一，实现云南资源利用的高效率，一是依靠技术进步，采用创新技术实现丰裕资源对短缺资源的替代，实现资源的减量化、废弃物的资源化，不断提高资源的利用效率；二是通过调整社会经济政策和产业结构，改变资源的使用结构，将利用效率低的资源转移到利用效率高的产业；三是控制人口数量，并倡导有利于推行节省资源的消费行为和生活方式。

第二，要使云南资源的最大价值受到保护，必须循序渐进地进行资源的开发。在目前的经济实力和技术条件下，维持一些资源形态的自然存在，是实现资源的永续利用并发挥其未来最大价值的前提，这是云南资源安全的底线，也是实现云南资源最大效用的基础。可持续资源开发与保护中，必须遵循生态经济原则，循序渐进地建立利用资源和保护资源、旧平衡被打破与新平衡再建立的相互关系，在此基础上谋取更高的生态经济效益。

第三，为有效地保证云南资源的最优利用和合理保护，必须视资源的不同情况而区别对待：对恒定的资源实行充分利用的原则；对再生性资源实行永续利用的原则；对非再生性资源实行节约利用的原则。尤其注意对资源的综合开发利用，追求生态经济整体的最优化，使资源的开发与保护在可持续发展中有机统一起来。

第四，云南可持续发展战略的要点是能力建设，要加快实施和努力实现云南从人口大省到人力资源大省的转变，从自然资源优势到经济优势和产业优势的转变，从环境退化到"环境资本"存量增长机制的转变。要真正使云南的人口资源环境成为可持续发展目标的动力资源，关键环节是进行云南可持续发展能力建设；根本途径是实现人的经济创造价值的大幅度提升，实现资源市场价值的高端化和持续利用；基本保证是有效遏制环境退化，将云南生态环境天然禀赋有效地转化为驱动经济社会高速、持续发展的环境资本，在协调人口资源环境基础上实现云南可持续发展目标。

第二节　提升云南可持续发展能力

人类对可持续发展战略的选择，是人类发展观由传统的工业文明发展观向现代的生态文明发展观的历史性飞跃，是一种划时代的全新的发展观，因而它是一场彻底的思想意识革命，又是一次势在必行的人类经济社会的全方位的巨大变革。云南要实现区域可持续发展战略，提升区域可持续发展能力，必须实现三大创新：观念创新、科技创新和制度创新。观念创新是变革的前提，科技创新是变革的动力，制度创新是变革的机制。如果没有实现这三大创新的基础环境和条件，三大创新就无法实现或实现程度不够，实现可持续发展战略的目标也就失去了动力源泉。

一、创新机制

创新是社会发展的动力。有效的变革与创新，都会给人类社会带来新的文明成果。人类文明进步与发展的每一次质的飞跃，都伴随着社会制度结构的革命性突破。西部地区与发达地区相比，在体制机制方面是非常滞后的，这极大程度上影响了中部地区的有效发展。因此，云南的可持续发展实践必须按照科学发展观的要求，深入调查研究，不断增强深入贯彻落实科学发展观的自觉性和坚定性，把科学发展观贯彻落实到经济社会发展的全过程和各个方面。

（一）观念创新

人类的文明发展历史，就是不断打破旧世界，创造新时代的历史，贯穿始终的是创新精神，这是人类历史奔腾不息向前的发展动力。在人类发展进化的过程中，我们走到了工业社会向信息社会的过渡时期，出现了一个新的知识经济形态。知识经济社会提出了社会经济的发展可以建立在以知识、科技为主，资源与环境为辅的基础上，可以把对资源与环境的影响限制到最小。这个全新的理论，从根本上改变了"要发展就必须消耗自然资源和破坏环境"的传统观念。信息社会、知识经济与可持续发展三位一体，共同构成了 21 世纪区域经济社会发展的主旋律。面对新的挑战，我们首先要做的是观念创新。

（1）观念创新是创新的先导，是管理创新的灵魂，是制度创新的关键，是技术创新的基础。知识经济时代的到来，使人类的劳动方式和劳动资料发生了根本性变革，使知识与物质、信息与能量相互密切结合和迅速转换，从而使社会发展和管理环境与以往有了很大的不同。这些变化要求人们相应地改变传统的思想，尽快树立起新的观念和新思维方式以适应知识经济发展的需要。

（2）以计算机和通信网络为代表的新技术把人类推向信息社会，"社会信息化"和"信息社会化"已成为社会发展的必然趋势。信息化大大缩短了人们从事经济交流与合作的空间距离，缩短了发展的周期和企业的生命周期，极大地改变了人们的经济活动方式和生活方式。

（3）可持续发展不但是关于人与自然和经济的协调观，也是一种历史观、文化观和道德观。可持续发展是一种物质和精神、时间与空间不断协调和统一的发展，通过空间上的协调达到时间上的可持续性。可持续发展是社会和经济发展的新概念、新模式。信息社会、知识经济与可持续发展三位一体，将会带来一场广泛而深刻的变革，没有全新的观念作为先导，就不可能有全新的思维和全新的行动，经济社会的可持续发展就不可能顺利进行。

云南在制定区域经济社会可持续发展的重大战略时，需要政府根据区域经济社会发展的需要和云南的具体条件确定发展的目标和区域经济社会活动的先后顺序，并预测目标实现后可能出现的种种情况及其产生的影响，从而做出指导实现预期活动目标的科学决策。在这个过程中，观念起着指导作用。科学的观念为目标的确立提供了新的思维视角，引导人们正确地分析影响区域经济社会发展的各个要素，做出科学的决策。区域可持续发展战略强调的是多方位、多目标、多因素的综合发展，强调发展的目的是为了人，发展的途径要依靠人，发展的结果是要促进人自身的全面发展。实施这一战略需要有新眼界、新思路、新举措，必须在制度、科技、管理方式等制约经济社会进步的深层次问题上实现新突破。这就要求我们进行观念创新，特别是要用可持续发展的思想来看待影响区域发展的资源问题、环境问题、人口问题和社会发展问题，形成可持发展的资源观、环境观、人口观和社会发展观。

（二）科技创新

科学技术是人类生存和发展的重要基础，是未来社会可持续发展的重要支柱。在目前人口剧增、资源日益匮乏、生态环境功能退化的情况下，科学技术的作用显得越来越重要。经济生产需要依靠科技技能以较少投入获得最佳产出；提高资源利用率，保护环境，促进人类社会文明同样离不开科技进步。

可持续发展战略实施的过程，就是通过知识的创造和技术的创新活动去协调和解决经济发展与保护资源环境的矛盾，是人类社会系统与地球及其周围的自然系统保持和谐、均衡、共生的过程。科学技术的不断创新是实现可持续发展的基础和关键。

科技进步是指科学技术通过对客观世界认识的扩大与深化来改造自然，使之更好地满足人们及社会的物质和精神需要而取得的进化与革命。科技进步包括科学发明与进展及其在生产、流通各个领域应用中的进步。我们研究科技进步的目的始终是着眼于其与经济增长和发展的关系，着眼于加速经济增长和经济发展，着眼于人作为主体的需要得到更多方面的满足和人作为主体得到更多方面的发展，从而创造更好的社会，以及人与自然、人与人之间和谐的物质文化环境。

科学技术的不断创新、科技革命的不断产生，迅速而深刻地改变着人类的社会生活和生存方式，人类正面临着重大历史转折，一个新的文明将会出现。然而，任何一种科学技术的创新都是对当前区域系统态势的一种改变，都是将一种从来没有过的、关于生产要素的"新组合"注入当前的系统中，从而或多或少改变着当前的系统状态。这是因为科学技术有其相对的自主性和独立性。这种自主性和独立性，是指科学技术有其自身发展的规律，现代科学技术发展所取得的成就在为人类社会提供巨大经济效益的同时，也有可能给人类社会带来严重的不良后果。也就是说，科学技术既能够以某种建设性的方式被应用，给地球表面带来值得礼赞的繁荣，也能够以破坏性的方式被应用，给地球表面生物圈系统以严重的破坏，威胁人类的生存和发展；既可以为人类创造现代物质文明，又可以为毁灭人类及其文明提供效力极高的手段。换句话说，现代科学技术在其自身规律的许可范围内，可以在性质不同甚至完全相反的方面派上用场，即科技创新对区域可持续发展具有两重作用。

概括起来，科技创新对区域可持续发展的正作用表现在以下四个方面。

第一，科技创新是区域经济发展的第一推动力。作为一种潜在的生产力，科学技术一旦被运用到生产实践中去，就会变成强大的物质力量，成为经济发展的重要的甚至是第一位的推动力。

第二，科技创新大大提高了资源利用效率。科学技术对提高资源利用率，节约不可再生资源和能源是不可或缺的。科学技术影响资源利用的途径有节流和开源。

第三，依靠科技创新减少与控制环境污染，提高人类赖以生存的生态环境的质量。减少和控制环境污染是实施可持续发展的关键，因为清洁优美的环境对人类的生活与发展具有十分重要的意义。

第四，科技创新有力地促进了社会的可持续发展。科技创新是提高人口素质的重要手段，是推动社会进步的变革力量，它本身又是精神文明的重要组成部分，对社会的发展起到全面的推动作用。

（三）制度创新

纵观历史，无论是西方发达国家经济社会的发展过程，还是我国改革开放以来经济社会迅速发展的实践，都阐释着制度创新是推动经济增长的重要手段。一个高效率制度的建立，能够减少交易成本，减少个人收益与社会效益之间的差异，激励个人和组织从事生产性活动，使劳动、资本、技术等因素得以发挥其功能，从而极大地提高生产效率和实现经济增长。

制度的约束功能是通过制定一系列规则，规范人们从事生产活动和生活活动的社会空间，规范整个社会秩序。制度的信息功能是借助有关规定和制度所提供的信息，使人们可以确定自己的行为方向，也可以预期他人的行为方向。制度的激励功能，可以鼓励人们朝着一定的方向行动，改变人们的偏好，影响人们的选择，从而形成特定的思维方式、生活方式和人际关系趋向。另外，制定一套完整合理的制度能够保证一个国家、社会系统正常运行，这是制度的保障功能。上述四种功能密切相关，相互交织在一起，共同促进社会的稳定与发展。

制度创新在整个创新体系中居于基础和保证地位。无论是技术创新还是知识创新，必须与制度创新相结合、协调动作，才能事半功倍，达到其创新的效果。如果所有制结构不合理，产权不明晰，权、责、利不匹配，分配制度不合理，或者组织结构不明确，则一切创新都将会遭遇挫折。具有激励功能的制度可以充分调动人的积极性，发挥人的潜能；具有市场配置功能的制度可以充分调动各种社会资源并实现这些资源的优化配置；具有整合功能的制度，可以实现资金、人才和技术三大高科技要素的互动与集成。因此，为了推进可持续发展战略的实施，云南省委、省政府必须高度重视制度创新，在扎扎实实地搞好技术创新、知识创新的同时，把制度创新放在突出的地位加以研究和推进。

制度创新包括经济制度创新、社会制度创新、管理制度创新三大方面。在 21 世纪，全国进入了国民经济和社会发展第十二个五年规划发展时期，这是云南实现跨越发展的重要战略机遇期，省委、省政府正在制订适合云南省情的"十二五"发展规划和宏伟蓝图。为了实现长久的社会经济可持续发展，制度创新尤为重要，在发展中，应该重视以下内容。

1. 经济制度的创新

经济制度对区域经济增长具有很强的推动作用，每一项经济制度的制定，都会引起经济活动主体的相应反应，具有改变区域经济结构、收入分配结构、资源配置的可能性。相适应的经济制度的创新主要包括以下三个方面。

1）经济发展规划与开发制度创新

经济发展规划是区域经济发展制度的基础部分。我国社会主义市场经济体制既能通过引进市场机制提高"效率"，又可通过国家宏观调控保证"公平"，是计划经济与市场经济、效率与公平的有机结合。在这种经济体制下编制的发展规划，既要强调市场机制对资源配置的基础性作用，强调企业的主体行为，鼓励通过竞争获取最大限度的财富，又要强调国家以政策和经济杠杆进行调控，建立完善社会保障体系，把规划编成公平和效率兼容型发展规划。在规划的基础上，建立区域开发的基本制度创新框架，包括区域开发的法律制度，涵盖了区域开发的目标、程序、产权保护、市场秩序、交易规则等；激励制度，包含各种优惠政策和激励的机制；区域开发的约束制度，包括区域开发中的一些限制性行为和开发条件。

2）产业制度创新

产业结构的调整和优化是云南"十二五"期间经济建设的重要任务，制定合适的产业政策，促进产业结构优化，已成为云南当前的经济管理的首要任务。通常区域产业政策包括产业结构政策、产业组织政策、产业技术政策等。云南经过多年的发展，已经进入了厚积薄发的新时期，支撑发展的产业平台更加扎实，交通、能源等基础设施得到完善，但由于集边疆、民族、山区、贫困与一体的特殊省情，发展不充分、不协调、不可持续的问题仍然突出，资源环境约束强化，在此背景下，产业结构政策应该是产业生态化发展，即重点发展和积极扶持生态产业，重点支持高新技术产业、环境保护产业，优化提升传统产业，进一步提高服务业比重，加快发展新兴产业。同时还要提出协调生产结构内部比例关系及保证生产结构顺利发展的政策措施。

区域产业组织政策是政府根据区域经济发展的内在要求，调整产业组织形式和结构，使之合理化和高级化，从而提高供给总量而提出的，是供给总量适应需求总量要求的所有政策措施及手段的总和。区域产业组织政策要支持企业实行规模经营，以最有效的方式利用资源，实现低投入、高产出。同时，还要注意协调处理好规模经济与保持竞争活力的矛盾，对中小企业也要不失时机地加以扶持，以充分利用市场竞争的活力，调动各种资源，带动区域经济发展。云南要根据本省规划的产业发展目标，制定有利于可持续发展的技术政策，因地制宜，引进适宜云南本地社会经济的适用技术，着力推进农业产业化、新型工业化、城镇化和教育现代化，促进和提高社会经济发展的质量和水平。

在云南高新技术产业发展中，政府要在制度供给上，在制度环境变迁中发挥主导作用，并且为高新技术产业发展提供全方位的服务；另外，政府要采取灵活的产业政策引导高新技术产业发展，以高新技术产业带动产业结构优化；同时建立一种有利于知识创新的制度体系，如建立可以有效激励增加人力资本投资和知识创新的所有权制度，推动知识产权制度创新，创造人才激励制度实现的条件，建立一种有利于知识创新成果转化的企业创新机制等。

3）金融制度和投融资制度创新

金融行为应该是重点促进区域经济成长的带动点。金融资源的流动是实现经济结构优化的必要条件。云南应该加快金融体制的改革，积极发展政策性金融，设置区域开发性金融机构，培育各种不同层次的金融中心，实行有差别的金融发展政策，通过有效金融制度，实现生产要素在行业、地区之间的转移重组，进行投资的再分配，使地区产业结构在动态中趋于合理，推动云南"两强一堡"（即紧紧围绕建设绿色经济强省、民族文化强省和中国面向西南开放的桥头堡）建设取得重大进展。

投资制度的制定是要落实区域经济发展战略和区域产业政策，促进区域产业结构合理化。云南在规划投资结构时，既要考虑到发达州（市）在缓解其产业结构趋同化矛盾、促进产业结构高级化、实现区域产业结构合理分工所需要的项目投资，又要考虑到欠发达州（市）和不发达州（市）的协调发展，加大对革命老区、贫困地区、边境山区、高寒山区、石漠化地区的投资政策倾斜和支持力度，加快资源开发，以及信息和基础设施项目的建设，发展资源加工型和劳动密集型产业，扶持民族经济的发展。投资的关键要促进云南可持续发展的重大问题的解决，如综合能力建设、农业产业化、清洁生产和环保产业、资源深加工产业、清洁能源与环境污染控制、消除贫困与区域开发整治等。

此外，还要大力推动风险投资的发展。作为宏观经济活动的调控者，云南省委、省政府要努力创造有利于风险投资发展的政策法规环境，特别是加强风险投资的立法工作，建立和完善风险投资的风险补偿机制，建立风险投资的支持体系。采取适度宽松的政策，大力鼓励民间风险投资。例如，鼓励"建设－经营－转让"（build-operate-transfer，BOT）模式、"建设－自有－经营－转业"（build-own-operate-transfer，BOOT）模式、"建设－自有－经营"（build -own-operate，BOO）模式、"建设－出租－经营"（build-lease-operate，BLT）模式和"转让－经营－转让"（transfer-operate- transfer，TOT）模式等基础设施特许权模式。

经济制度创新还包括财政制度创新、收入消费制度创新、进出口贸易制度创新，各类制度、政策相互协调、相互配合，组成一个相对完整的区域经济制度创新体系。

2. 社会制度的创新

社会发展必须高度重视控制人口、发展教育、增加就业、完善社会保障体系等环节，同时，有计划、有重点地发展具有本地特色的领域，并将高新技术的最新成果应用到社会发展的各个方面，推动社会事业的发展。区域社会制度创新主要包括教育制度创新、就业制度创新、科技制度创新、社会保障制度创新。

1）教育制度创新

目前我国正处在教育发展的重大转折时期。结构转型期的教育，是一种供给主导型教育，云南要按照优先发展、促进公平、提高质量的方针，由政府主导积极调整优化教育布局，合理配置公共教育资源，推进素质教育。还要推动学校自主的教育制度创新，特别是高等教育的发展，要主动适应市场经济的需要，形成"自我发展、自我约束"的运行机制。云南应增加政府对教育的投入，构建现代公共教育财政制度，提高有限教育资源的配置与使用效益，培育社会参与和市场导向机制，鼓励民间资本对教育的投入，使云南的教育事业有序竞争，有利于实现地区社会的协调发展，有利于提高地区人力资源配置效率，有利于保障公民教育权利的全面实现。要加快发展继续教育、民族教育、特殊教育等，保证全社会对教育资源的需求。

2）就业制度创新

随着我国社会主义市场经济体制目标的确立和改革的深化，就业问题也不断显性化，最明显的如国有企业改革，大量富余人员流向社会；农村体制改革，大量的农村富余劳动力流向城市；人口总量过剩型失业凸显，失业问题趋向严重。由于人口过剩型失业、结构型失业、摩擦型失业等，我国劳动力供求矛盾尖锐，全国就业形势相当严峻。

劳动就业制度的创新主要体现在：建立统一完善的劳动力市场，改革主体劳动就业制度。打破城乡差别、区域差别、个人身份差别，是建立统一开放的劳动力市场，实现市场化就业机制的前提条件。还要进行与劳动就业市场化机制的运行相配套的就业制度的改革，如工资分配制度、人事管理制度、户籍制度等的改革。同时要建立健全有效的劳动就业法律制度，规范有序的劳动就业培训和服务体系，为市场化就业制度提供机构和制度方面的保证，使劳动力市场健康运行。

云南要实施更加积极的就业政策，鼓励和支持自主创业、自谋职业，引导和促进劳动密集型产业、服务业、小型和微型企业加快发展，通过扩大经济规模增加就业容量，多渠道提供就业岗位；做好高校毕业生、农村转移劳动力、退役军人和城镇就业困难人员的就业工作；努力构建和谐劳动关系。

3）科技制度创新

推进科技创新的规则和秩序，需要激励机制。①产权制度激励。产权制度确立了创新者和创新成果的直接利益关系，内化了科技创新的外部性，增加了科技创新的主体的收益，提高了创新主体的积极性，为科技创新提供了良好的制度环境。②企业制度激励。企业是科技创新的主体，企业要建立科技创新产权系统，完善企业产权结构，强调专利权激励，形成对企业技术创新的持久的动力系统；运用组织设计理论，对企业技术创新组织机构进行科学选择和安排；通过各项管理制度的规范和设计，对技术创新过程中的冲突和合作进行调节和控制，最大程度调动不同创新主体的技术创新积极性，促使企业技术创新资源得以发挥最大效应。③政府政策激励。政府通过设立各种正式和非正式的制度安排，可以保证社会收益和企业收益的均衡，保护创新主体进行技术创新的积极性；可以进行基础设施和基础研究的投资，降低企业技术创新的壁垒；可以设立风险基金，保证一些重大的、投资多的、高风险的创新项目得以进行。

4）社会保障制度创新

社会保障制度是建立在社会全民意识和经济基础上，相互关联和制约的一种社会契约、经济分配、人权保障的制度。社会保障的实质在于分摊社会风险、转嫁损失，补偿利益，均衡调节各种社会关系，保护社会成员最基本的生存权与发展权，促进社会全面进步与文明。建立一个统一、规范、可靠和可持续的社会保障体系，是发展中一个重大的理论问题和现实问题，只有满足不同社会群体对社会保障制度的需求，才能在稳定的条件下推进可持续发展的进程。

云南应该加快构建覆盖城乡的社会保障体系，使其与经济社会发展水平相适应，资金来源多渠道，保障方式多层次，权利与义务相对应，管理和服务社会化，统一规范，且持续可靠。例如，健全完善城镇居民医疗保险、失业保险、养老保险、最低生活保障制度，解决被征地农民、进城务工人员的社会保障问题，并加快实施新型农村的社会养老保险制度。

（四）环境管理创新

作为实现可持续发展的一种途径，环境管理从环境保护的立场出发，不仅有助于促进人类发展，同时也满足当代人和子孙后代的基本需要。环境管理还是管理各种社会行为参与者使用各种环境和自然资源及与环境和自然资源相互影响的途径。环境管理制度的制定，会刺激经济活动主体做出相应反应。要实现社会经济的可持续发展，环境管理制度创新势在必行。传统的环境管理体制是在计划经济体制下建立起来的，其典型特征是政企不分，用行政手段代替经济手段和法律手段。同时环境管理机构的设置也不够健全、完善，缺乏强有力的跨区域环境管理、咨询和协调机构，如排污收费制度等，是进行末端控制、浓度控制，这样的制度已经滞后于环境管理实践。现在推行的循环经济、清洁生产（源头控制、全过程污染控制）及污染物排放的总量控制，已成为环境管理主流。在市场经济迅速发展的今天，一些企业受眼前和近期经济利益的驱动，往往难以自觉地顾及外部利益，难以从宏观和长远的角度建立有利于环境保护的自我约束机制，因而用于环保的投入也比较低。在这样的背景下，亟待进行环境管理制度的创新，建立一种新的环境管理模式。

环境管理制度的改革与创新只有坚持环境效益、经济效益和社会效益和谐统一，才能得到有效实施。另外，还应使用政策工具和手段来激励各种社会行为参与者在决策时将环境破坏的社会成本内部化。

云南应加大环境保护和治理污染的力度，深入实施"七彩云南保护行动"，大力推进"森林云南"建设，加强自然保护区、重点生态功能区、湿地的保护和管理，探索和完善生态补偿机制，加大局部生态功能退化和生态脆弱区的保护和修复，实现矿产资源开发和环境保护协调发展。

从已有研究成果来看，我国各地区环境退化和自然资源耗竭的主要原因有人口急剧增长、政策失灵、市场失灵、计划失灵、财产权失灵、科技进步缓慢、贫困化和收入分配问题、世界资源市场和贸易条件的变化等。实际上，资源耗竭速度加快、环境退化的根本原因是缺乏对资源有效开发管理的制度安排。我国现行的环境和资源开发管理制度所存在的主要问题如下：环境和自然资源的所有权、行政权和经营权三权混淆；国有自然资源的所有权在经济上得不到充分的体现，造成国有资源资产的大量流失，影响了国家防止和减少自然灾害能力的提高；国有自然资源使用权受到的约束较少，对自然资源无偿开发和利用，导致自然资源的重采、重用而轻保护、轻管理，自然资源的综合利用、节约利用效果差，自然资源业不能形成一个独立且良性循环发展的产业。要解决这些问题，必须对自然资源开发利用制度进行重新设计和安排，通过自然资源产权制度、使用制度、核算制度等一系列的制度创新促进区域自然资源的可持续开发利用和区域经济的可持续发展。

二、生态化发展

人类的生存和发展依靠自然环境生态系统的支持和限制，同时又影响和改变着周围的环境。随着工业化、现代化进程的不断推进，人类对自然环境的影响越来越大。经济增长的资源环境代价过大，是我国建设生态文明要面临的突出问题。在这种现实下，如何实现经济的可持续发展，生态化发展就成为潮流和方向。这一发展趋势在三次产业中都有体现，如生态农业、生态工业、生态服务业等，但产业生态化在我国的发展还比较滞后，与发达国家相比存在很大差距。

1979 年我国制定了《中华人民共和国环境保护法》，标志着我国政府开始重视环境保护。但是，20 世纪中后期，全国各层面对环境问题总体只是预防或治理为主，没有提升到源头防范的高度。直至 2002 年我国才颁布了《清洁生产促进法》和《环境影响评价法》，真正进入环境保护实施阶段。2004 年我国制定了《清洁生产审核暂行办法》，开创了我国生态产业立法的新局面。

云南要实现真正意义上的可持续发展，实现发展的可持续，必须走生态化发展的道路。2009 年，云南省委、省政府制定了《七彩云南生态文明建设规划纲要（2009—2020 年）》，明确了构建生态文明，建设生态文明大省的目标。对于云南这样一个西部欠发达省和自然资源大省，如何积极用生态理念来提升产业的生态效益，实现产业生态化，创建生态文明是一个极具挑战性的课题。

（一）产业生态化的内涵

产业生态化是新型的产业发展模式，指仿照自然生态系统的循环模式构造产业生态系统，以达到循环利用资源、减少废物产生、消除环境破坏、扩大经济发展规模的目的，促使产业和自然环境和谐发展的过程。该过程以实现社会、经济效益最大化，资源高效利用，生态环境损害最小和废弃物多层次利用为目标，主要包括以下三个方面的含义。①产业生态化的核心是模拟自然生态系统来构造产业的生态系统。②构造产业生态系统的目的是运用生态经济规律，调整整个产业生态经济系统的结构和功能，促进产业系统物质流、信息流、能量流和价值流的合理运转，确保产业稳定、有序、协调发展；使资源在系统内循环利用，提高资源能源利用效率，减少废物的产生，降低物耗能耗水平，降低对环境的污染和破坏。③和工业化发展的道路一样，产业的生态化发展也有一个从低级到高级的不断变化发展的渐进过程，是产业生态特征逐渐加强的过程，是一个不断完善的过程，是一个经济与环境相协调的产业体系的创新过程。

产业生态化具有以下三个基本特征：第一，产业对生态系统的作用及自然资源的开发利用要遵循生态系统的内在规律；第二，产业要与自然协调发展，必须维护自然生态系统内部的平衡关系，产业系统排出的废气、废水、废固等物质和能量不能超过自然生态系统的承受力和自净力；第三，产业生态价值链必须是闭路循环；第四，技术生态化创新，改进工艺设计，促进产品与服务的非物质化，即用同样的物质或更少的物质获得更多的产品与服务，提高资源的生产效率和产品的生态效率。

（二）云南产业生态化发展的必要性

1. 产业生态化是解决生态环境保护与经济发展矛盾的必然选择

人类的文明进步与社会活动具体表现在工业、农业等各种产业活动中，而经济发展、产业活动和自然环境之间关系密切，全球出现的能源危机和生态环境退化等问题，已经制约了许多区域甚至全球经济的发展，人类与自然生态、经济发展的冲突，越来越引起关注和担忧。云南的自然环境和资源状况对云南产业结构的形成与发展起决定性作用，其产业发展严重依赖于对自然资源的粗放开发。在发展过程中，云南的生态环境问题也日益突出。从可持续发展的角度、从区域进步发展的需要出发，云南必然要选择生态化发展。

1）资源优势弱化

云南具有丰富的水资源、矿产资源、生物资源等，依靠这些优势，云南已经建立烟草、旅游、生物制药、电力和矿业等为支柱产业的产业结构体系。但受到技术、运输条件、管理制度等因素的影响，经营粗放，开发布局不够合理，大矿小开、重复建设等问题较为突出。生产结构和产品结构失衡，以原料和初级产品为主，深加工能力薄弱，资源综合利用水平低。2005～2009 年，云南的单位 GDP 能耗都远远超过全国平均水平和东、中、西部地区的其他省份（表 6-16）。2005 年和 2009 年，云南的单位GDP 能耗分别为 1.73 吨标准煤/万元和 1.50 吨标准煤/万元，远超过全国平均水平 1.23 吨标准煤/万元和 0.91 吨标准煤/万元，是浙江的 2 倍，山东的 1.5 倍，与四川相比仍高出 0.16 吨标准煤/万元。云南粗放型产业发展模式如果不得以改善，则会加速资源的消耗，增大开发成本，弱化其资源优势。

表 6-16　2005～2009 年云南与全国及其他地区单位 GDP 能耗比较

（单位：吨标准煤/万元）

年份	全国	山东	浙江	河南	湖北	四川	云南
2005	1.23	1.28	0.90	1.38	1.51	1.53	1.73
2006	1.16	1.23	0.86	1.34	1.46	1.50	1.71
2007	1.03	1.18	0.83	1.29	1.40	1.43	1.64
2008	0.95	1.10	0.78	1.22	1.31	1.38	1.56
2009	0.91	1.07	0.74	1.16	1.23	1.34	1.50

资料来源：根据历年《中国统计年鉴》整理得到，2009 年数据来自中国统计局《2009 年国民经济和社会发展统计公报》。

云南的资源大量输入我国东部地区，由于地理位置、技术条件、运输成本等的制约，云南资源产品的价格优势并不是很突出，再加上我国经济发展越来越趋于开放，国内资源需求不再仅仅依赖于国内资源贸易，而开始积极地参与到国际资源交换贸易当中。这就进一步降低了云南在国内资源产品市场上的竞争优势。

2）资源型产业结构导致生态环境恶化问题突出

云南产业结构是资源产业为主导型的，对资源的粗放式开放利用，是导致云南生态破坏、环境污染的主要因素。目前云南生态环境恶化问题主要表现在三方面。首先，高污染行业比重较高，一般高污染行业都集中在高耗能部门，如电力、矿业、制造业等都是高耗能、高污染行业。统计数据显示，2008 年云南重工业能源消耗总量占总消耗量的 93.57%，轻工业仅占6.43%，这说明，云南的生态环境污染主要是由重工业导致的，其中，采矿业所占比重为 9.37%，制造业为 82.56%。这些都表明，云南高污染行业集中，比重较大，不利于生态环境质量的改善。其次，云南生物多样性锐减。云南是我国生物多样性最丰富的地区之一，拥有全国 50% 以上的植物种类、70% 以上的动物种类、80% 以上的植被类型，是名副其实的"植物、动物王国"。但随着经济发展的不断推进，云南生物多样性正在迅速减少，特别是西双版纳热带雨林的不断缩减，濒危动植物数量越来越多。这是云南产业不合理发展和非生态化发展导致的，如盲目扩大橡胶的种植面积，而忽略了生态环境的保护。最后，云南生态环境污染严重。《2009 年云南环境公报》显示，九大高原湖泊主要污染指标上升，只有 31.8% 的湖泊、水库水质达到水环境功能要求，城市河流总体水质重度污染，主要污染指标为高锰酸盐指数、生化需氧量、氨氮和总磷，有机污染严重，城市环境噪声不同程度超标，生态环境形势不容乐观。这说明云南的生态可持续发展能力有待提高。中国科学院《2007 年中国可持续发展战略报告》显示，云南区域生态水平总指数为 56.42，在全国排第二十位，这反映出云南生态水平较低，生态较为脆弱，云南可持续发展能力严重不足，在全国排在倒数第六名。因此，云南只有在经济发展过程中解决好产业发展与资源环境的矛盾关系，才能具备较强的可持续发展能力。

云南经济增长、产业发展与生态环境保护之间存在着很大的矛盾，如何寻求一种既有利于生态环境又有利于转变经济发展方式、应对后金融危机到来的新的产业模式是一个巨大的挑战。据《2009 年云南环境公报》，全省 77条主要河流 151 个监测断面中，劣 V 类水质重度污染的比例是 31.8%。主要城市中有 9 个出现酸雨，平均酸雨频率为 29.2%；废水排放总量 8.76 亿吨，比上年增长 4.4%；化学需氧量排放量 27.31 万吨，氨氮排放量 1.90 万吨。虽然污染物排放量比上年度均有下降，但要在经济发展中达到国家规划目标，形势依然严峻。"十二五"期间，国家环保规划的指标如下：减少排放量，其中化学需氧量 5%、氨氯 10%、二氧化碳 10%、氯氧化物 10%、地表水国控断面劣 V 类水质的比重小于 15%，城市上空空气质量标准达标等。"十二五"期间，云南的 GDP 要增长，城市化率要提高，由此带来的主要污染物产生量将快速增长，新增排放量的减排压力比"十一五"突出，新增减排任务更加艰巨，这就要求云南大力推进产业生态化进程。

2. 产业生态化是构建生态文明、建设生态大省的重要内容

生态文明是指人类遵循人、自然、社会和谐发展这一客观规律而取得的物质与精神成果的综合，是指以人与自然、人与人、人与社会和谐共生、良性循环、全面发展、持续繁荣为基本宗旨的文化伦理形态。党的十七大报告将建设"生态文明"作为更高水平小康社会目标的新要求，提出到 2020 年"建设生态文明，基本形成节约能源资源和保护生态环境的产业结构、增长方式、消费模式"，把生态文明建设引申到经济社会领域。

在此背景下，云南于 2009 年制定了《七彩云南生态文明建设规划纲要（2009—2020 年）》，拟用 10 年时间建设生态省，构建生态文明，但生态文明省建设目标的实现在很大程度上依赖于产业生态化的实现。因为产业是人类经济活动的主要载体，产业系统代谢是连接经济系统与生态系统的重要纽带，所以产业生态化是转变经济增长方式与生产方式的关键环节，是生态文明建设的重要内容，是实现生态省建设的重要支撑。也就是说，生态文明和生态省建设，是一种比较宏观的意识理念和行为导向性方针，而产业生态化则是生态文明和生态省建设目标的具体化。因此，产业生态化是构建生态文明、建设生态大省的重要内容。

（三）云南产业生态化的可行性分析

1. 有利条件

1）地理区位优势

云南位于中国西南边疆，与四川、贵州、广西、西藏，处于中国内地大市场、东南亚大市场和南亚大市场的结合部，与东盟的越南、老挝、缅甸三国接壤，通过澜沧江-湄公河与缅甸、老挝、泰国、柬埔寨、越南相连，并与马来西亚、新加坡等国邻近，与东南亚特别是中南半岛国家之间有着较为完备的水陆空立体交通网络。随着经济的发展，云南的交通网络建设越来越便捷畅通，国家一级口岸云南有 12 个，边境区位优势明显。云南与东盟自由贸易区国家的经贸合作历史悠久，特别是改革开放以来，东盟自由贸易区国家已经成为云南最重要的经贸合作伙伴。云南是我国与东南亚、南亚地区全面合作的桥头堡。特殊的地理区位优势，使得云南成为中国与东盟经贸合作的重要区域，这将有利于云南通过国际合作实现产业生态化。

2）资源优势

（1）气候条件良好。云南地处低纬度高原，地理位置特殊，地形地貌复杂，加上受到南孟加拉高压气流影响，形成了全省大部分地区冬暖夏凉、四季如春的高原季风气候。全省气候类型丰富多样，共有北热带、南亚热带、中亚热带、北亚热带、南温带、中温带和高原气候区 7 个气候类型。特殊的气候条件，有利于生态系统形成较大的生物生产能力，生态系统的时间生态位开发利用空间大，为产业生态化提供了良好的自然条件。

（2）生物多样性丰富。云南素有"植物王国"、"动物王国"的美誉，几乎集中了从热带、亚热带至温带甚至寒带所有的植物品种，在全国约 3 万种高等植物中，云南已经发现了 274 科、2076 属、1.7 万种。独特的气候和地理环境使云南形成了寒温热带动物交汇的奇特现象，有脊椎动物 1737 种，在脊椎动物中，兽类有 300 种，鸟类有 793 种，爬行动物 143 种，两栖类 102 种，淡水鱼类 366 种，昆虫 1 万多种（新编云南省情编委会，1996）。生物多样性丰富，有利于形成结构完整、稳定、协调且生产力强大的生态系统，为产业生态化打下了良好的基础。同时，生物资源丰富使云南具有大规模发展生物产品，培育生态产业链，发展生态旅游业的优势条件。

（3）矿产资源较为丰富。云南具有"有色金属王国"的美誉；全国 162 中自然矿产中云南有 148 种，其中铜矿、锡矿等有色金属矿产产量居全国前列，25 种矿产储量位居全国前三名，54 种矿产储量居前十位，居全国首位的矿种有锌、石墨、锡等。云南矿产具有种类多、品种全、分布相对集中、富矿优质矿储量所占比重大等特点，这些资源优势在合理利用的基础上，在产业综合提升和产业生态化的前提下，有潜力转变为巨大的经济优势。

（4）水力资源潜能大。云南人均水资源超过 1 万米^3，是全国平均水平的 4 倍，云南降水充沛，河流众多，年径流量达到 200 千米^3，3 倍于黄河。由于地形缘故，河流落差都很大，蕴藏有巨大的水能资源，云南参与的"西电东送"工程大部分的电能都来自环保的水能发电，是重要的清洁能源，也是生态化的产业之一。

3）生态文明大省建设是产业生态化发展的契机

党的十七大提出我国建设生态文明的奋斗目标，为加快经济增长方式转变，建设资源节约型和环境友好型社会，探索和实践生产发展、生活富裕、生态良好有机统一的文明发展道路。云南省委、省政府亦确立了"生态立省、环境优化"的思路，拟至 2020 年建设成为生态省，届时可持续发展能力将得到较大提高，成为全国生态文明建设排头兵。《七彩云南生态文明建设规划纲要 2009—2020 年》为云南实现产业生态化提供了制度性保障，可以作为全社会参与生态文明建设和促进产业生态化建设的行动纲领和各部门开展生态文明建设和加快产业生态化进程的主要依据。该规划为产业生态化提供了契机，而产业生态化是生态文明建设的重要内容。

2. 限制因素

1）经济发展相对落后

近年来，云南社会经济发展较为迅速，但由于基础薄弱，云南在全国的排名比较靠后，各种社会经济指标在全国所占比重较低。2008 年、2009 年、2010 年云南 GDP 在全国排第二十三、第二十四、第二十六位，排列在后，且有下滑趋势。2010 年，云南人均 GDP 列全国第三十二位，倒数第三。2006～2008 年，云南 GDP、全社会固定资产投资、社会消费品零售总额、对外贸易进出口总额等指标占全国的比重基本保持不变，分别为 1.9%、2.0%、1.6%、0.6%，只有农村人均纯收入比重略有上升，由 2006 年的 62.7%上升到 2008 年的 65.2%。从表 6-17 的数据可看出，云南社会经济各项指标所占比重很低，经济发展较为落后，尤其是广大的农村，农民人均纯收入很低。云南一方面要追求经济的快速发展，另一方面要保护生态环境，如何平衡经济发展与生态保护之间的关系将是云南建立生态经济体系特别是农村生态经济体系面临的巨大障碍。

表 6-17　2005～2008 年云南国民经济占全国的比重　　（单位：％）

年份	云南国民经济占全国的比重				
	生产总值	全社会固定资产投资	社会消费品零售总额	对外贸易进出口总额	农民人均纯收入
2005	1.89	2.0	1.54	0.56	62.72
2006	1.88	2.02	1.56	0.55	62.74
2007	1.83	2.04	1.56	0.61	63.62
2008	1.88	2.04	1.58	0.66	65.17

资料来源：根据 2007 年、2008 年、2009 年《云南统计年鉴》和《中国统计年鉴》得出。

2）生态环境因素较差

云南地形极为复杂，总体上，西北部是高山深谷的横断山区，东部和南部是云贵高原，西北高、东南低，有 84％多的面积是山地，高原、丘陵占 10％，仅有不到 6％是坝子、湖泊，个别县市的山地比重超过了 98％。在适宜人居住的区域人口密集；土地资源贫乏，耕地少，耕地质量差；水资源时空分布极不平衡，昆明等部分城市严重缺水。地质、地貌、土地、水资源分布等生态环境因子与很多地区相比较差，对产业生态化的发展具有一定的制约作用。

3）产业结构不合理

烟草是云南龙头支柱产业，云南非烟工业主要集中在以有色金属、磷化工为代表的矿产业，属传统的原料型、资源型产业，装备制造业和消费品生产业在云南还很薄弱。工业产品以初级加工品为主，产业链短，精深加工产品少，产品附加值低。例如，云南铜矿产量占全国的 29.1％，铜金属产量只占全国的 13.2％，而铜加工产品产量仅占全国的 2.2％，加工率只有全国平均水平的 16.7％。云南电解铝生产能力达到 45 万吨，但铝加工能力只有 4 万吨，其中高附加值的铸造合金生产能力只有 5000 吨。云南是磷矿资源和化肥生产大省，云天化的化肥产量在亚洲名列前茅，但在磷肥产量中，市场需求量大、产品附加值较高的高浓度磷复肥产品比重偏低，精细磷化工产品比重低。云南工业产业无论是在基础设施、产业结构调整，还是产业生态化发展和产业转型升级方面，都亟待加快步伐。

4）环境执法力度不够，监督机制不健全

云南各级政府部门对建设生态文明和环境保护很重视，如地方性法规《云南环境保护条例》1992 年发布，1997 年修订；《云南农业环境保护条例》

1997 年发布；《云南建设项目环境保护规定》2001 年发布；《云南环境保护科技计划项目管理办法》2003 年发布等。法律法规宣传力度较强，但产业生态化的行动（实现循环经济和清洁生产）措施实施力度不够，实际上仍然存在很多污染问题。还有注重对污染的经济惩罚，轻制度规范等现象，以至于一些企业产生错觉：只要交罚款就可以照常运行。政府对企业的服务意识和跟踪监督比较欠缺，产业生态化法律法规建设仍有待完善。另外，省委、省政府出台了关于生态建设的指导性措施和法律法规，以及循环经济设施规划，但在执行过程中，仍存在着法规不明确、有法不依、执法不严等现象，监督机制不健全，存在很多盲区，这些都将影响产业生态化的实现。产业生态化需要各个部门配合，构建公正公平而又有利于长远发展的监督体系。

5）民众生态环保意识缺乏

云南是个少数民族众多的地区，各少数民族生态伦理思想内容丰富、形式多样、流派杂多。但近几十年的经济至上发展理念，导致了大量破坏性的开发。另外，地区人口素质与环境保护意识是相关联的。第五次人口普查数据显示，云南平均受教育年限仅为 5.72 年，属全国下游水平。另外，云南人才数量及增速与其他省份相比存在很大差距，2007 年，云南人才为338.42 万人，年增速为 5.5%，而湖南则为 6%，四川为 6.8%。根据调查，在生产和生活中，民众普遍生态环保意识缺乏。昆明市民对生态产品和生态标志很了解的仅占 1.6%，了解和一般了解的市民所占比重为 28.5%（戴波和段海红，2011），这说明，普通民众对生态产品的认知度较低，对生态产品的消费和关注不够，缺乏对生态产品的知识和需求。这间接表明，云南广大民众的生态环保意识和需求不足，缺乏保护环境的外部推动力量。生态环境关系到广大民族的切身利益。区域内社会环境的生态环保意识的提高和提升是产业生态化实现的必不可少的基础。

（四）云南产业生态化的发展路径选择

产业生态化的核心是构造出一个合理的产业生态系统，产业生态系统是一个极其复杂的社会-环境大系统，在考虑云南实际情况和保持产业生态化发展路径清晰的基础上，产业生态化路径可以从以下两个方面来考虑。第一，在产业生态系统内部要实现产业活动与自然生态环境的高度统一，将资源的充分有效利用、环境保护及污染治理的思想贯穿产业活动的全过程。根据云南实际情况及三次产业的不同特性，区别对待，分别确定发展生态农业、生态工业、生态服务业等生态产业，构造出一种资源循环利用的、合理的产业生态系统。第二，在外部的制度建设、实施主体、生态人文环境等方面，要清晰地确定各个行为主体的权利与责任，构建"三主体"共同推进的产业生态责任机制，努力使生产的外部效应内部化，将环境成本纳入各项经济分析和决策中，政府、企业、民众一起参与到产业生态化进程当中。

1. 三次产业的生态化发展

1）生态农业

云南多数地区光照充足，昼夜温差大，有利于各种作物的光合作用，且多数地区冬季不冷，无霜期长，作物越冬条件好，有利于春季作物适时早播，为农业作物的稳定高产奠定基础。但云南土地资源缺乏，耕地面积仅为414万公顷，且水土流失严重，土壤贫瘠，肥力下降，可耕地中低产、中产耕地面积占86.3%。森林资源和草地长期重开发轻保护，重产出轻投入，造成天然植被破坏，阻碍了林业和畜牧业的可持续发展。水资源分布极不均匀，开发率很低。此外，云南农业基础设施比较薄弱，制约了农业发展及农业产业结构的调整。云南农业总体上属于资源约束型，必须发展生态农业。

云南发展生态农业必须走以生态村、生态农业园区为结构主体的特色生态农业道路。云南各区域的农业类型差异较大，只有在一个自然行政村的范围内才基本上一致，因此，大范围发展生态农业难度较大，应以生态村为生态建设基本单元，在科学规划的基础上，设计和建设符合当地的生态农业模式。

生态农业园区是适应农业发展要求的，打破所有制界限、区域界限、身份界限，由多元投资主体采取承包、租赁、转让、买断等方式，获取具有一定规模的农业土地经营使用权，通过建立园区开展种、养、加、销等经济活动，实施雇工经营、企业式管理，采用先进科学技术的新型经济组织实体。云南应根据各地特点，建立起经济林果示范园区、农作物立体高效种植园区、畜禽养殖示范园区等。在建设中要科学设计在先，广泛征求相关专业人士的意见，合理安排，促使生态农业园区的产业化经营。

另外，必须注重云南特色农业发展，比如特色种植业应在改造传统的烟草、茶、胶、蔗的基础上，培植新兴特色产业（如药材、花卉、咖啡、香料、食用菌、麻类等）的发展；特色畜牧业可开发滇南小耳猪、屋顶乌骨鸡和迪庆牦牛、肉鸽等，以及有特色风味的云腿、乳扇、牦牛等加工制品。在经济效益和生态效益的双重约束下，通过种、养、植和深加工，以农工贸并举、供产销一条龙的形式，促使农业的产前、产中和产后形成一个较完整的产业群体，推动云南生态农业的产业化发展。

2）生态工业

2003 年以来，云南工业结构的重工业化趋势越来越明显，统计资料显示，2003 年云南重工业总产值为 2176 亿元，占地区 GDP 的 53.4%，而到 2008 年重工业总产值增加到 5739 亿元，占地区 GDP 的 74.8%。2009 年全年规模以上工业中，属于云南支柱产业的烟草制品业完成增加值 689.82 亿元，同比增长 11.4%；电力生产和供应业完成增加值 242.36 亿元，同比增长 16.6%；矿产业完成增加值 670.57 亿元，同比增长 6.3%。这说明云南已经加速进入重工业阶段，重工业已成为云南工业化阶段中不可逾越的重要阶段。按照传统的工业发展模式发展重工业，总是伴随着巨大的环境污染，在追求自然与人类和谐发展的今天，云南必须通过政府主导，走出一条西部地区可借鉴的"云南之路"，努力做到工业生态化。

工业生态化是由政府主导的，以企业为主体的。在企业层面上，要努力实现产品生态化，实施清洁生产。清洁生产是一个系统工程，是对生产全过程和产品的整个生命周期采取污染预防措施，工业生产随着地区和行业的不同而不同，生产过程千差万别，生产工艺繁简不一，因此，实施清洁生产的具体措施也应该因地制宜。但一般来说，企业实施清洁生产主要包括产品的生态性设计，从产品原料选取、加工、包装、运输、翻新处理等都是环境友好型；资源的节约利用和综合利用，将原材料的所有成分尽可能转化为有用的产品，节约资源；改进技术、更新设备，充分利用资源，降能减废；加强科学管理。

国内外的研究发现，工业污染有 30%～40%是由生产过程中管理不力造成的，因此，只要改善管理，就能做到不花费大的经济代价明显消减废弃物，减少污染。在区域层面上，要建立生态工业园区，针对云南各个地区的资源条件，联合类型不一、性质各异的企业组成生态工业园区，上游企业的

"三废"可以直接作为下游企业的原料，这样能大大减少污染的产生，提高整个系统对原料和能源的利用效率。总之，只有在企业层面和区域层面都同时做到生产效益和环境效益的双赢，才能较好地实现工业生态化的目标。

3）生态服务业

服务业是第三产业的代名词，也是一个内涵十分丰富的产业，包括餐饮、交通、娱乐、旅游、金融保险、物流等。随着经济社会的发展，经济结构越来越"软化"，服务业占的比重越来越大，但随着城市化、现代化的进程，服务业对环境带来的压力也会越来越大。云南生态服务业发展迅速，特别是生态旅游业已经成为云南支柱产业之一，省委、省政府以把云南建成"亚洲最重要的生态旅游目的地"为战略目标，取得了一定成效。但从总体上看，仍存在投入严重不足、市场开拓较差、服务管理滞后、人才匮乏、保障体系不健全等问题。

云南生态服务业应该发展应以生态旅游业为主导、其他生态产业并行发展的生态模式。推进效益经济的先导性支柱产业——生态旅游业发展，作好生态旅游资源评价、规划、管理与保护。确定生态旅游业的产业领军地位，制定科学管理生态旅游的具体方法、技术规程等，使生态旅游开发和管理规范化、科学化。

另外，随着云南昆明国际机场空港建设、全省高速公路建设等推进，应积极培育和发展生态物流业，包括包装、运输、装卸和流通加工的生态化，积极推进连锁经营、电子商务等现代物流方式。

老年服务产业是发展前景广阔的朝阳产业，应积极培育消费市场。培育与发展养老服务产业，将养老产业提升为云南特色产业和生态产业。全国都已进入老龄化社会，云南得天独厚的自然气候、宜人环境，以及旅游资源丰富等优势，对于发展养老服务产业极具比较优势。据有关部门统计，外地、外国人在昆明购房的比例已达 49.2%，还有不少候鸟型（冬、夏季住昆明）购房者。此外，云南正大力发展绿色经济、生态产业，"桥头堡"建设给云南对外开放带来重大战略机遇，养老产业的发展在整个东南亚都具有辐射力。云南可发展成为"国际养老乐园"。

餐饮业的发展必须注重食品安全和环保功能。首先，提升云南餐饮业整体发展水平，积极地运用现代科学技术手段，引进先进的环保的食品加工、制作和包装技术，加快餐饮业信息化步伐，创新管理制度，提高经营水平；多样化发展，引导人们消费从温饱型向享受型转变，讲究消费的品牌、环境特色，更讲究消费的氛围、情调、品位，追求高雅和环保。其次，餐饮企业应加快品牌培育，扩大品牌影响，推进品牌化经营。通过培育一批在全国具有较大影响力的餐饮品牌，如山珍蘑菇宴、鲜花宴等带动相关产品的开发与销售，注重食品的天然和环保品牌，吸引投资、扩大生产，实现企业发展的多元化、系列化和规模化，并带动餐饮业加快向标准化生产、规模化连锁经营、规范化管理的方向发展。

2. 产业生态化的耦合发展机制

产业生态化有自身特有的发展规律，产业生态化的协调发展既受外部因素的影响，又受各自内部发展规律的制约。因此，各种制约因素必须耦合联动来促进区域产业生态化发展。

1）政府制度保障与企业共生耦合发展

政府是产业生态化发展的主导体。首先，法律法规由政府制定，只有在此层面建立健全，才能有效促进全面的生态化发展。政府可以设定环境质量指标，通过制定法律法规等非市场手段对环境资源利用进行直接干预，关停严重污染环境的企业，淘汰落后产能和技术工艺。其次，政府应制定优惠政策，鼓励企业加大绿色科技创新，推进企业生产过程技术的更新（如生产过程技术的改造，节约能源或使用清洁能源等），以实现循环经济，促进可再生资源的利用和回收，鼓励生态化发展。再次，政府必须制订产业生态化发展规划，指导区域整体发展方向，严格控制管理，抓好监督和服务工作。建设理性政府，形成发展项目业界专家、公众参与的决策模式，让专家和公众在决策系统中具有一定的发言权，从制度上为政府进行项目引进、产业规划、生态保护方面提出合理化建议，避免政府决策行为的短期效应。最后，政府可以通过经济手段对生产者、消费者进行引导，使其将环境成本内部化，最终做出有利于环境的选择。

企业是资源破坏和环境污染的直接实施者，是产业生态化的微观基础和实施主体。企业必须严格执行国家法律法规，在政府的指导和规划下，建立企业共生机制。在"原料—产品—废物（副产品）—原料"循环过程中，企业单独处理，困难较大，集群企业在同一地域内要和平共处，互惠互利，共同发展，大中小企业要合理分工、建立共生组织。企业应自觉、积极构建废物资源化与无害化处理系统。还应建立变废为宝的专业化机构，以负责废物的拆卸，分类，分送及最终无用垃圾的处理等过程。循环产业集群的成员企业，其构建应有多样性和食物网链复杂性。集群成员间的供需关系和匹配状况及供需规模和供需稳定性是影响整个循环集群稳定和发展的重要因素。在循环流量匹配前提下，尽量多吸引和招募不同种类的行业、不同规模的企业进入，形成原材料、产品和服务多样化，使企业"食物"的来源多渠道、企业之间的联系复杂化，保证产业生态化的平衡运行和稳定发展。

2) 民众软环境和社会整体生态化建设耦合发展

民众的生态环保意识是产业生态化的软环境，对产业生态化建设具有十分重要的作用。在特定区位空间内实现生态环境系统和经济系统和谐发展，必须正确处理循环集群构建与自然环境取予之间的动态平衡，形成人与自然的和谐关系。首先，民众的生态环保理念和意识决定着其在生活和工作中的环保行为，企业领导和工人的生态文明素质直接影响生产的过程和产品设计；普通消费者生态意识的提高，会偏向于购买生态产品，从而引导企业生产环境友好型产品，促进产业生态化的实现。其次，民众还会对政府的生态环保政策及企业的生产行为进行监督，对不符合生态保护的政策和行为坚决抵制，有利于政府环保政策制定的科学性、执法的公正性及企业生产的环保性。

发展产业生态化，离不开人才的培养和广大民众素质的提高，离不开人的消费。要大力发展教育事业，积极从制度上和政策上创造有利于人才发展的土壤，努力营造尊重人才、爱惜人才的氛围，从区域、产业布局方面积极培养企业急需的人才，以扩大企业所需人才的基数，提高企业的竞争力，提升产业整体实力，增加企业的效益，提高城乡居民的收入水平和地区消费水平。人的消费取决于人们的收入，真正实现产业生态化，基础是实现经济可持续发展，整体提高居民的生态文明素质和绿色消费需求。在绿色消费中，商品以贴有政府认证的环境标志形式出售，表明该产品从生产到使用和回收的整个过程符合保护环境要求，不仅对人体健康无害，而且对环境无害或危害较小。

社会整体层面上的生态化系统构建主要是大力发展绿色环保消费市场和

资源回收产业（亦称为社会静脉产业）。资源回收利用是生产企业对用户消费的废弃物进行回收循环利用。绿色消费与资源回收必须与绿色生产衔接，只有这样才能在整个社会范围内形成"自然资源－产品－再生资源"的循环经济环路。整个社会的生态文明素质的提高，会给企业营造一个良好的社会氛围，从而推动产业生态化进程。

（五）推进云南省产业生态化的建议

推进环境保护历史性转变，实现产业生态化，是创建生态文明的极具挑战性的决策。环境友好型社会是党的十七大做出的重大战略部署，也是我国试图走出经济发展与资源消耗严重、环境严重破坏悖论的探索和尝试，为各省区具体发展产业生态化建设提供了指导思想。根据以上的分析并结合其他省区的经验，对云南产业生态化发展和实现经济、社会的可持续发展提出以下建议，供政府部门作决策参考。

（1）保持政策的连贯性与科学性。制定政策要把生态理念融入其中，以生态思想作为政府经济政策的灵魂，在推动经济增长的同时使企业、民众自觉推行环保理念。发展规划与环境目标相一致，结合实际，制定出较为合理的政策，保持政策的科学性，并有相当的预见性。通过立法形式规范企业行为，对制定的政策要严格执行，不轻易改变，保持政策的公正、透明和相对稳定。

（2）发挥税收政策的宏观调控作用，扶持龙头企业。改革相关税种，完善消费税、资源税的环境保护功能。把现行的以销售量和自用数量为计税依据的税收政策调整为以开采量或生产量为计税依据的税收政策，对资源回收利用、开发替代资源和清洁生产的单位实行税收优惠。对清洁型能源则免征消费税。征收直接污染税，且税率要高，以促进污染者采取措施消减污染物排放量，并加大处罚力度。加大重点龙头企业的投资和奖励力度，帮助其实现产业生态化建设，并发挥示范带头作用。对环保类企业和一般企业的环保研究与开发费用允许加倍进行返还，对环保科学技术研究和成果推广给予支持，对用于清洁生产的进口设备、仪器和技术资料，免征关税和进口环节增值税，从而为产业生态化提供技术支持。

（3）完善产业生态化法制建设和组织管理体系。严格执行环境保护相关法律法规，定期开展执法检查。加强环境保护司法工作，及时受理环境保护民事、行政、刑事案件，对有法不依、严重破坏资源、污染环境的单位和个人，依法严厉查处。政府应推动相应的地方性法律、法规、标准和相应的规划、政策的制定。实行领导环境问责制，把产业生态化目标纳入政绩考核。加强对产业生态化建设工作的统一领导，避免政出多门、责任不落实、执法不统一等情况，明确各部门的分工和责任。统筹运用投入生态环境领域的资金，统一规划，重点项目倾斜，合理安排，提高资金使用效率。在行业和企业层面建立绿色核算体系。

（4）加快人才培养和引进，强化科技创新。重视培养适应生态经济发展的各类人才，引进国内外具有经验的高级人才。构建人才资源信息库，培养与引进并举，内外人才政策一致。制定云南各层次人才评价管理使用办法，逐步建立起包括人才测评、推荐、认证、使用及评价等在内的标准体系。加快科技基地、科研基础设施建设，支持相关领域重点实验室的发展，并注重与高校等科研机构合作，增强科技创新能力。大力推进节能环保高新技术的普及和在生产中的应用。

（5）积极推进国际国内产业生态化交流合作。寻求各国共同理念，创建法律保障。云南作为边疆省份，应在该区域环境的国际合作中，做到生态环保理念与周边国家和区域一致，并将环保协议上升到国际法的高度，各签署国必须共同遵守。开展多种形式的资金、技术、人才、管理等方面国际交流和合作。加强国内跨地区交流与合作，吸收其他先进省份的经验，并按照区域经济一体化发展的要求，建立西南地区环境保护和生态建设的协作机制和有组织、可操作的专门项目，共同推进产业生态化进程。

（6）加强宣传教育，增强社会监督和公众参与。采取专题讲座、经验交流会、成果展览、借助广播电视、报纸杂志、公交站牌广告和网络资源等方式，广泛开展生态文化教育，大力倡导产业生态化的伦理道德观念，使产业生态化的理念成为全社会共同奉行的价值观，增强全社会实现产业生态化的社会氛围。引导生产者、消费者进行绿色生产和消费。民众的生态环保意识是产业生态化的软环境，对政府、企业行为起到监督、引导作用，使全社会都关注和推动产业生态化建设和生态经济发展。

参 考 文 献

曹利军，王奋宇，樊立宏．1996a．持续发展评价模式及其评析．科技导报，2：42-44．

曹利军，王华东，海热提．1996b．论可持续发展的基本组织单元和层次体系．中国人口、资源与环境，6（4）：19-22．

曹利军．1999．可持续发展评价理论与方法．北京：科学出版社．

车志敏．1998．迈向 2010 年的云南．昆明：云南人民出版社．

陈友华．2004．人口老龄化、经济发展与老年社会福利设施建设——以南京市为例．人口学刊，（2）：20-25．

戴波，段海红．2011．生态标志和生态产品推广问题研究．生态经济，234（1）：128-130．

何晓群．2000．多元统计分析．北京：中国人民大学出版社．

胡涛，陈同斌．1995．中国的可持续发展研究——从概念到行动．北京：中国环境科学出版社．

胡桐元．2004．云南省资源消耗与产业化研究．昆明：云南大学出版社．

景跃军，张宇鹏．2008．生态足迹模型回顾与研究进展．人口学刊，171（5）：9-12．

蓝盛芳，1992．生态—经济系统能值分析//刘建国．当代生态学博论．北京：中国科学技术出版社．

蓝盛芳，Odum H T．1994．中国环境、经济资源的能值综合．生态科学，15（1）：63-74．

蓝盛芳，钦佩，陆宏芳．2002．生态经济系统能值分析．北京：化学工业出版社．

李海涛，严茂超．2001．新疆生态经济系统的能值分析与可持续发展研究．干旱区地理，24（4）：289-295．

李金平，王志石．2003．1983～2003 年澳门生态系统服务价值的变化．自然资源学报，18（2）：197-203．

李双成，傅小锋，郑度．2001．中国经济持续发展水平的能值分析．自然资源学报，16（4）：297-304．

李祚泳．2007．可持续发展评价模型与应用．北京：科学出版社．

蔺海明，颉鹏．2004．甘肃河西绿洲农业区生态足迹动态研究．农业现代化研究，25（2）：111-115．

龙爱华，张志强，苏志勇．2004．生态足迹评介及国际研究前沿．地球科学进展，19（6）：971-981．

陆宏芳，蓝盛芳，李雷，等．2002．评价系统可持续发展能力的能值指标．中国环境科学，22（4）：380-384．

毛汉英.1996.山东省可持续发展指标体系研究.地理研究.15（4）：16-23.

牛文元.1994.持续发展导论.北京：科学出版社.

牛文元.2006.可持续发展的能力建设.北京：中国科学院院刊.

沈满洪.2008.生态经济学.北京：中国环境科学出版社.

盛艳.2004.浅析 GIS 的空间分析功能在可持续发展评价中的应用.内蒙古科技与经济，45（11）：86，87.

宋旭光.2003.可持续发展测度方法的系统分析.沈阳：东北财经大学出版社.

唐金利.2006.基于生态足迹模型的广东省可持续发展研究.中国科学院研究生院硕士学位论文.

汪宇明.1994.区域持续发展的理论与实践机制——兼论地理学与持续发展的关系.科技导报，12：12-13.

王利，韩增林.2010.不同尺度空间发展区划的理论与实证.北京：科学出版社.

王书华，毛汉英，王忠静.2002.生态足迹研究的国内外近期进展.自然资源学报，17（6）：76-82.

王书华，张义丰，毛汉英.2004.城郊县域生态经济协调状态与发展能力分析——以河北新乐市为例.地理科学进展.23（1）：96-104.

新编云南省情编委会.1996.新编云南省情.昆明：云南人民出版社.

徐中民，张志强，程国栋.2000.当代生态经济的综合研究综述.地球科学进展，15（6）：688-693.

徐中民，张志强，程国栋.2003.中国 1999 年生态足迹计算与发展能力分析.应用生态学报，14（2）：280-285.

严茂超，Odum H T.1998.西藏生态经济系统的能值分析与可持续发展研究.自然资源学报，13（2）：116-125.

杨德伟，陈治谏，倪华勇，等.2006.基于能值分析的四川省生态经济系统可持续性评估.长江流域资源与环境，21（5）：303-309.

杨开忠，杨咏，陈洁.2000.生态足迹分析与方法.地球科学进展，15（6）：630-636.

杨咏，陈洁.2000.生态足迹分析与方法.地球科学进展，15（6）：630-636.

叶正波.2002.可持续发展评估理论与实际.北京：中国环境科学出版社.

叶正波.2003.基于人工神经网络的区域经济子系统可持续发展指标预测研究.浙江大学学报，30（1）：109-114.

云南人口普查办公室.1984.云南省第三次人口普查资料汇编（内部资料）.

云南人口普查办公室.1990.云南省人口统计资料汇编（1949～1988）.昆明：云南人民出版社.

云南人口普查办公室. 1992. 云南省 1990 年人口普查资料. 北京：中国统计出版社.

云南人口普查办公室. 2002. 云南省 2000 年人口普查资料. 昆明：云南科技出版社.

云南人民政府门户网站. 2005. 区域位置. http://www. yn. gov. cn/yunnan, china/74593067851579392//16230. html [2011-06-24].

云南资源大全编委会. 2006. 云南资源大全. 昆明：云南人民出版社.

曾珍香，顾培亮. 2000. 可持续发展的系统分析与评价. 北京：科学出版社.

张坤民，温宗国，杜斌，等. 2003. 生态城市评估与指标体系. 北京：化学工业出版社.

张志强. 1994. 区域可持续发展的理论与方法. 中国人口、资源与环境，4 (3)：19-25.

赵景柱. 1992. 论持续发展. 科技导报，(04)：25-28.

中国科学院可持续发展研究组. 2003. 2003 中国可持续发展战略报告. 北京：科学出版社。

朱启贵. 1999. 可持续发展评估. 上海：上海财经大学出版社.

Bartelmus P. 1992. Accounting for sustainable growth and development? . Structural Change and Economic Dynamics, 3 (2)：241-260.

Costanza R, Daly H. 1997. The value of the world's ecosystem services and natural capital. Nature, 387 (6)：253-260.

Helmut H, Karl H, Krausmann F. 2001. How to calculate and interpret ecological footprints for long period of time：the case of austria 1926~1995. Ecological Economics, 38 (1)：25-45.

Manfred L, Shana A M. 2001. A modified ecological footprint method and its application to Australia. Ecological Economics, 37 (2)：229-255.

Odum H T, Odum E C. 1987. Ecology and economy：emergy analysis and public policy in Texas Lyndon B//Policy Research Project Report. Johnson School of Public Affairs. Vol. 78. The University of Texas at Austin.

Odum H T, Odum E C. 1992. Emery and public policy. USA：Environmental Engineering Science, University of Florida, Part 1~11.

Odum H T. 1996. Environmental Accounting：emergy and Environmental Decision Making. New York：John Wiley & Sons, Inc.

Rees W E, Wackernagel M. 1999. Monetary analysis：turning a blind eye on sustainability. Ecological Economics, 29 (2)：47-52.

SaatyT L, Vargas L G. 1982. The Logic of Priorities. Boston：GLuwer Boston, Inc.

Scienceman D M. 1987. Energy and emergy//Pillet G, Murota T. Environmental Economics：the Analysis of a Major Interface. Geneva：R. Leimgruber：257-276.

Ulgiati S, Odum H T, Bastianoni S. 1994. Emergy use, environmental loading and sustainability—an emergy analysis of Italy. Ecological Modeling, 73 (3-4): 215-268.

Wackernagel M, Onisto L, Bello P, et al. 1999. National natural capital accounting with the ecological footprint concept. Ecological Economics, 29 (3): 375-390.

Wackernagel M, Rees W. 1996. Reducing Human Impact on the Earth: Our Ecological Footprint. Gabriola Island: New Society Publisher.

William E R. 2011. Revisiting carrying capacity: area-based indicators of sustainability. //Wackernagel M. Ecological Footprints of Nations. http: //www. ecouncil. ac. cr/rio/focus/report/english/footprint/.

结　语

可持续发展作为时代的主题，一直是各界学者关注和研究的热点。云南作为中国西部欠发达地区，其社会经济的发展过程是具有代表性的研究可持续发展的案例。本书选择生态经济的能值评价、生态足迹计算，以及常用的计量分析、主成分分析和层次分析方法，对同一区域的不同时间序列进行研究和分析，其特色是吸收国内外相关的最新研究成果，结合云南现实特征，提出可行的发展思路，继承性与开拓性相结合。本书研究的基础数据都来源于国民经济核算体系，保证定量分析结果的纵向可比性和动态可比性，并通过大量计算工作，数据的无量纲化处理等，取得一系列指标、指数，反映云南发展过程中的数量特征。这些数量特征采用量化分析与定性分析相结合的方式，可用来客观分析现状，揭示发展趋势。通过云南的案例研究来强化理论和方法的应用，是具有理论意义和现实价值的。

笔者多年来一直关注和践行可持续发展评价的相关研究，本书是笔者和笔者所指导的研究生共同努力成果的集成。研究生刘杨、邢海梅、罗玲、杨姣、段海红参与了研究的数据查询、计算、资料收集、分析和部分文字撰写工作。在云南大学发展研究院的吕昭河教授、罗淳教授、徐晓勇等的大力支持和帮助下，本书才得以完成。在此，对他们的工作和努力表示感谢！本书也是他们的成果。

本书的出版得到石林风景名胜区管理局的资助。科学出版社的编辑石卉、程凤为本书的出版付出了大量的辛劳。在此一并表示衷心感谢。

戴　波

2010 年 7 月于云南大学科学馆